岭海生明月

宋代广东经济九章

LINGHAI SHENG MINGYUE

SONGDAI GUANGDONG JINGJI JIUZHANG

郎国华 著

SPM 南方出版传媒 广东人民出版社

·广州·

图书在版编目（CIP）数据

岭海生名粤：宋代广东经济九章 / 郎国华著. —广州 ：广东人民出版社，2019.1

ISBN 978-7-218-13160-3

Ⅰ. ①岭…　Ⅱ. ①郎…　Ⅲ. ①区域经济—经济史—研究—广东—宋代　Ⅳ. ①F129.44

中国版本图书馆CIP数据核字（2018）第205695号

LINGHAI SHENG MINGYUE：SONGDAI GUANGDONG JINGJI JIUZHANG

岭海生名粤：宋代广东经济九章

郎国华　著

出 版 人：肖风华

责任编辑：王俊辉
插页绘图：张锦标　简仁山
书籍设计：书窗设计工作室
责任技编：周　杰　吴彦斌

出版发行：广东人民出版社
地　　址：广州市大沙头四马路10号（邮政编码：510102）
电　　话：（020）83798714（总编室）
传　　真：（020）83780199
印　　刷：广州市人杰彩印厂
开　　本：889毫米×1194毫米　1/16
印　　张：21　　　　字　　数：330千
版　　次：2019年1月第1版　　2019年1月第1次印刷
定　　价：168.00元

岭海
生名粤

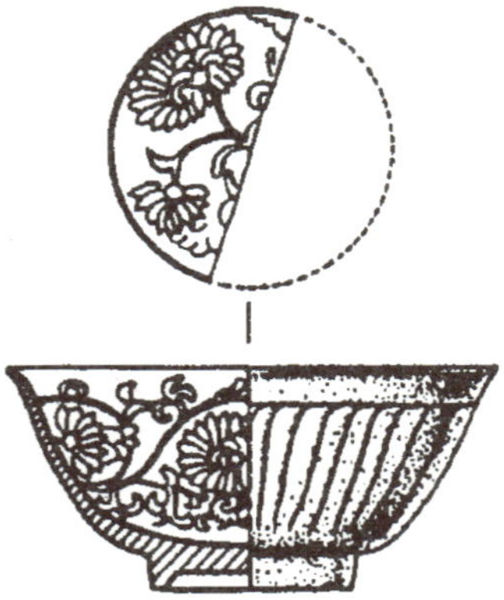

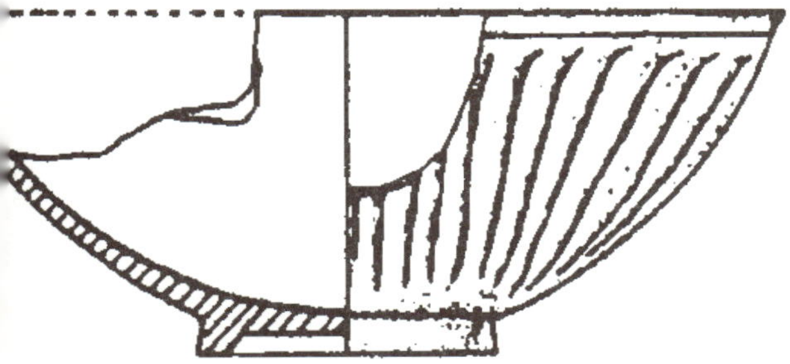

广州

西村窑

宋代瓷器

序言

“五岭北来峰在地，九州南尽水浮天。”清人陈恭尹的一句诗，道尽广东岭海环抱、岭海一体的独特文化地理环境。与陈恭尹同为“岭南三大家”的屈大均亦言：“广东之地，天下尝以岭海兼称之，今言岭则遗海矣，言海则遗岭矣。”本书名为“岭海生名粤”，即谓此义。

秦汉以降，海上丝绸之路开通，广东作为始发地，一直是中外经济文化交流的重要平台。时至宋代，广东经济获得长足进步，以市舶司为特点的对外经贸独领风骚，大量移民谪宦与当地民众交流融合，农业和手工业飞速发展，广州成为集经济、政治中心于一体的岭南重镇，就连“去天万里”的潮州也成了“海滨邹鲁”……屈大均曾言：吾粤之地“盖自秦汉以前为蛮裔，自唐宋以后为神州。”诚为中的之论。诸多宋代留下的印迹，至今还影响着南粤前行的步履。可以说，在广东从岭南文明的发祥地、海上丝绸之路的始发地，到近代民主革命的策源地以至中国改革开放的先行地的演进轨迹中，宋代有太多的发展密码值得我们探究。

本书系在本人《从蛮裔到神州——宋代广东经济发展研究》一书基础上修订而成。作为首部全面论述宋代广东经济的专著，《从蛮裔到神州》为填补空白略尽绵薄之力。但由于是学术专著，并受限于出版体例，全书三百六十余页无一插图，面目严肃、形式沉闷，常人往往“敬而远之”。

一直以来，本人坚持扎实历练脚力、眼力、脑力、笔力，足迹几乎踏遍广东各个县区，在挖掘、传播广东历史文化方面也时有所获：策划实施“探访古驿道”“重走淘金路、再访新金山”“岐黄海踪——中医药文化全球深调研”系列报道、“冼夫人文化”跨国调研，完成统筹“岭南非遗”“世纪广东学人”的宣传并结集成书，编纂《经典广东》并在南国书香节首发，合办《星岛日报》“南粤侨情”专栏屡获新闻行业大奖。在此过程中，本人不时动念，要将该书修订为一个“通俗版本”，使历史与现实间，无千年之阻隔。

今年，适逢改革开放40周年，经过一年的整理、修改、补充、完善，该书终于以全新面貌献礼改革开放再出发。全书修订主要在几个方面作了努力：一是体例全新。打破了原来博士论文的架构，将原书的六章改为九章，缩短每一章的篇幅。章节命名力求简洁、整齐，每一章开头引用古诗，打开想象空间；继而为本章摘要，使读者寓一目而知其要。二是语言通俗。将原书一些涉及学术论文规范的文字和行文中的古代汉语作了尽可能的精简。同时，将分拆后重新成章的文字全部改写后再连缀成文，降低阅读难度。三是图文并茂。除了保留原书的表格，本书附设了与内容相关的照片、书影、地图等，文图相映、饶有趣味。四是内容增删。删去了序、跋、绪论、结语和一些过于艰涩难懂的古文。此外，在修订、编辑过程中，加入了一些与本书内容密切相关的历史小知识，以帮助读者加深认识、拓展思路。为了方便读者就某些感兴趣的话题作延伸研究，本书保留了引文注释。

40年改革开放的浩荡浪潮，让广东大地在“历史的一瞬”沧海桑田。今年10月，国家最高领导人再一次踏上这片热土，向世界宣示中国改革不停顿、开放不止步。我们现在所处的，“是一个船到中流浪更急、人到半山路更陡的时候，是一个愈进愈难、愈进愈险而又不进则退、非进不可的时候。”沿着历史发展的脉络溯源追流，更能看清改革开放从哪里来、到哪里去。为行大道、开太平，一代接续一代上下求索，让中华文明绵延不绝、生生不息，一脉相承又不拘定法的创新精神，深深熔铸于民族血脉，镌刻于南粤大地。本书呈现宋代广东经济发展的基本面貌，希望读者可以从中汲取养分，增强全面深化改革、全面对外开放的动能。

本书的出版，得到了朋友、同道的支持和鼓励。责编王俊辉自始至终一丝不苟，凡事亲力亲为。改写过程中，同门师弟吴自力、金强提出中肯的意见并修订了文字。编辑过程中，同事张锦标分担了图片整理和制图，简仁山绘制了部分景物图。赵焜森先生、钟清先生对版式设计反复完善，精益求精。在此，一并谨致谢忱！

郭国华

2018年12月

目录

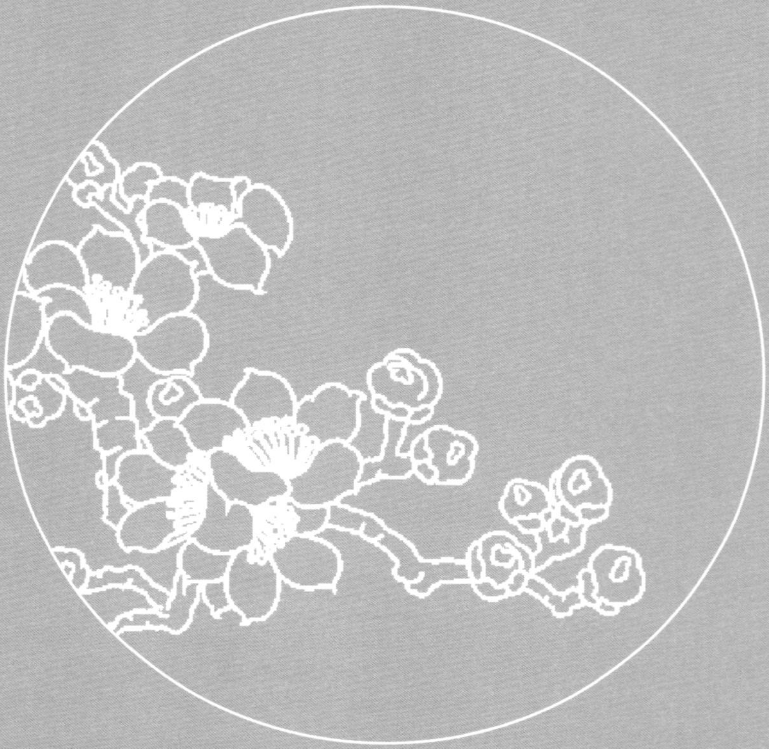

第一章 环境迁变

峤南气候异中州，多病谁令作远游。
瘴土不因梅亦湿，飓风能变夏为秋。
方眠坏絮俄敷簟，已着轻絺又索裘。
自叹幻身非铁石，天涯岂得久淹留。

——（宋）刘克庄《即事》

广东，地处岭南，岭南又称岭表。“表”即“外”的意思，这是从中原看岭南。在中国地理上，南北的分界线是以秦岭为“北岭”标志的，而“南岭”则是大庾岭、骑田岭、都庞岭、萌渚岭、越城岭“五岭”的合称。作为我国一条重要地理界线，南岭使广东地势总体上北高南低，形成一个面对海洋、背向内地的格局。

在此格局下，岭南具有了独特的气候条件、自然资源，并由此具备了经济社会发展的诸多特质，进而孕育、发展出了独具魅力的岭南文化。

在今天看来，广东具有很多北方地区不可比拟的优势。如日照时间长，降水量充沛，地表水资源也相当丰富；农作物生长周期短，一些地区可一年三熟，南方滨海地区即有三季稻；适宜多种热带水果生长等。但在千年前的宋代，广东许多地域尚处于初步开发时期，其独特的地理环境和气候条件的优越性不但没有体现出来，地理和气候条件反而成为妨碍广东经济发展的因素。瘴气如魔鬼，台风似野兽，威胁人类生存，影响农业生产，甚至左右广东人的精神面貌。以至于宋代诗人刘克庄尽管只是短暂居留，已然苦不堪言：“天涯岂得久淹留”。

所谓岭南，是指五岭之南，即越城岭、都庞岭、萌渚岭、骑田岭、大庾岭的南方。

壹

瘴："大小法场"

瘴气分有形、无形。有形者如云霞，如浓雾，无形者或腥风四射，或异香袭人。香者如香花瘴者，“当木樨开时，山岚气随之而发，行者闻有异香出林，味如桂菊，氤氲不散，则香花瘴之所为也。”在古人看来，瘴仿佛魔鬼化身，以香诱人，爱其香味而深呼吸者，则其毒灌入心脾，不可救药。宋时民间流传着这样的歌谣：“春、循、梅、新，与死为邻；高、窦、雷、化，说着也怕。”而这八州基本上都在今天的广东境内。

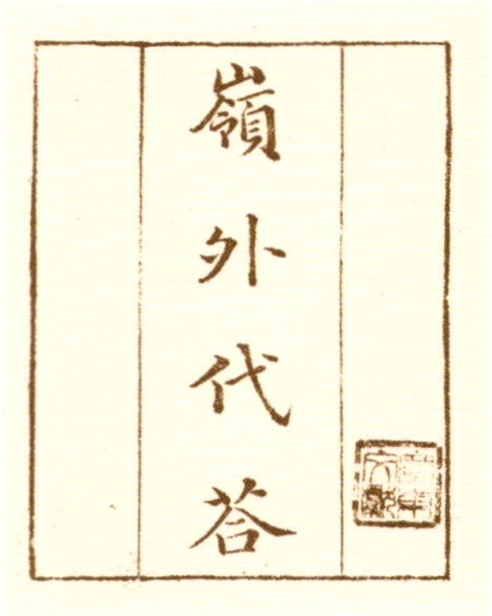

《岭外代答》书影

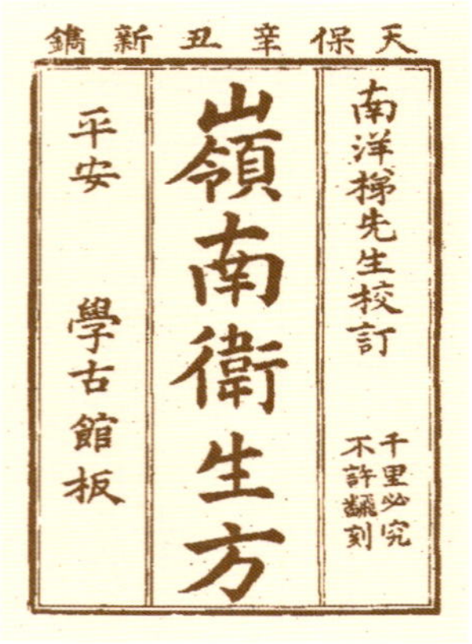

《岭南卫生方》书影

《三国演义》第八十七回写了个家喻户晓的“七擒孟获”故事。在这一回，作者特意交代这次战争与伐吴攻魏不一样的环境特征：“不毛之地，瘴疫之乡”，“五月驱兵入不毛，月明泸水烟瘴高”。

与《三国演义》中提到的古时西南地区的烟瘴一样，广东的瘴气史有明载。因广东在全国版图中开发较晚，瘴疫之地的恶名史不绝书。三国三四百年后，《隋书》卷三一《地理志·下》就记载岭南二十余郡，因为土地湿热，瘴疫流行，旅客到此极易夭亡。

烟瘴，或者说瘴气，是古代北方人对南方最感恐怖的事情。什么是瘴气呢？瘴，从疒章声，其字出现较晚，东汉许慎著《说文解字》尚未收录此字。现代科学研究表明，瘴气（主要是疟疾），是因受传染媒介——按蚊［anopheles；malarial mosquito］的攻击而感染疟原虫引起的传染性疾病。而古人一直将瘴归咎于地理和气候条件。唐朝刘恂《岭表异录》云：“岭表山川，盘郁结聚，不易疏泄，故多岚雾作瘴。”[①]宋代周去非在《岭外代答》卷四《风土门·瘴》中说：“盖天气郁蒸，阳多宣泄，冬不闭藏，草木水泉，皆禀恶气。”[②]宋代范成大《桂海虞衡志》解释：“瘴者，山岚水毒与草莽沴气郁勃蒸熏之所为也。”[③]表达的是大致相同的意思，认为瘴气发生的环境多是气

①（唐）刘恂：《岭表录异》卷上，《鲁迅辑录古籍丛编》第3卷，人民文学出版社1999年版，第442页。

②（宋）周去非著，杨武泉校注：《岭外代答校注》卷四《风土门·瘴》，中华书局1999年版，第152页。

③（宋）范成大：《桂海虞衡志·杂志》，（宋）范成大撰，孔凡礼点校：《范成大笔记六种》，中华书局2002年版，第128页。

候炎热、多雨潮湿，死亡的动物及植物落叶易于腐烂而产生岚雾瘴气，再加上重峦叠嶂，树林茂密，空气不通，瘴气郁结不能稀释，最终成患。

瘴气分有形、无形。有形者如云霞，如浓雾；无形者或腥风四射，或异香袭人。[①]香者如香花瘴，“当木樨开时，山岚气随之而发，行者闻有异香出林，味如桂菊，氤氲不散，则香花瘴之所为也。”在古人看来，瘴仿佛魔鬼化身，以香诱人，爱其香味而深呼吸者，则其毒灌入心脾，不可救药。[②]

历代文人笔下的有形瘴母更是怪异万分。刘恂记载，在广东有时看到有东西从空中飘落下来，开始只有弹丸大小，不久则大如车轮，随即四散开来，一旦接触人身即可致病，时人称之为“瘴母”。[③]

古代医学家也认为，瘴是“寒热”“恶气”作祟，以致“元气不固”，从而得病。元代医家释继洪在《岭南卫生方》中记载

① （清）陆祚蕃：《粤西偶记》，《小方壶舆地丛钞》（第七帙），杭州古籍书店1985年影印。

② （清）屈大均：《广东新语》卷一《天语・雾》，中华书局1985年版，第22页。

③ （唐）刘恂：《岭表录异》卷上，《鲁迅辑录古籍丛编》第3卷，人民文学出版社1999年版，第442页。

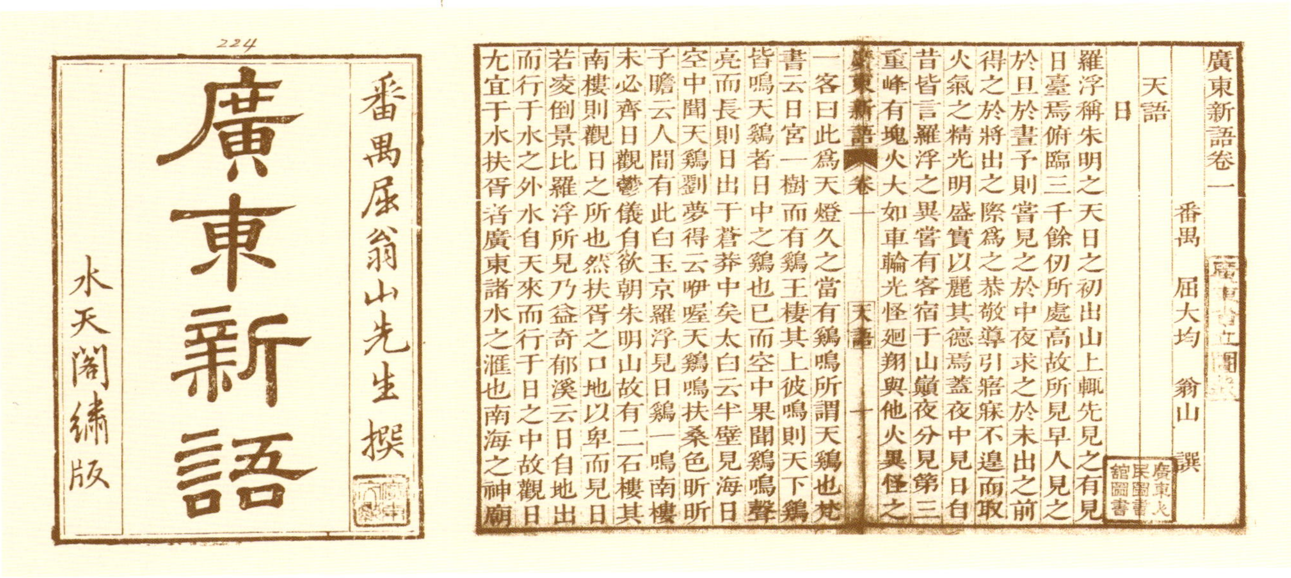
224
番禺屈翁山先生撰
廣東新語
水天閣綉版

廣東新語卷一
番禺　屈大均　翁山　撰
天語
日
羅浮稱朱明之天日之初出山上輒先見之有見
日臺焉俯臨三千餘仞所處高故所見早人見之
於旦於晝予則嘗見之於中夜求之於未出之前
得之於將出之際爲之恭敬導引寤寐不遑而敢
火氣之精光明盛實以麗其德焉蓋夜中見日自
昔皆言羅浮之異嘗有客宿于山巔夜分見第三
重峰有塊火大如車輪光怪廻翔與他火異怪之
廣東新語　卷一　天語　十一
一客曰此爲天燈久之當有鷄鳴所謂天鷄也梵
書云日宮一樹而有鷄王棲其上彼鳴則天下鷄
皆鳴天鷄者日中之鷄也已而空中果聞鷄鳴聲
亮而長則日出于蒼莽中矣太白云半壁見海日
空中聞天鷄劉夢得云咿喔天鷄鳴扶桑色昕昕
子瞻云人間有此白玉京羅浮見日鷄一鳴南樓
未必齊日觀鬱儀自欲朝朱明山故有二石樓其
南樓則觀日之所也然扶胥之口地以卑而見日
若麥倒景比羅浮所見乃益奇郁溪云日自地出
而行于水之外水自天來而行于日之中故觀日
尤宜于水扶胥者廣東諸水之滙也南海之神廟

《广东新语》书影

广东天气太热，又濒临海边，是瘴疾的多发之地。

明代邝露把瘴按季节分为四种，春天的瘴名为青草，夏天的瘴名为黄梅，秋天的瘴名为新禾，冬天的瘴名为黄茅。[①]充满诗意的名称背后，是人们避之唯恐不及的深深恐惧。邝露还教人如何避免得病：瘴起时，如遇雾气大作，立即匍匐地上，则保无恙。[②]

正是因为有令北人望而生畏的瘴气，宋政府特意规定所谓的“远恶州军”中，就有广南的南恩、吉阳等州军。[③]瘴气有力地阻止了外来移民的迁入，也长期阻碍了广东经济社会的发展。移民由于一般不具备免疫力，他们迁到瘴疾区后，往往容易感染，死亡率很高。当时流传“以其有瘴雾，世传十往无一二返也”。个别地方，死亡率极高，落下“大法场”和“小法场”恶名。[④]宋时民间流传着这样的歌谣：“春、循、梅、新，与死为邻；高、窦、雷、化，说着也怕。”[⑤]

《赤雅》书影

历史小知识

远恶州军

宋代法律规定，有些犯人须移居偏远、艰险的地区，如广南的南恩（今广东阳江）、万安（今海南万宁）、昌化（今海南儋州）、吉阳军（今海南三亚）等，称之为远恶州军。

邝露

① （明）邝露：《赤雅》卷下《四瘴》，《明代笔记小说》第16册，河北教育出版社1985年版；（宋）范成大：《桂海虞衡志·杂志》，（宋）范成大撰，孔凡礼点校：《范成大笔记六种》，中华书局2002年版，第128页。

② （明）邝露：《赤雅》卷下《瘴母》，《明代笔记小说》第16册，河北教育出版社1985年版。

③ （宋）谢深甫：《庆元条法事类》卷七五《刑狱门·编配流役》，《续修四库全书》861册，上海古籍出版社2002年版。

④ （宋）周去非著，杨武泉校注：《岭外代答校注》卷四《风土门·瘴地》，中华书局1999年版，第151页。

⑤ （宋）马永卿：《元城语录解·行录附》，景印文渊阁《四库全书》本。

广东省山脉简图

梅岭古道

岭南从秦汉到宋代，始终处于发展较为滞后状态，瘴气不能不说是其中一个重要的成因。只是由于中原战乱频仍，在生命与疾病的两难选择中，人们才远走岭南，披荆斩棘，从而逐渐推动古代广东的开发，促进了经济发展。

公元1100年，从儋州奉旨北返的苏东坡曾在大庾岭上庆幸自己劫后余生："问翁大庾岭头住，曾见南迁几个回？"

随着气候变迁和广东人对自然环境的开发与改造，瘴气的分布范围不断南移，今已绝迹。[①]

广东省水系简图

① 龚胜生：《2000年来中国瘴病分布变迁的初步研究》，《地理学报》1993年第4期，第304—315页。

贰

风："海气甚恶"

南宋末年，一场飓风曾在某种程度上影响了宋元战争进程。1276年6月14日，南宋赵昰继帝位于福州。第二年（1277年）十二月丙子，赵昰来到井澳（今珠海十字门）遭遇特大台风，龙船被吹翻，皇帝落水致病，这极大地影响了宋元井澳大海战前的宋军士气。

赵昰

广东是我国受热带气旋影响最多的省份，与华南各省（区）相比，是海南的1.5倍、广西的6倍多。[①]热带气旋登陆之后，往往带来台风和暴雨，造成极大破坏。宋代，人们多称台风为“飓风”。苏东坡贬谪岭南时，其幼子苏过侍父南行，留下宋代台风登陆的珍贵实录。

苏过在《飓风赋》中记载，飓风未至，“海气甚恶，非祲非祥，断霓饮海而北指，赤云夹日而南翔。”初至，“庭户肃然，槁叶簌簌，惊鸟疾呼，怖兽辟易。忽野马之决骤，矫退飞之六鹢。袭土囊而暴怒，掠众窍之叱吸。”他对飓风正面袭击的描绘尤其生动：

“排户破牖，殒瓦擗屋。礧击巨石，揉拔乔木。势翻渤澥，响振坤轴。疑屏翳之赫怒，执阳侯而将戮。鼓千尺之涛澜，襄百仞之陵谷。吞泥沙于一卷，落崩崖于再触。列万马而并骛，会千车而争逐。虎豹慑骇，鲸鲵犇蹙。类钜鹿之战，殷声呼之动地；似昆阳之役，举百万于一覆。”[②]

这场飓风刮了三天。飓风过后，路边树木折断，墙倒房摧。从没见过如此景象的苏过胆战心惊，“股栗毛耸”，甚至为此要起卦祈问前程。

① 吴郁文：《广东经济地理》，广东人民出版社1999年版，第31页。

② （宋）苏过：《斜川集》卷四《飓风赋》，《宛委别藏》第100册，台湾商务印书馆1981年版。

珠海十字门古战场

南宋末年，一场飓风还曾在某种程度上影响了宋元战争进程。1276年6月14日，南宋赵昰继帝位于福州。第二年（1277年）十二月丙子，赵昰来到井澳（今珠海十字门）遭遇特大台风，龙船被吹翻，皇帝落水致病，这极大地影响了宋元井澳大海战前的宋军士气。[①]

当时广东还有一种台风“石油风”，发作起来非常有规律：第一天风雨大作，第二天开始慢慢转弱，“故号三晡石油”。[②]

“瘴土不因梅亦湿，飓风能变夏为秋。”宋代诗人刘克庄在《即事》一诗中对广东的“瘴”和“飓风”深感不适应，写道：“自叹幻身非铁石，天涯岂得久淹留。”[③]

历史小知识

十字门海战

又称井澳海战。宋景炎二年（1277年）10月，宋端宗在南宋军民拥戴下，移驻香山县南十字门（今澳门与珠海横琴岛交界处）。不久，元军探知南宋小朝廷下落，立即发动追击。双方以十字门为中心，进行了多次激烈的战斗，投入兵力多达50万，持续一个多月，是中国历史上规模最大的海战。

珠海十字门远眺

① （元）脱脱：《宋史》卷四七《瀛国公纪》，中华书局1977年版，第943页。

② 《永乐大典》卷一九〇七《广·广州府三·气候》，中华书局1986年影印本。

③ （宋）刘克庄：《后村先生大全集》卷五《即事》，四部丛刊初编本。

叁

兽："地多虎狼"

在宋人的记载中，当时的广东野象颇具人性化色彩。乾道七年（公元1171年），潮州农民在田间设陷阱，致使数百头野象无从进食，野象群于是围住道路上的车马，直到人们送来稻谷，吃足方解围而去。无论是蔬菜、粮食，稍微一个疏忽没有看护好，就会被野象践踏吃光；而且，野象爱喝酒，只要闻到酒香，哪怕是撞破屋壁也要进去牛饮一番。

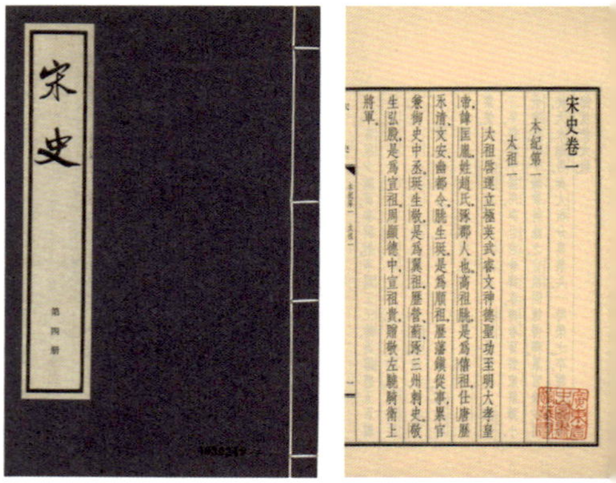

《宋史》书影

茂密的森林，旷阔的山野，也使古代广东成了动物乐园，“五岭之南，不惟烟雾蒸湿，亦多毒蛇猛兽”。[①]宋代广东地区仍然是地广人稀，各种野生动物在这里繁衍生息，同时威胁着人们的生存。

《宋史》卷六六《五行志四》记载，宋太宗淳化元年（990年）十月，桂州有虎伤人，太宗下诏遣人捕杀。[②]南宋时周去非记载，广东大多数州县都有老虎，城外村落中老虎昼夜群行，人们见怪不怪。[③]

由于“地多虎狼”，当地人不得不住在围栏式的建筑中，上层盖茅屋，下层养牛羊，外围则用竹子制成藩篱，人畜得安。[④]

宋代广东地区还有大量的野生象存在。在宋人的记载中，当时广东的野象极具人性化色彩。乾道七年（公元1171年），潮州农民在田间设陷阱，致使数百头野象无从进食，野象群于是围住道路上的车马，直到人们送来稻谷，吃足方解围而去。[⑤]无论是蔬菜、粮食，稍微一个疏忽没有看护好，就会被野象践踏吃光；而且，野象爱喝酒，只要闻到酒香，哪怕是撞破屋壁也要进去牛饮一番。[⑥]

象牙贸易则被官府垄断，以市场价的半价收购，私自藏匿和买卖以违法论处。“雷、化、新、白、惠、恩等州山林有群象，民能取其牙，官禁不得卖。自今宜令送官以半价偿之，有敢隐匿

① （元）释继洪：《岭南卫生方》之《续附蛇虺诸方》，中医古籍出版社1983年版，第131页。

② （元）脱脱：《宋史》卷六六《五行志四》，中华书局1977年版，第1451页。

③ （宋）周去非著，杨武泉校注：《岭外代答校注》卷九《禽兽门·虎》，中华书局1999年版，第347页。

④ （宋）周去非著，杨武泉校注：《岭外代答校注》卷四《风土门·巢居》，中华书局1999年版，第155页。

⑤ （元）脱脱：《宋史》卷六六《五行志》，中华书局1977年版，第1452页。

⑥ （明）陈耀文：《天中记》卷六〇《象鞋》引宋萃《视听抄》，景印文渊阁《四库全书》本。

历史小知识

陈尧佐与潮州

陈尧佐（963—1044年），字希元，号知余子，阆州阆中人（今四川阆中）。太宗端拱元年（988年）进士，历仕州县，留意民政。历官翰林学士、枢密副使、参知政事，拜同中书门下平章事。仁宗庆历四年（1044年）卒，谥文惠。

咸平初，坐言事忤旨，降通判潮州。时鳄鱼食人，他下令捕获，具文数罪后当众烹杀，人皆惊异。又修孔子庙，作韩吏部祠，以风化潮人，深得民众敬爱。“海滨邹鲁是潮阳”就出自其七言绝句《送王生及第归潮阳》。

《续资治通鉴长编》书影

及私市与人者，论如法。”[①]

潮州的鳄鱼，并没有被韩愈《鳄鱼文》的劝告所感动，百余年后依然猖獗。北宋陈尧佐在咸平年间（998—1003年）被贬为潮州通判，也有具文驱鳄之举，当时潮州人将之比作韩愈。[②]

除虎、象、鳄之类大型动物的危害之外，宋代广东鼠害频密，有些年份甚至导致农业种植颗粒无收。南宋高宗绍兴十六年（1146年）夏秋间，岭南州县多数无雨，清远、翁源、贞阳三地遭受鼠害，百姓庄稼颗粒无收。[③]

由于人力资源的匮乏，这些野生动物曾对广东农业生产造成相当大影响。随着两宋时期的社会发展，以及南宋末年移民的大量进入，大量土地得到开发，大型动物才基本上躲进了深山老林或逐渐灭绝。

韩愈

① （元）脱脱：《宋史》卷二八七《李昌龄》，中华书局1977年版，第9652页。
② （宋）李焘：《续资治通鉴长编》卷四九，咸平四年八月壬子，中华书局2004年版第1069页。
③ （宋）洪迈：《夷坚志》甲志卷四《鼠报》，中华书局1981年版，第30页。

肆

果："入贡称珍"

宋初，南海主簿郑熊撰《广中荔枝谱》，这是历史上最早记载广东荔枝的专著，也是我国最早的一部荔枝专著。该书记载了广东二十二个品种的荔枝：玉英子荔枝、燋核荔枝、沉香荔枝、丁香荔枝、红罗荔枝、透骨荔枝、牂牁荔枝、僧耆头荔枝、水母子荔枝、蒺藜荔枝、大将军荔枝、小将军荔枝、大蜡荔枝、小蜡荔枝、松子荔枝、蛇皮荔枝、青荔枝、银荔枝、不忆子荔枝、火山荔枝、野山荔枝、五色荔枝。在清代乾隆、嘉庆之后便已名扬中外的增城挂绿荔枝，不知道是不是宋代精品荔枝的子遗?

苏轼

荔枝图

岭南大部分地区处于亚热带，还有部分地区处于热带，气候温暖湿润，果树栽培历史悠久。宋代广东的水果生产在原有的基础上继续向前发展。

广东荔枝闻名天下，宋代文人骚客屡有吟咏。苏轼的诗“日啖荔支三百颗，不辞长作岭南人”[①]早已成为脍炙人口的名句。唐庚在惠州时也慨叹荔枝竟生于瘴气之乡：“家在岷峨饱荔枝，十年游宦但神驰。侧生流论今千载，入贡称珍彼一时。定是不将凡果比，如何偏与瘴烟宜。”[②]在李纲的笔下，荔枝不仅形美：“海山仙子绛罗襦，雾縠中单白玉肤”，而且味好：“玉盘磊砢三千颗，犹忆甘芳绕齿寒”[③]。而胡铨的《如梦令》：“谁念新州人老，几度斜阳芳草。伏雨欲晴时，梅雨故来相恼。休恼，休恼，几个荔支能好。”[④]则与上述的苏轼名句有异曲同工之妙。

荔枝，一名丹荔，为广东珍果。宋代蔡襄在《荔枝谱》一书中认为，“荔枝之于天下，唯闽粤、南粤、巴蜀有之”。[⑤]随着

① （清）王文诰辑注，孔凡礼点校：《苏轼诗集》卷四〇《食荔支》其二，中华书局1982年版，第2194页。

② （宋）唐庚：《眉山唐先生文集》卷二一《和程大夫荔枝》，四部丛刊三编本。

③ （宋）李纲著，王瑞明点校：《李纲全集》卷二三《荔枝五首》，岳麓书社2004年版，第310页。

④ （宋）胡铨：《澹庵文集》卷六《如梦令》，景印文渊阁《四库全书》本。

⑤ （宋）蔡襄：《莆阳居士蔡公文集》卷二五《荔枝谱第一》，《北京图书馆古籍珍本丛刊》第86册，书目文献出版社1998年版。

生产的发展，广东百姓在长期栽培实践中，不断培育出新的荔枝品种。宋初，南海主簿郑熊撰《广中荔枝谱》，这是历史上最早记载广东荔枝的专著，也是我国最早的一部荔枝专著。该书记载了广东二十二个品种的荔枝，分别是：玉英子荔枝、燋核荔枝、沉香荔枝、丁香荔枝、红罗荔枝、透骨荔枝、牂牁荔枝、僧耆头荔枝、水母子荔枝、蒺藜荔枝、大将军荔枝、小将军荔枝、大蜡荔枝、小蜡荔枝、松子荔枝、蛇皮荔枝、青荔枝、银荔枝、不忆子荔枝、火山荔枝、野山荔枝、五色荔枝。①

《荔枝谱》书影

到熙宁年间，张宗闵撰《增城荔枝谱》，所涉荔枝品种增至一百多个。在清代乾隆、嘉庆之后便已名扬中外的增城挂绿荔枝，不知道是不是宋代精品荔枝的孑遗？

曾丰在宋孝宗年间为德庆太守，不习广东酷热，“披衣汗流衣，握简汗流简。似登头痛山，而坐身热坂”；但他又庆幸广东有荔枝和龙眼，可以驱除烦扰——

> 谁其善解纷，荔枝杂龙眼。满盘随情堆，入手信意拣。
> 强餐饱为期，一澡得三浣。疑吞玄冰丸，复咽飞雪散。②

荔枝过后即龙眼熟，所以宋人又称龙眼为“荔枝奴”。龙眼，与荔枝同科，和荔枝的属性有种种相似，花与荔枝同开，树亦如荔枝，但枝叶稍小。壳青黄色，形如弹丸。核如木梡子而不坚。肉白而带浆，其甘如蜜。熟于八月，白露后，方可采摘。一朵五六十颗，作一穗。③《南海志》云：“龙眼，似荔枝而小者，而香甜胜之。”④

① （宋）吴曾：《能改斋漫录》卷一五《方物·荔枝谱》，上海古籍出版社1979年版，第457—458页。

② （宋）曾丰：《撙斋先生缘督集》卷四《五羊食荔枝龙眼》，《宋集珍本丛刊》第65册，线装书局2004年版。

③ （元）王祯：《农书》卷九《果属·龙眼》，中华书局1956年版，第97页。

④ （元）陈大震等纂修：《元大德南海志残本》卷七《物产》，广东人民出版社1991年版，第34页。

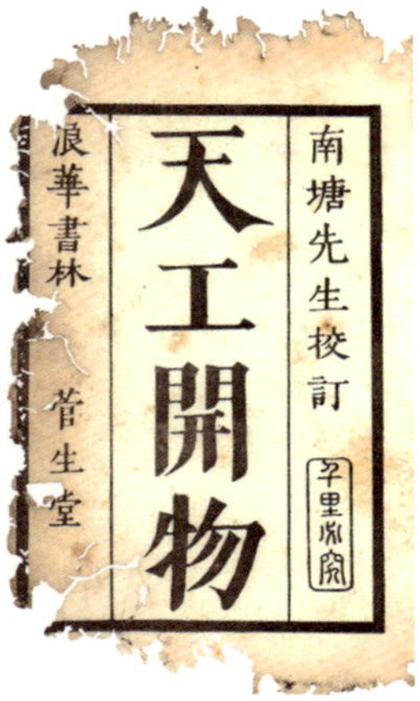

《天工开物》书影

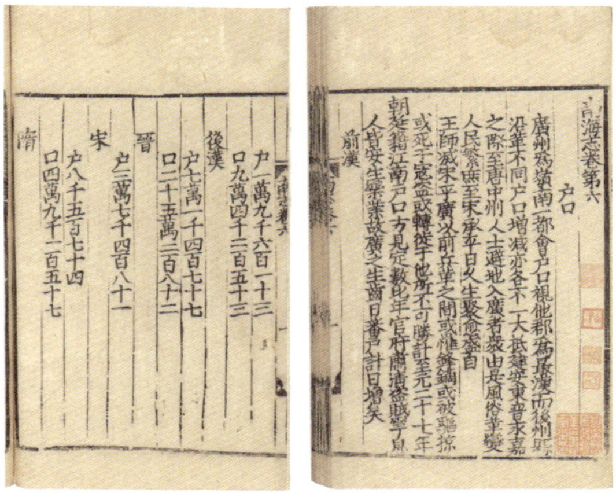

《大德南海志》书影

经过长期的培育，在宋代，岭南出现了荔枝和龙眼的杂交品种——龙荔，“壳如小荔枝，肉味如龙眼，木之身叶亦似二果，故名。……三月开小白花，与荔枝同时”。[①]宋人对广东龙眼的歌咏亦时有之，朱翌云：“龙目秋成亦一奇，略无瘴雾损瑶肌。荔枝韵胜材谁亚，益智名同性即非。”[②] 王十朋《龙眼》诗道：“绝品轻红扫地无，纷纷万木以龙呼。实如益智本非药，味比荔支真是奴。”[③]龙眼也可晒干储藏保存，其方法记载在《农书》中：“采下，用梅卤浸一宿，取出晒干，用火焙之，以核干硬为度，如荔枝法，收藏之。成朵干者名龙眼锦。”[④]

甘蔗，汉代以来广东就有种植。宋代，随着珠江三角洲和沿海各地水利的兴修以及土地的开发，适宜在河滨夹沙土种植的甘蔗得到迅猛推广。[⑤]当时广州有一种甘蔗，几年才长成，高一丈有余，根据叶子的不同分为两种，一种似荻，节疏而细短，谓之荻蔗；一种似竹，粗长。榨其汁以为沙糖，皆用竹蔗，和牛乳为石蜜（即乳糖）。[⑥]可见，宋代广东不仅种植甘蔗，而且可以深加工，用以制糖。当时的番禺为全国五大制糖基地之一，所制的

① （宋）范成大：《桂海虞衡志·志果》，（宋）范成大撰，孔凡礼点校：《范成大笔记六种》，中华书局2002年版，第310页。

② （宋）朱翌：《灊山集》卷二《谢刘宪惠龙眼诗》，景印文渊阁《四库全书》本。

③ （宋）王十朋：《梅溪王先生文集》后集卷一八《龙眼》，四部丛刊初编本。

④ （元）王祯：《农书》卷九《果属·龙眼》，中华书局1956年版，第97页。

⑤ （明）宋应星：《天工开物》卷六，上海商务印书馆1954年重印，第127页，言：“凡栽蔗必用夹沙土，河滨州土为第一。”

⑥ （宋）唐慎微：《证类本草：重修政和经史证类备用本草》卷二三《中品·甘蔗》，华夏出版社1993年版，第565页。

蔗糖名糖霜。[1]

柑橘，是广东常见果树。据《鸡肋编》记载，为了防治柑橘虫害，多用蚁来养柑，因此兴起了一种职业“养柑蚁”，专门为种植柑橘的人家收蚁并四处贩卖。怎么收集蚁呢？用器物盛满猪羊油置蚁穴旁边，“俟蚁入中，则持之而去”。[2]

以蚁养柑其实并非源自宋代，早在晋时，此法已经普及。西晋嵇含《南方草木状》记载，交阯人用席囊贮蚁，在市场上叫卖，蚁窠如薄絮，囊皆连枝叶，蚁在其中，一并售出；蚁赤黄色，大于常蚁。南方柑树若无此蚁，则其果实都会被小虫所伤。[3]在宋代广东，养柑蚁竟然可以成为一个产业，足证柑橘种植业的兴盛。

此外，宋代广东较为著名的水果还有橄榄，因其苦酸而涩，食久味方回甘，故昔人名为“谏果”。“然消酒解毒，亦果中之有益于人者。”[4]

《农书》书影

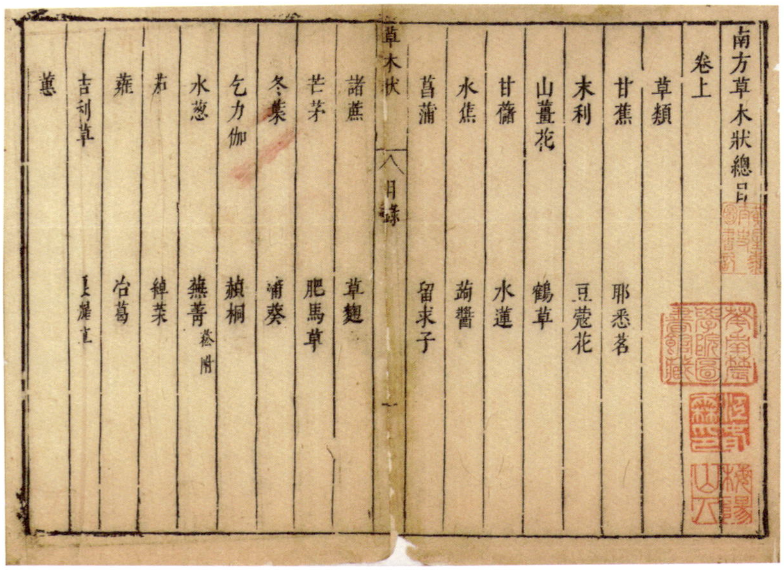
南方草木狀總目
卷上
草類
甘蕉 耶悉茗
末利 豆蔻花
山薑花 鶴草
甘藷 水蓮
水蕉 蒟醬
菖蒲 留求子
草木狀 八 目錄
諸蔗 草麴
芒茅 肥馬草
冬葉 蒲葵
乞力伽 赬桐
水蔥 蕪菁 菘附
茄 綽菜
蕹 冶葛
吉利草 良耀草
蕙

《南方草木状》书影

① （宋）王灼：《糖霜谱·原委第一》，景印文渊阁《四库全书》本。

② （宋）庄绰撰，萧鲁阳点校：《鸡肋编》卷下《养柑蚁》，中华书局1983年版，第112页。

③ （西晋）嵇含：《南方草木状》卷下，朱晓光编：《岭南本草古籍三种》，中国医药科技出版社1999年版，第15页。（唐）刘恂《岭表录异》卷上，《鲁迅辑录古籍丛编》第3卷，人民文学出版社1999年版，第474页，有相似的记载。

④ （元）王祯：《农书》卷九《果属·橄榄》，中华书局1956年版，第97页。

尤值得一提的是，宋代广东人对槟榔喜爱有加。时人以槟榔代茶，认为可以祛瘴。宋人罗大经说，槟榔有四大功效：一是“醒能使之醉”，东坡所谓“红潮登颊醉槟榔”者是也；二是“醉能使之醒”，酒后嚼之，则宽气下痰，余酲顿解；三是“饥能使之饱”，饥而食之，若有饱意；四是“饱能使之饥”，饮食消化，不至停积。[①]

正是因为槟榔有如此妙用，宋代广东又是有名的瘴乡，所以人们往往嗜之如命，“人人藤叶嚼槟榔，户户茅檐覆土床”。[②]不过，萝卜青菜各有所爱。著名诗人范成大就很不喜欢，说广东人“好食槟榔，合蚬灰、扶留藤食之……三物合和，唾如脓血，可厌”。[③]

食槟榔从单纯的祛瘴逐渐成了岭南包括广东的一个习俗礼仪，在待人接物时，必有槟榔，“寂寂孤村竹映沙，槟榔迎客当煎茶”。[④]郑刚中在封州发现当地无论贵贱、老幼男女，行坐都要咀嚼槟榔；宴请宾客、姻亲结好，没有槟榔不成礼仪，“非此亦无以通殷勤焉”。[⑤]

丰富的水果资源，使广东的水果销售和加工，在宋代得到前所未有的发展，其销售范围遍及全国，乃至海外。有“闽粤荔枝食天下，其余被于四夷”[⑥]之谓，又有“广南……民多种柑橘以图利”[⑦]之说。果品产量的提升和商品化，自然而然地使果品的加工成为一个重要的产业。

宋代广东的果品加工，主要是制作果脯。以荔枝而言，在长途运输过程中，储存问题必须解决。苏辙咏《干荔枝》[⑧]诗，说明北宋已有荔枝干的加工，并能够做成荔锦和荔煎，《农书》名

① （宋）罗大经：《鹤林玉露》丙编卷一《槟榔》，中华书局1983年版，第247页。

② （宋）杨万里：《诚斋集》卷一五《小泊英州二首》，《宋集珍本丛刊》第54册，线装书局2004年版。

③ （宋）范成大：《范石湖集》卷一六《巴蜀人好食生蒜，臭不可近。顷在峤南，其人好食槟榔，合蚬灰，扶留藤（一名蒌藤），食之辄昏然。已而醒快，三物合和，唾如脓血，可厌。今来蜀道又为食蒜者所熏，戏题》，上海古籍出版社1981年版，第226页。

④ （宋）陈与义：《陈与义集》卷二七《又和大光》，中华书局1982年版，第441页。

⑤ （宋）郑刚中：《北山集》卷二一《长韵》，景印文渊阁《四库全书》本。

⑥ （宋）曾巩撰，陈杏珍、晁继周点校：《曾巩集》卷三五《福州拟贡荔枝状》，中华书局1984年版，第497页。

⑦ （宋）庄绰撰，萧鲁阳点校：《鸡肋编》卷下《养柑蚁》，中华书局1983年版，第112页。

⑧ （宋）苏辙著，陈宏天、高秀芳点校：《苏辙集》卷一二《干荔枝》，中华书局1990年版，第226页。诗曰：“含露迎风惜不尝，故将赤日损容光。红消白瘦香犹在，想见当年十八娘。”

其为“晒荔法”：

采下即用竹篱晾晒，经数日，色变核干，用火焙之，以核十分干硬为度。收藏用竹笼、箬叶裹之，可以致远。成朵晒干者，名为荔锦。取其肉，生以蜜熬作煎，嚼之如糖霜然，名为荔煎。[1]

当时还发明了一种浸荔枝的红盐法。以盐梅卤浸佛桑花为红浆，投荔枝浸之，晒干后，色红，味甘酸，可以保存很长一段时间。这为荔枝长途运输乃至大量出口铺平了道路。[2]另据《东京梦华录》记载，当时汴京夜市有荔枝膏、糖荔枝出售。[3]南宋初年，吴曾在《能改斋漫录》中记载广东人做荔枝馒头的方法：“取荔枝榨去水，入酥酪辛辣以含之。”以及做“签炙”的方法：“以荔枝肉并椰子花，与酥酪同炒，土人大嗜之。”[4]

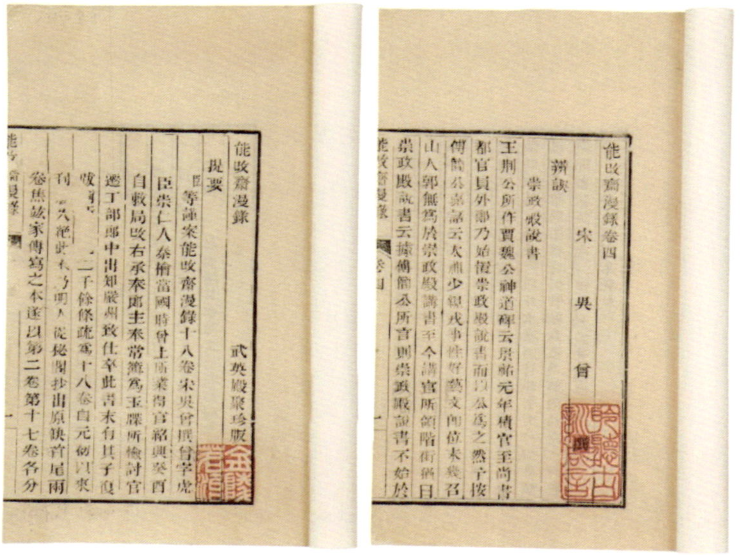
能改齋漫錄　武英殿聚珍版
提要
臣等謹案能改齋漫錄十八卷宋吳曾撰曾字虎
臣崇仁人秦檜當國時曾上所業得官紹興癸酉
自敕局改右承奉郎主奉常簿爲玉牒所檢討官
遷工部郎中出知嚴州致仕卒此書末有其子復
卷焦竑家傳寫之本遂以第二卷第十七卷各分

能改齋漫錄卷四
宋　吳　曾
辨誤
崇政殿說書
王荊公所作賈魏公神道碑云景祐元年積官至尚書
都官員外郎乃始復崇政殿說書而以公爲之按
山人郭無爲於崇政殿講書至今講官所領階銜稱曰
崇政殿說書云據傳公所言則崇政殿說書不始於

《能改斋漫录》书影

历史小知识

《南海志》

宋元时期广州的方志。宋代曾纂修过两部《南海志》，分别修于嘉定初年（1208—1210年）和淳祐七年（1247年），惜均已散佚。元初陈大震曾修《大德南海志》，原书二十卷，已佚。今人据《永乐大典》残卷，辑佚整理成10卷《大德南海志残本》出版。虽不可尽窥全豹，但仍是了解宋元时期广州乃至珠江三角洲的重要文献。

① （元）王祯：《农书》卷九《果属·荔枝》，中华书局1956年版，第96页。

② 邓端本：《古代广州开放促进广州繁荣的启示》，《广州日报》1987年12月18日。

③ （宋）孟元老撰，邓之诚注：《东京梦华录》卷二《州桥夜市》，中华书局1982年版，第18页。

④ （宋）吴曾：《能改斋漫录》卷一五《方物·荔枝谱》，上海古籍出版社1979年版，第458页。

据《南海志》记载，当时广州地区的水果品种还有波罗蜜（即菠萝蜜）、频婆子、蒟酱、荔枝、龙眼、柑子、香橼、橄榄、乌榄、绿榄、蕉子、柚子、余甘、谷子、秋风子、金斗子、崖蜜、青竹子、山不纳子、桂木子、千岁子、不纳子、毛韶子、羊矢子、三敛子、宜母子、人面子、黄淡子、黄皮子、倒黏子、鬼拗子、菩提子、冬桃、偏桃、岑梨、山枣、马脐子、石栗，另有桃、李、梅、枣、柿、栗、茅栗、蔗、莲、藕、菱、茨菰、橙、橘、金橘、杨梅、石榴、卢橘、水瓮子、古买子、罗蒡子、柰丁、蒲萄子、锥子、茅锥子。①

潮州地区则有杨梅、枇杷、荔枝、莲房、龙眼、黄甘、梅、李、梨、柿、蕉、甘蔗、菠萝蜜、蒲萄、木瓜等。②

真是琳琅满目，美不胜收。

① （元）陈大震等纂修：《元大德南海志残本》卷七《物产》，广东人民出版社1991年版，第32—37页。

② 陈香白：《潮州三阳志辑稿》卷八《土产》，中山大学出版社1989年版，第34页。

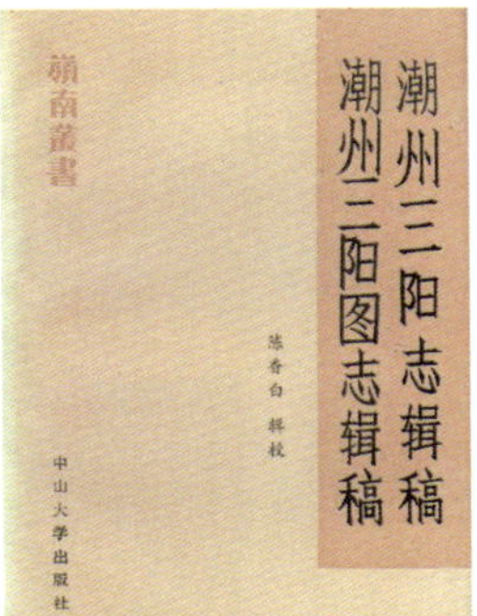

《潮州三阳志辑稿》书影

伍

花："人竞买戴"

在长期的花卉栽培过程中，宋代广东花卉种植积累了相当丰富的经验。如延长茉莉花的花期，可用淅米浆浇灌，保障花开一夏，而且花冠也开得比平常的要大。

朱槿花

“岭南梅花浑似雪，萝岗香雪映朝阳。”农历冬至前后，广州萝岗香雪公园的梅花次第盛开，繁花如雪。20世纪六七十年代之前，“萝岗香雪”是羊城八景之一，一度扬名海内外，广州人形成了冬至去萝岗赏“梅雪”的习俗，弥补广州无雪的遗憾。据说光绪三十年，晚清名臣、两广总督张之洞也来萝岗赏“雪”，只见万树梅花迎风怒放，对这里满山梅荔、百果丰盈、村民富足大为赞赏，不禁诗兴大发，索笔直书七律一首：“踏上萝峰不愿归，满山形胜不胜题。云崖露冷寒僧骨，石径苔深滑马蹄。涧水淙淙晴若雨，古木森森昼亦迷。梅花怒放千村雪，香风送我上云霓。”

关于萝岗香雪的诗词、对联、游记等，至今留存许多文人佳话。除了张之洞外，更早之前的道光年间，广东著名诗人张维屏约友人黄培芳、黄玉阶慕名赏梅。张维屏诗书俱佳，见“雪”如海，胸怀激荡，即席挥笔，手书一联：“行云流水见真性，明月清风故人来。”

珊瑚花

这样的美景佳作天合，据说最早始于宋代。萝岗因特殊的自然条件，梅常开二度，疏影横斜，香风阵阵，寻“雪”踏梅的人纷至沓来，游人如鲫。从此，留下一个“萝岗香雪”的胜景。

宋人对梅花如此钟爱，用宋代文人范成大在《梅谱》中的说法，叫“梅，天下尤物”。在宋代，梅花成为养花人一致的首选品种。范成大《梅谱》称：“学圃之士，必先种梅，且不厌多，他花有无多少，皆不系重轻。”大概意思是，家里养花，其他品种可有可无，多点少点都不要紧，但不能少了梅花。宋人爱梅几

广州水上花市

梅花

至痴迷，北宋诗人林逋便号称“梅妻鹤子”。广东萝岗兴起梅花胜景，倒也成了广东在南下士子的熏陶下，接受中原文化影响的一个旁证。

气候温暖的广东，四季如春，非常适宜花木生长。

南汉刘氏曾在广州辟地为花田，到宋代仍然保留，“广州城西九里曰花田，尽栽茉莉及素馨。”[①]《大德南海志》记载了广州地区的花卉，计有素馨花、珊瑚花、茉莉花、泡花、史君子花、佛桑花、朱槿花、蝴蝶花、白鹤花、刺桐花、含笑花等90种。[②]

潮州珍贵花卉的种类也很多，香色俱佳者有梅、兰、茉莉、素馨、酴醿、木犀、鹰爪、含笑、胜春。[③]

各色花卉促进了广东地区的花市发展。素馨花，番禺最多，当地人最为喜爱。“开时旋掇花头，装于他枝。或以竹丝贯之，卖于市，一枝二文，人竞买戴。”[④]在素馨花的背后，还流传着一个古代君王的爱情故事。广州海珠区南石头街，在撤镇设街之前这里都属于新滘镇。新滘镇里有条自然村叫做“庄头村”。一千多年前，这个村庄是历史上赫赫有名的“素馨之乡”。南汉时，庄头村有个叫做素馨的种花姑娘，特别喜欢耶悉茗，她后来入选南汉王宫，为讨素馨姑娘欢心，南汉王下令王家花园遍种耶悉茗，并令宫女每天都要佩戴此花，这样一来，宫女每天起床梳洗的时候，落花顺着溪水顺流而下，积满了下游的湖泊，这便是广州的流花湖。长此以往，宫外一座不知名的木桥也有了一个动人的名字——“流花桥”。据说正因如此，后来人们把耶悉茗叫做素馨花。至南宋，方信孺在其《南海百咏》中还提到：“花田

① （宋）陈景沂：《全芳备祖》前集卷二五《花部·茉莉花》，景印文渊阁《四库全书》本。

② （元）陈大震等纂修：《元大德南海志残本》卷七《物产》，广东人民出版社1991年版，第30—32页。

③ 陈香白：《潮州三阳志辑稿》卷八《土产》，中山大学出版社1989年版，第34页。

④ （宋）周去非著，杨武泉校注：《岭外代答校注》卷八《花木门·素馨花》，中华书局1999年版，第328页。

在城西十里三角市，平望弥野皆种素馨花（一名耶悉茗）。”[①]

故事之真伪今天已不可考，从《南海百咏》的记载中却可见宋代广东已经出现以种植花卉为生的花农专业户。

在长期的花卉栽培过程中，宋代广东花卉种植积累了相当丰富的经验，如延长茉莉花的花期，可用淅米浆浇灌，保障花开一夏，而且花骨朵也开得比平常的花要大。[②]

① （宋）方信孺：《南海百咏》不分卷，《宛委别藏》第104册，台湾商务印书馆1981年版。

② （宋）周去非著，杨武泉校注：《岭外代答校注》卷八《花木门·茉莉花》，中华书局1999年版，第329页。

“花城”广州

含笑花

“看着繁花锦绣，赏着姹紫嫣红，想起这种一日之间广州忽然变成了一座‘花城’……”20世纪60年代初，秦牧的一篇《花城》，让广州在“羊城”之外又多了一个名字“花城”，并传遍全中国。广州“花城”之名能得到全国乃至全球的认可，更主要是因为在宋代以后，广州的花卉生产一直长盛不衰，有着千年花城之实，遂造就了今天“花城”的美誉。

陆

珍：“南海明珰”

广州物产珍贵、外贸发达，为官员贪赃黩货提供了契机。《南齐书》卷三二《王琨传》云：南土沃实，在任者常致巨富。世云：“广州刺史但经城门一过，便得三千万也”。

广州西北的石门曾经是广州水上交通门户，早在宋代便以“石门返照”名列“羊城八景”之一，在其附近有一泓泉水，据说人喝了以后会变得贪婪，因名之为贪泉，人人避之唯恐不及。东晋元兴年间，吴隐之到广州赴任，却特意到贪泉饮水，并留下诗句：“古人云此水，一歃怀千金。试使夷齐饮，终当不易心。”据《晋书》记载，当时派到广州去当刺史的皆多贪赃黩货，广州官府衙门贿赂公行，贪污成风。朝廷欲革除岭南弊政，便派吴隐之出任广州刺史。吴隐之写作此诗，正是表达他到广州“不做贪官”的执政宣言。

广州物产珍贵、外贸发达，为官员贪赃黩货提供了契机。《南齐书》卷三二《王琨传》云：“南土沃实，在任者常致巨富。世云，‘广州刺史但经城门一过，便得三千万也’。宋人章如愚也注意到此点，曾言：（广南）地产珍奇，掌握之物，足当数世。疆域旷邈，按察稀临，京阙万里，赴诉莫及，则无聊汩没之人，何惮而不为贿乎？……汉魏以还，守官广南者多以贪墨，坐激吏民之变，启

贪泉

蛮獠之寇。”①

广州进口各种贵重物料，早在汉代就开始了。到唐代，市舶贸易繁盛，“珍异之货”云集羊城，包括珠、香、象（牙）、犀（角）、玳瑁（甲）在内。元大德八年（1304年）纂辑的《南海志》将舶货分为八类：宝物、布匹、香货、药物、诸木、皮货、牛蹄角、杂物，共71种，可见其丰富。有宋一代，仅以乳香为例，便可见广州市舶收入之盛况“《备对》所言三州市舶司（所收）乳香三十五万四千四百四十九斤，其内明州所收惟四千七百三十九斤，杭州所收惟六百三十七斤。而广州所收者则有三十四万八千六百七十三斤。是虽三处置司，实只广州最盛也。”②

除了海外珍宝外，历史上广东独有的特产珍珠，也非常值得一提。珍珠是我国古代传统“四宝”之一，被誉为“宝石皇后”。自古以来一直备受人们喜爱。《初学记》《艺文类聚》等古代文献都把珍珠收入宝器部，充分体现出古代先民对珍珠的珍爱。岭南地区自古盛产的珍珠，通常统称为“南珠”。

唐朝亡后，岭南地区以广州为中心再次兴起独立政权，史称为“南汉”。南汉朝代延时不长，但是几代国主的生活都极尽奢

《粤海关志》书影

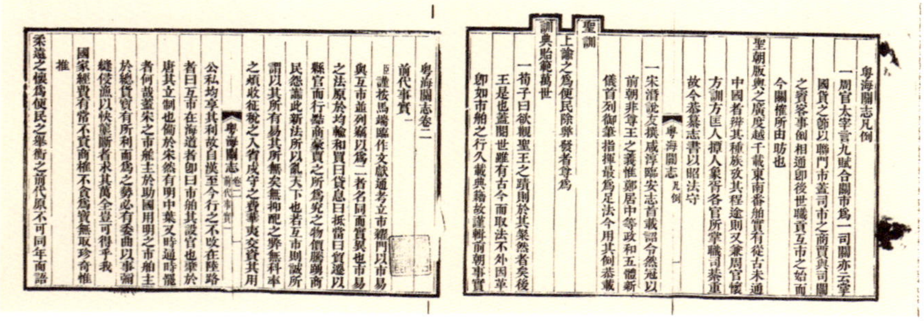

粤海關志凡例

一周官大宰言九賦合關市爲一司關亦云掌國貨之節以聯門市蓋司市之商賈與司關之賓客事例相通即後世職貢互市之始而今關權所由昉也

聖朝版輿之廣度越千載東南番舶貿有從古未通中國者辨其種族致其程途則又兼周官懷方訓方匡人撢人象胥各官所掌職司綦重故今恭纂志書以昭法守

粤海關志 凡例 一

一宋潛説友撰咸淳臨安志首載詔令然冠以前朝非尊王之義惟鄭居中等政和五禮新儀首列御筆指揮最爲足法今用其例恭載

聖訓

上諭之爲便民除弊發者尊爲

訓典貽範萬世

一荀子曰欲觀聖王之跡則於其粲然者矣後王是也蓋閲世雖有古今而取法不外因革即如市舶之行久載典籍故謹輯前朝事實

粤海關志卷二

前代事實一

臣謹按馬端臨作文獻通考立市糴門以市易與互市並列緜以爲二者名同而實異也市易之法原於均輸和買曰貸息曰抵當曰貿遷以縣官而行賖商豢賈之所爲究之物價騰踴商民怨讟此新法所以亂天下也若互市則誠所謂以其所有易其所無既無抑配之弊無科率之煩收征税之入省戍守之費華夷交資其用

粤海關志 卷二 前代事實 一

公私均享其利故自漢至今行之不改在陸路者曰互市在海道者即曰市舶其設官也肇於唐其立制也備於宋然有明中葉又時通時罷者何哉蓋宋之市舶主於助國用明之市舶主於綏貿有所利而爲之勢必有委曲以事彌縫侵漁以快壟斷者求其萬全豈可得乎我

國家經費有常不貲商榷不貪爲實無取珍奇惟

推

柔遠之懷爲便民之舉衛之前代原不可同年而語

①（宋）章如愚：《群书考索》续集卷五一《舆地门·两广》，书目文献出版社1992年版。

②（清）梁廷枏：《粤海关志》卷三，引《中书备对》，台北文海出版社1975年版，第148页。

侈之能事。南汉开国皇帝王刘岩为夸耀财富，即位两个月后建起“玉堂珠殿”。934年再建昭阳殿，殿中设渠，渠内浸以各色珍珠，名曰“珍珠渠”。等到后主刘𬬮在位时，所居宫殿内大量使用珍珠，墙壁、梁栋、帘箔等等，皆用珍珠装饰，华丽异常。因为大量使用珍珠，南汉统治者深感“合浦珠”之不足，不意发现珠江口东南侧一带原来也产珍珠。

《深圳史上的珍珠采集业》一文记载，南汉王在深圳湾及大

南越王宫遗址

鹏湾一带安置了3000人的采珠队伍，主要分布在现今香港大屿山等地；时人把这片产珠地称为“媚川都”。陆机《文赋》中有“水怀珠而媚川”的句子，“都”原为指藩镇所辖亲信部队，南汉没有类似的政权机构设置，便借用“媚川都”代称珍珠产地。古代的生产技术落后，采集珍珠特别危险，尤其是在深海采捞，采捞者足部给缒上石块，腰间系上绳子，然后拼命潜入海底，常常窒息而死。宋太祖进攻南汉的时候，南汉宦官龚澄枢等人认

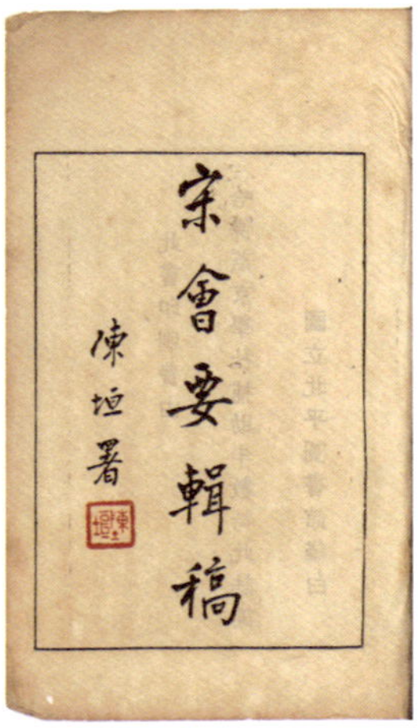

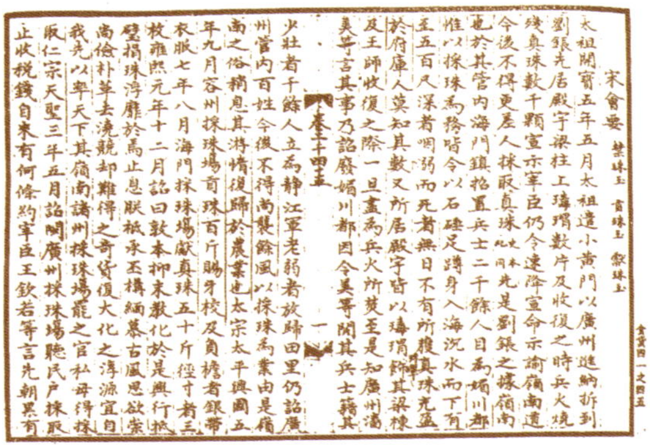

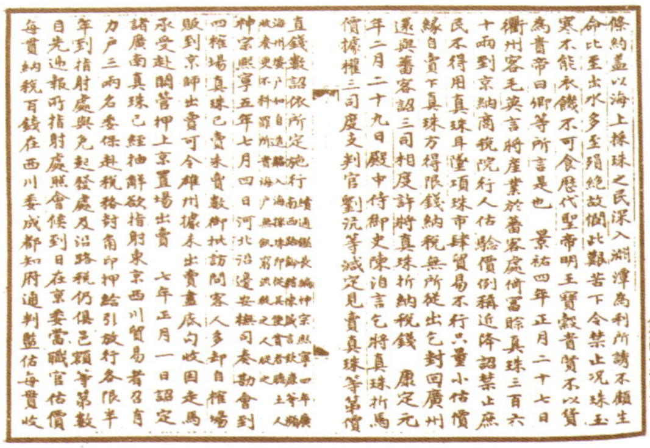

《宋会要辑稿》书影

为，宋军是为珍珠而来，如果销毁珍珠，宋军便会自去，结果放火纵烧广州宫殿一天一夜。当然这并没有使宋军停下进攻广州的步伐，而宋军在灰烬中还抢出了46瓮美珠。

《宋会要辑稿》记载，北宋初，政府采取休养生息的采珠政策，开宝年间“废媚川都”，“诏广州管内百姓，今后不得尚袭余风以采珠为业，由是岭南之俗稍息，其游惰复归于农业也”。[①]方信孺在《媚川都》诗中言：“漭漭愁云吊媚川，蚌胎光彩夜连天。幽魂水底犹相泣，恨不生逢开宝年。”[②]

到太平兴国年间，则“复官取。容州、海渚亦产珠，官置吏掌之。自太平兴国二年，贡珠百斤。七年，贡五十斤。径寸者三。八年，贡千六百一十斤。皆珠场所采。”[③]因贡珠的数量多，雍熙元年（984年）诏“岭南诸州采珠场罢之”。仁宗天圣三年（1025年）五月，诏“闽、广州采珠场听民户采取，止收税钱”。[④]从尚俭到停止收取采珠民户税钱之举，体现出北宋前期较为宽松的采珠政策。

在运销方面，熙宁七年（1074年）诏定“诸广南真珠已经

① （清）徐松辑：《宋会要辑稿》，中华书局1957年版，第5559—5560页。

② （南宋）方信孺《南海百咏》，扬州广陵书社2003年影印本，第89页。

③ （元）马端临：《文献通考》卷十八《征榷五》，北京商务印书馆1936年版，第179页。

④ （清）徐松辑：《宋会要辑稿》，中华书局1957年版，第5559—5560页。

抽解欲指射东京、西川贸易者，召有力户三两名委保，赴税务，封角印押，给引放行。各限半年到指射处……。候到日，在京委当职官估价，每贯纳税百钱；在西川委成都知府通判监估，每贯收税二百钱”。[①]可知南部的珍珠经“抽解”后，被运到指定地点，商人要凭引贩卖。如违法贩卖，则“及买人各杖一百，许人告所犯真珠没官，仍三分估一分价钱赏告人”。[②]

官方也通过政令从消费环节上限制民间对珍珠的需求。景祐四年（1037年）衢州客商毛英将自己的产业抵押给蕃商，赊得真珠三百六十两到京城买卖，却被告之“近降诏，禁止庶民不得用真珠、耳坠、项珠市肆，贸易不行”。徽宗大观二年（1108年）十一月令“诸非品官之家不得以真珠为饰”，三年（1109年）十二月“诏今后真珠更不许计置上洪，只许就本处买卖，循环作本。即不得因缘阻节，有失招徕之意”。[③]

南宋高宗朝“禁闽、浙、川、广贡真珠、文犀”，“罢廉州贡珠，纵蛋丁自便”，放松了对贡珠的采收管理。[④]

清代屈大均在《广东新语·货语·珠》中言：“吾粤所宝者珠。在古时凡生男子多命曰珠儿，生女多曰珠娘。……大抵珠者粤之精华……故凡还珠之郡、媚川之都、沉珠之浦、禺珠之乡、珠厓之国，生其地者，人多秀丽而文。是皆珠胎之所孕育者也。”

正所谓，不同的地理环境有着不同的气候条件，孕育着不同的物产和不同的人文精神。宋代的广东，其风土地理不仅有让人生畏的瘴气、飓风，还有令人称羡的奇珍异宝，正是在这样一块让人又爱又怕的土地上，宋代的历史大幕徐徐展开。

珍珠

① （清）徐松辑：《宋会要辑稿》，中华书局1957年版，第5559—5560页。

② （清）徐松辑：《宋会要辑稿》，中华书局1957年版，第5559—5560页。

③ （清）徐松辑：《宋会要辑稿》，中华书局1957年版，第5559—5560页。

④ （元）脱脱：《宋史》卷三一《高宗本纪》，中华书局 1977 年版，第 583、586 页。

第二章 政区沿革

行尽章江庾水滨，南踰梅馆陟嶙峋。
城中绍祚千年圣，海外占风九译人。
峤岭古来称绝徼，梯山从此识通津。
舆琛辇赆无虚岁，徒说周朝白雉驯。

——（宋）余靖：《题庾岭三亭诗·通越亭》

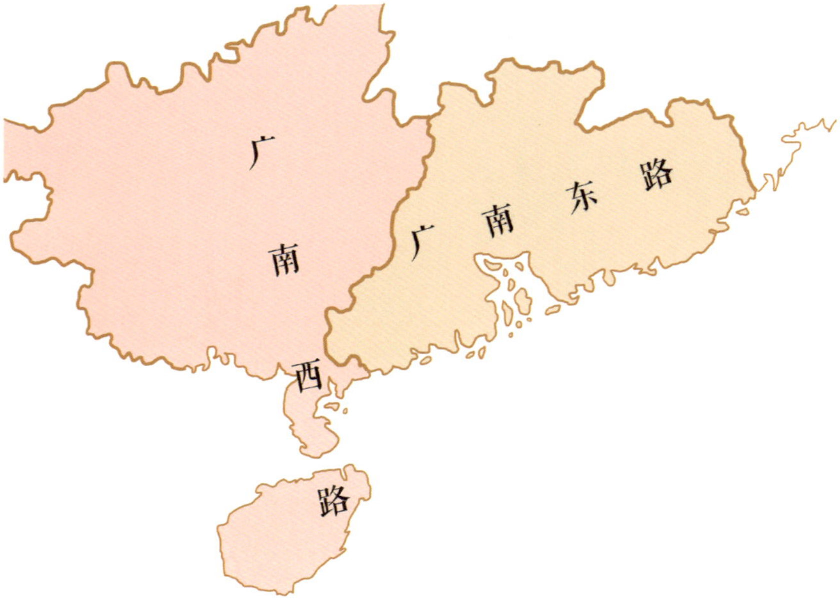

南宋时期的广南东路和广南西路

罗浮山素有“百粤群山之祖”“蓬莱仙境”之称。汉文帝元年（公元前179年），陆贾奉使南越，说服赵佗称臣奉贡。陆贾回朝复命后撰《南越行纪》，称“罗浮山顶有湖，杨梅山桃绕其际”。这是罗浮山为中原所知之始。而岭南真正纳入中原王朝版图，则要更早一些。公元前222年，秦王嬴政统一六国后，“因南征百越之君”，派屠睢率领50万秦军攻打岭南。八年后，秦始皇在岭南地区设“桂林、象、南海”三郡。

广东，《吕氏春秋》中称“百越”，《史记》中称“南越”，《汉书》称“南粤”，“越”与“粤”通，也简称“粤”，泛指岭南一带。广东的先民很早就在这片土地上生息、劳动、繁衍。

在历史长河中，唐时广东属岭南道；宋以旧广州辖地置广南东路，简称广东路，为广东得名之始；元设海北广东道；明置广东省，后改广东布政使司；清改广东省，名称沿续至今未变。

壹

从先秦到南汉的郡县变化

唐太宗分天下为十道，至玄宗开元时又析为十五道，而岭南道同为其中之一。岭南共设四十五州，分属广州、桂州、容州、邕州、安南（今越南河内）五个都督府（又称“岭南五管”）。唐懿宗咸通三年（862年），岭南道分为东、西两道，以广管为岭南东道节度使，治广州；邕管为岭南西道节度使，兼领桂、容、安南三管。

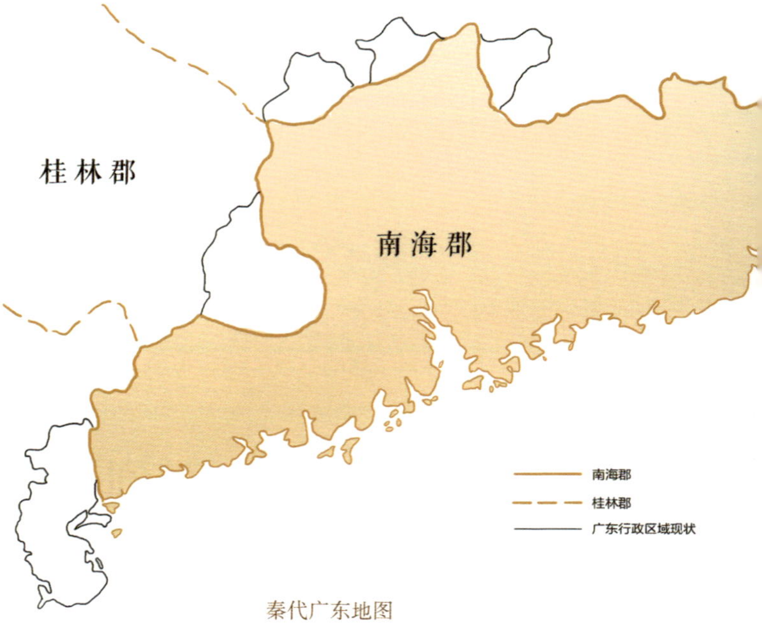

秦代广东地图

广东地处五岭以南，为百越之地。早在旧石器时代，马坝人就生活在这块土地上。此后漫长的历史时期中，古越先民在这里生息繁衍，与中原、江南和荆楚人民交往密切。

秦王政二十五年（前222年），秦军灭楚，继而南下平定岭南。秦始皇三十三年（前214年），秦在岭南地区设置南海、桂林和象三郡。

南海郡东至今潮州，西到今广西贺县，北抵南岭，南边濒海，包括今粤东、粤北、粤中和粤西的一部分，下辖番禺、龙川、博罗、揭阳和四会五县，治番禺。

桂林郡包括今广西大部以及粤西的一部分。

象郡包括今越南中部、北部以及广西西南、粤西的一部分和海南岛。

秦王朝在农民起义的冲击下土崩瓦解，继而项羽和刘邦之间延续了4年的楚汉之争。在新旧政权交替的风雨飘摇之际，龙川县令赵佗继任为南海郡尉，随后派兵兼并了桂林和象郡，并析象郡为交阯、九真。汉高祖三年（前204年），赵佗建立南越国，以番禺为王都。南越是广东历史上第一个割据政权，存94年，传五世，赵佗传其孙眜，眜传其子婴齐，婴齐传其子兴。

汉武帝元鼎五年（前112年），南越丞相吕嘉发动叛乱，另立赵建德为王。汉武帝随即发兵讨伐。翌年，统一南越全境，并于其地设置了南海、苍梧、合浦、郁林、珠厓、儋耳、交阯、九真和日南九郡。

南海郡下辖番禺、中宿（今清远）、四会、博罗、龙川和揭阳六县，治番禺。

苍梧郡治广信（今封开），下辖十县，其中端溪（今德庆）、高要二县以及广信的东部（今广东封开）在今广东境内。

合浦郡治徐闻，下辖五县，其中徐闻、高凉（今粤西南）和临允（今广东新兴及其附近地区）在今广东境内。

此外，汉武帝为了对岭南进行有效的统治，把其北部的部分地区并入汉初设立的桂阳郡。于是，桂阳郡下辖的桂阳（今连州）、阳山、曲江、含洸（今浛洸）、浈阳（今英德）和阴山（今阳山以北）六县在今广东境内。

汉武帝元封五年（前106年），在天下设十三部刺史，其中在岭南地区设交阯部，治广信。

西汉广东地图

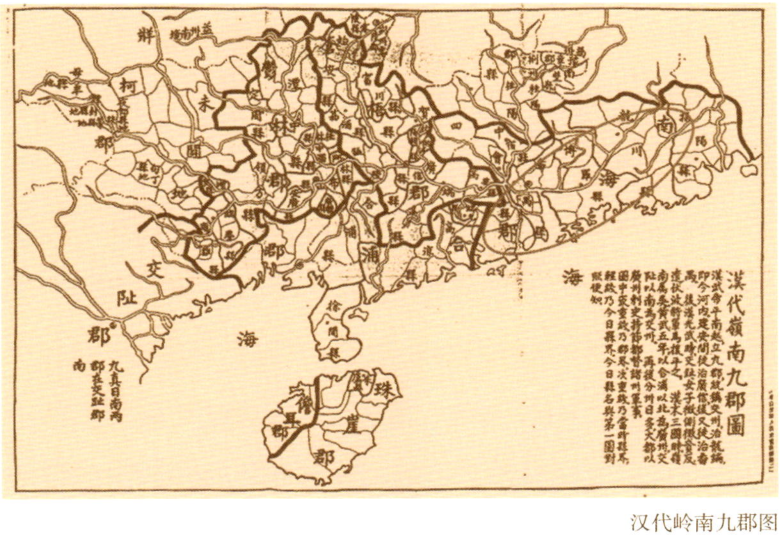

汉代岭南九郡图

东汉建立以后，沿袭了汉武帝以来对岭南的行政建制，只是在汉献帝建安八年（203年），改交阯部为交州，届此，形成了州、郡、县三级行政体制。

三国鼎立之际，东吴据有岭南之地。永安七年（264年），析交州为交、广二州。交州下辖交阯、日南、九真、珠厓和合浦五郡；广州下辖南海、苍梧、郁林、高凉和宁浦五郡，后又增置桂林、高兴二郡，共七郡，四十余县。而当时隶属荆州的始兴郡，治曲江，在今广东境内。

西晋于武帝咸宁六年（280年）灭东吴，沿袭了东吴在岭南的行政体制，为州、郡、县三级。但是对郡县进行了一些调整；而东晋时，对岭南地区的郡县调整力度则比较大。

两晋时期广州郡县的兴废情况如下：

武帝把荆州始安、始兴、临贺三郡划归广州，后三郡又相继划归湘州和荆州；

元帝分郁林立晋兴郡；

成帝分南海立东官郡；

穆帝分苍梧立晋康、新宁、永平三郡；

哀帝太和中，置新安郡；

安帝分东官立义安郡；

恭帝分南海立新会郡。

到东晋末，广州下辖南海、东官、义安、新会、高凉、晋康、新宁、苍梧、永平、郁林、晋兴、桂林、宁浦等十三郡。其中南海、东官、义安、新会、高凉、晋康、新宁七郡以及苍梧郡的一部分在今广东境内。另外，隶属于荆州的始兴郡下辖的七

唐代广东地图

县：曲江、桂阳、始兴、含洭、浈阳、中宿、阳山为今天的粤北地区。今广东境内的雷州半岛则在交州合浦郡治下。

南朝时期，宋、齐、梁、陈在今广东境内大量增设州郡县。

隋朝灭陈，完成统一之后，在广东设立广州（后改为番州；治曲江，后移南海）和循州（治归善）两个总管府，取消了郡一级行政建制，以州统县。

隋炀帝时，对地方行政体制进行了一番改革，罢总管府，又废州置郡，建立了郡、县二级行政体制。计有十郡，南海郡（治南海）、龙川郡（治归善）、义安郡（治海阳）、熙平郡（治桂阳）、高凉郡（治高凉，今高州境）、信安郡（治高要）、永熙郡（治泷水，今粤西）、苍梧郡（治封川，今封开）、合浦（治海康），下辖七十四县。

唐太宗分天下为十道，至玄宗开元时又析为十五道，而岭南道同为其中之一。岭南共设四十五州，分属广州、桂州、容州、邕州、安南（今越南河内）五个都督府（又称“岭南五管”）。

高宗永徽（650－655年）以后，五府皆隶于广州长官，称为五府（管）经略使，由广州刺史兼任。

肃宗至德元年（756年），五府经略使升为岭南节度使。

懿宗咸通三年（862年），岭南道分为东、西两道，以广管为岭南东道节度使，治广州；邕管为岭南西道节度使，兼领桂、容、安南三管。

据《新唐书》卷四十三《地理志七上》载，今广东境内共有十八州：广州（治番禺）、韶州（治曲江）、连州（治桂阳）、循州（治归善）、端州（治高要）、康州（治端溪）、新州（治

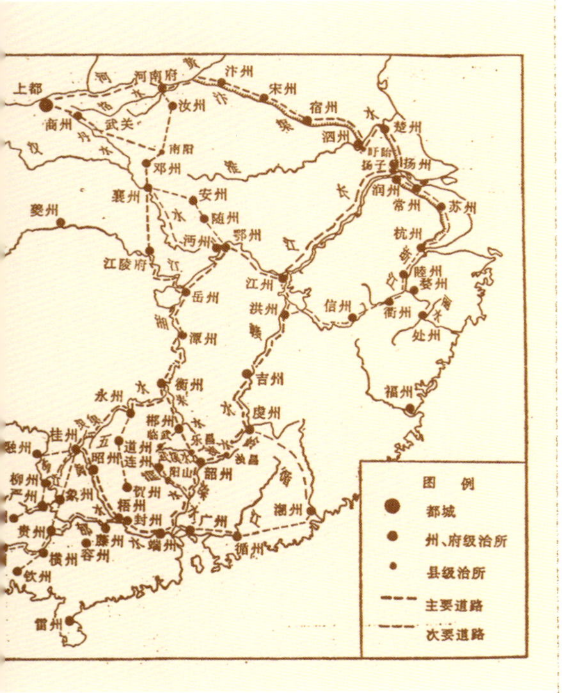

唐宋时期岭南与中原交通示意图

新兴）、勤州（治铜陵）、封州（治封川）、泷州（治泷水）、窦州（治信义，今信宜）、高州（治电白）、恩州（治恩平）、潘州（治茂名）、春州（治阳春）、辩州（治石龙）、罗州（治廉江）、雷州（治海康）。

五代十国时期，广东又出现了一个割据政权，是为南汉。南汉盛时，其疆域包括今广东、广西、海南的全部以及湖南、贵州、云南的一部分。

其中在今广东境内者有二十四州府：兴王府（即广州，为南汉都城）、韶州府（治曲江）、连州（治桂阳）、潮州（治海阳）、敬州（治程乡）、祯州（治归善）、循州（治龙川）、齐昌府（治兴宁）、雄州（治浈昌）、英州（治浈阳）、端州（治高要）、封州（治封川）、康州（治端溪）、泷州（治泷水）、勤州（治铜陵）、新州（治新兴）、高州（治电白）、恩州（治恩平）、潘州（治茂名）、罗州（治廉江）、辩州（治石龙）、春州（治阳春）、雷州（治海康）、窦州（治信义），统七十五县。

南汉国地图

贰

从北宋到南宋的政区设置

在宋徽宗、宋高宗、宋宁宗年间，广东有三州升为府，分别是：端州升肇庆府，康州升德庆府，英州升英德府。三州升为府主要不是经济发展和人口增殖所致，而是因为三位宋帝登基前曾在名义上受封该地：赵佶（即宋徽宗）曾被封端王，故即位后端州称为兴庆军，重和元年（1118年）宋徽宗御笔亲赐“肇庆府”，兴庆军遂改为肇庆府；康州因曾为宋高宗赵构的潜邸，于绍兴元年（1131年）升为德庆府；宋宁宗赵扩曾封英国公，继位后，于庆元元年（1195年）改英州为英德府。

宋太祖开宝四年（971年），平南汉。宋太宗端拱元年（988年），广南路分为广南东路和广南西路。①广南东路辖广、韶、循、潮、连、梅、南雄、英、端、贺（后属广南西路）、封、新、康、南恩、惠等州，治广州。广南西路辖桂、容、邕、融、象、昭、梧、藤、龚、浔、柳、贵、宜、宾、横、化、高、雷、钦、白、郁林、廉、琼、平、观等二十五州及昌化、万安、朱崖三军，治桂州。后桂州升为静江府，宜州升为庆远府，昌化军改南宁军，朱崖军改吉阳军。

宋代地方行政，逐渐形成路、州、县三级管理制度。在路级方面，太宗淳化四年（993年）曾仿唐制将全国划分为十道，至道三年（997年）始将全国确定为十五路，仁宗天圣年间（1023—1031年）析为十八路，神宗元丰年间（1078—1085年）又析为二十三路。有些路分合状况不定，甚至名称也反复变化。其中广南东路的辖境较为固定，除宋徽宗大观年间，贺州改属广南西路外，终宋之世再无变化。因此，今天广东的行政区划，包括了宋代广南东路的广州、韶州、连州、南雄州、英州、潮州、梅州、循州、惠州、南恩州、封州、新州、端州、康州和广南西路的雷州、化州、高州。

在州县设置方面，宋太宗之后，广东州县辖区已趋稳定，其间仅有小范围的变动，如宋神宗元丰五年（1082年），潮州只辖

历史小知识

宋代地方行政设置

宋代实行路、州府军监、县三级地方行政管理制度。路一级设转运司（漕司）、提点刑狱司（宪司）、提举常平司（仓司）等管理机构，分掌一路之财赋、刑狱、水利等管理，并兼监察吏治之责，总名监司。路下设州或府、军、监，虽为平级，但在实际地位上，府略尊于州，军则次于府和州，监更次之。州下设县，宋版图全盛时（宣和四年，1122年），分26路、254州30府55军4监、1234县。

①（宋）汪应辰有《题名纪》曰："端拱元年，监察御史高象先为广西转运使。广西分部命使实始此。"此书今不可见，引文见（清）汪森：《粤西文载》卷五二《广西名胜志总序》。王文楚《北宋诸路转运司的治所》，《文史》第28辑，1987年3月，也认为是自端拱元年始。郭崇安编著：《宋史地理志汇释》，安徽教育出版社2003年版，第238页，亦采其说。

海阳、潮阳两县；宋徽宗宣和三年（1121年），增置揭阳县，与海阳、潮阳合称“三阳”。宋高宗绍兴二年（1132年），潮阳、揭阳并入海阳县。宋高宗绍兴八年（1138年），潮阳、揭阳又复置县。宋真宗大中祥符九年（1016年），并新州、春州（今阳春县）为新春州，隶广南东路。宋真宗天禧四年（1020年），春州与新州分设，新州下辖新兴1县。宋神宗熙宁五年（1072年），并信安县入新州。宋哲宗元祐元年（1086年），信安复析为县等。后陆续增设了香山、乳源、石城、徐闻、遂溪5县。①

此外，在宋徽宗、宋高宗、宋宁宗年间，广东三州升为府，分别是：端州升肇庆府，康州升德庆府，英州升英德府。三州升

① 据（元）脱脱：《宋史·地理志》，中华书局1977年版。

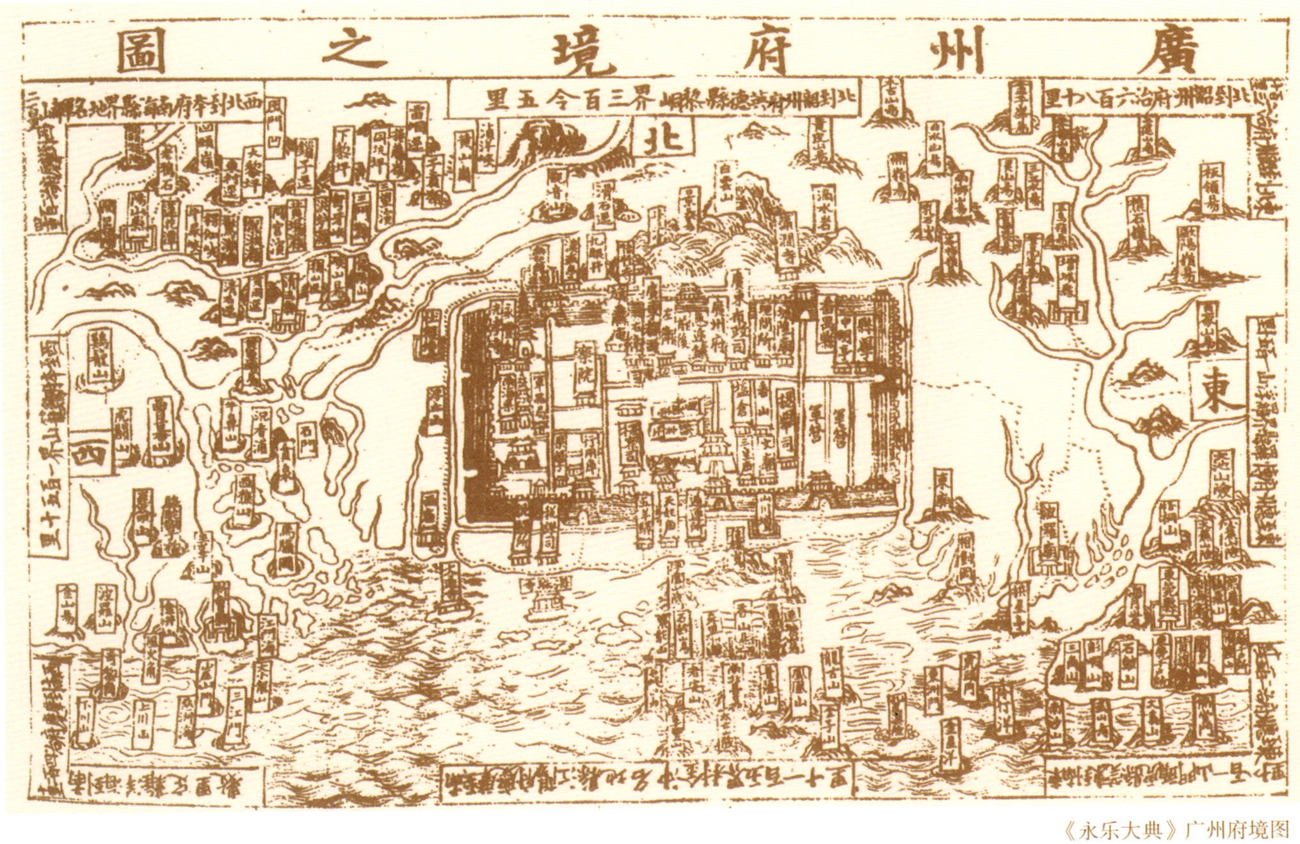

《永乐大典》广州府境图

为府主要不是经济发展和人口增殖所致，而是因为三位宋帝登基前曾在名义上受封该地：赵佶（即宋徽宗）曾被封端王，故即位后端州称为兴庆军，重和元年（1118年）宋徽宗御笔亲赐“肇庆府”，兴庆军遂改为肇庆府；康州因曾为宋高宗赵构的潜邸，于绍兴元年（1131年）升为德庆府；宋宁宗赵扩曾封英国公，继位后，于庆元元年（1195年）改英州为英德府。

考宋代以后各朝，除浛洸县元代并入英德，石康县废于明代，昌化和感恩县至新中国成立初始合为昌感县以外，其余县均维持到1958年广东政区大调整之前。因此，司徒尚纪先生认为“由此可见宋代所建州县较为合理，故能保持八九百年而不衰”。[①]

宋代府州按地理位置、人户多寡划为不同的等级。其中府分辅、望、紧、上、中、中下、下等。广州属中都督府，肇庆、德庆为望府，而英德为下府。

军州则分八等，即辅、雄、望、紧、上、中、中下、下。韶州属中州，封州先为下州后为望州，其余皆为下军州。

县分赤、畿、次赤、次畿、望、紧、上、中、中下、下。其中前四等限用于京畿地区。宋代一般以1万户以上为望县，7000户以上为紧县，5000户以上为上县，3000户以上为中县，不满3000户为中下县，1500户以下为下县。据《宋史·地理志》及王象之《舆地纪胜》等书所记，宋代广东县的分等情况如下：

望县：南海、曲江、翁源、龙川、兴宁、海阳、桂阳、保昌、贞阳，凡9县；

紧县：潮阳、河源，凡2县；

① 司徒尚纪：《广东政区体系：历史、现实、改革》，中山大学出版社1998年版，第42页。

韶关丹霞山

《中国历代户口、田地、田赋统计》书影

上县：番禺、长乐、浛洸，凡3县；

中县：增城、清远、东莞、乐昌、仁化、建福、阳山、连山、程乡、始兴、高要、四会、新兴、阳江、博罗、归善、怀集，凡17县；

中下县：信宜；

下县：新会、信安、香山、封川、开建、端溪、泷水、阳春、海丰、石龙、吴川、电白、茂名、海康、石康，凡15县。

另有乳源、石城、遂溪、徐闻等级不明。

由上述分等情况可以得知，宋代广东州县大多属于中、下县，经济发展水平处于全国的后进地区。望县、紧县、上县，大多位于粤北和粤东地区，珠三角地区则很少。从县治的密度，粤北地区也处于突出显赫的位置。韶、雄、连三州共设11县，占广东县治的1/4，[①]而其面积还不到今天全省的1/10。[②]

宋代广东也曾废并一些州县，后来又多恢复。如据《宋

① （元）脱脱：《宋史》卷九〇《地理六》，中华书局1977年版，第2236页。

② 梁方仲：《中国历代户口、田地、田赋统计》，上海人民出版社1980年版，第460页。

史·地理志》，梅州本为潮州程乡县，南汉置恭州，开宝四年改，熙宁六年废，元丰五年复；绍兴六年，废州为程乡县。十四年，又复为州。大观年间，肇庆府由下郡升为望郡，德庆府也升为望郡。不过，像这样的县望、郡望真正升降的是很少的。宋室南渡后，广州增加了香山县，是以东莞香山镇改。韶州的乳源县也是后来增加的。这些县的设置，则是由于自身人口增长和经济发展所致。

宋朝政府于路一级设经略安抚司（或安抚司）、转运司、提点刑狱司、提举常平司和提举茶盐司。但各司互不统属，各级独立行使权力，并互相监督。其中广南东路经略安抚使由广州知州兼任，总一路民财兵刑之务，其官署又称“帅司”；转运使掌一

宋代广东地图

路民政及部分财权，其官署又称“漕司”；提举常平官掌常平、义仓、免役、市易、坊场、河渡、水利，其官署又称“仓司”；以上三司皆于广州置司。提刑司又称“宪司”，掌狱讼、监察和缉盗，广东提刑司设于韶州。宋代楼钥对此有很清楚的记载：“广东漕司在惠州，宪司在韶州。”[①]从广东提刑司置司韶州，可知粤北在宋代地位之重要。

今日广东分为四大经济区：粤北经济区、粤东经济区、粤西经济区、珠三角经济区。根据上面所述宋代广东各州县情形，各经济区对应的宋代广东各州府情况大致如下：

粤北经济区包括：韶州、连州、英德府、梅州；

粤东经济区包括：潮州、循州、惠州；

粤西经济区包括：雷州、化州、高州、南恩州、封州、新州、德庆府、肇庆府。

珠三角经济区以广州为主，包括惠州部分区域。

① （宋）楼钥：《攻媿集》卷二〇《论二广赏典》，四部丛刊初编本。

叁

从茅屋到瓦舍的城镇建设

（广州的）鹅比世上任何地方的都要大，要好，要贱。其一只大如我们的两只，白如奶，但头顶有一块大若鸡卵的骨头，呈血红色；而它的咽喉下面垂着一块拃长的皮。这些鹅要多肥就有多肥，而花不到一个银币你就能在那里买到一只宰好并烹调好的。鸡鸭和鹅的情况相同，它们是那么大，你会认为它们极不可思议。

这里也有比世上任何其他地方更大的蛇，很多蛇被捉来当作美味食用。这些蛇[很有香味并且]作为如此时髦的盘肴，以至于请客人赴宴而桌上无蛇，那客人会认为一无所得。

鄂多立克

600多年前，广东美食给意大利旅行家鄂多立克留下了极为深刻的印象。一般认为，他在1322年至1328年间游历中国，其间最先到了广州。由于距宋亡的时间较短，他对广州的描述可以作为我们了解宋末广州风物的一个重要参考。鄂多立克称广州是“一个比威尼斯大三倍的城市”。[1]

广州建城的历史很早。相传周赧王时就开始筑城，号曰南武。南海人高固相楚时，有五仙乘羊衔谷穗于楚庭，遂称五羊城。“秦任嚣、赵佗相续增筑，周回十里，是为越城。汉筑番禺城于郡南五十里，迁为刺史治。及建安十五年，刺史步骘辟番山之北以广故城，复徙居焉。唐天祐末，节度刘隐以南城尚隘，更凿平禺山以益之。此作城之权舆也。”[2]

① [意]鄂多立克著，何高济译：《鄂多立克东游录》，中华书局2002年版，第64—65页。

② 黄佛颐：《广州城坊志》卷一《羊城 穗城》引乾隆《南海县志》，广东人民出版社1994年版，第6—7页。

五仙观

到宋代，受海外贸易的推动，广州城市建设取得了较大的发展。两宋300余年间，城垣共有四次大规模修建。第一次是在宋仁宗庆历四年（1044年），经略使魏瓘加筑子城，周环五里。第二次是在宋神宗熙宁初（1068年），经略使吕简重修东城，转运使王靖成之，其袤四里。第三次在宋神宗熙宁四年（1071年），经略使程师孟筑西城，共周十有三里。第四次在宋宁宗嘉定三年（1210年），经略使陈岘修雁翅城。[①]

在修葺城垣的同时，宋人还特别注意利用广州固有河道修建城壕。城壕不仅有防御作用，往来船只还可以凭此躲避飓

① 《永乐大典》卷一一九〇六《广・广州府二・城池》，中华书局1986年影印本。

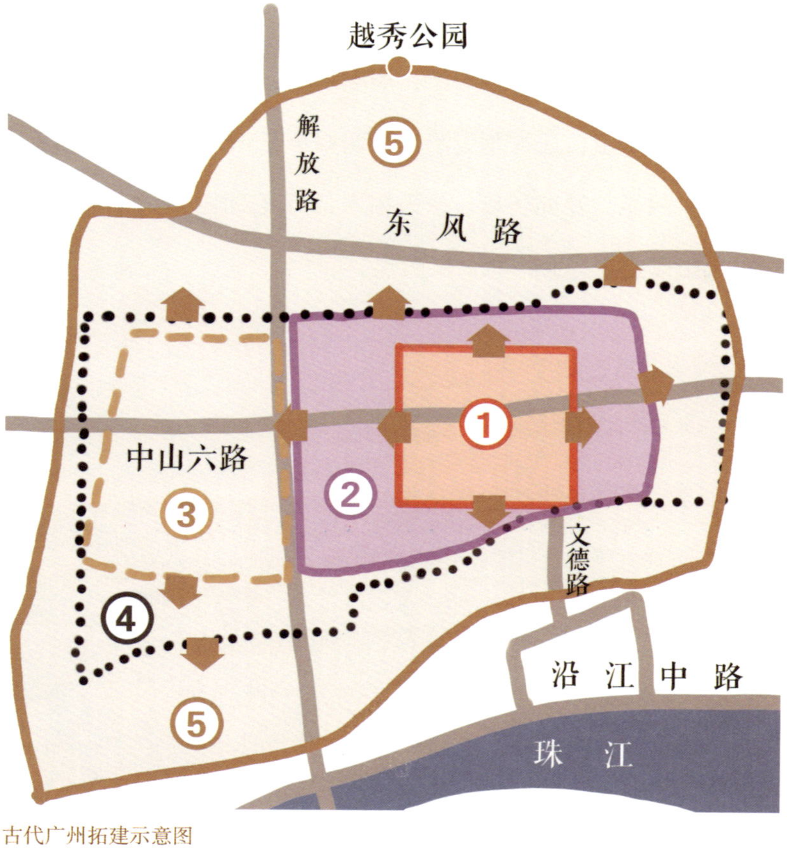

古代广州拓建示意图

风。据现存文献记载，宋代广州城有三条濠：内濠、南濠和清水濠。

内濠，为邵晔在宋真宗大中祥符（1008—1017年）间知广州时所凿；宋仁宗庆历（1041—1049年）间，魏瓘知广州，“环城浚池”；宋神宗熙宁（1068年）初，王靖筑东城，“复濠其外”；宋宁宗嘉定三年（1210年）年，陈岘重浚。内濠总长一千六百丈，东、西各置一闸。岁久复湮塞。宋理宗开庆己未（1259年），经略使谢子强对内濠进行了一番大修。“广斥至二十丈，深三丈余。东、西坝头高甃以石。”费缗钱二十万，却“不大扰而事集”，诚为难得。

南濠，“在越楼下，限以闸门，与潮上下。”开濠的目的一是为了方便船只出海、避风，二是灭火用的。“纳城中诸渠水以达于海，维舟于是者，无风涛恐，且以备火灾。”两宋期间，经过了多次的疏浚，“景德间，经略高绅所辟……淳熙二年（1175年），经略周自强浚之，岁久复堙。嘉定二年（1209年），陈经略岘重开……绍定三年（1230年），经略方淙浚之。宝祐元年（1253年），李经略迪，复自擢甲巷开浚至闸口，又加深焉。德祐元年（1275年），经略徐直谅又浚之”。嘉定二年（1209年）陈岘修浚后，南濠的规模是“自外江通舟楫以达于市，旁翼以石栏。自越楼至闸门，长一百丈，阔十丈。自闸至海，长七十五丈。”整个宋代，官员都在南濠将堙之际对其进行疏浚，其在宋代广州的对外贸易和城市消防上应该是起到了相当大的作用。南宋时，方信孺任番禺县尉，曾著《南壕》诗并序称：

广州镇海楼博物馆

在共乐楼下，限以闸门，与潮上下，盖古西澳也。景德中，高绅所辟，维舟于是者无风波恐。民常歌之，其后开塞不常。

经营犹记旧歌谣，来往舟人趁海潮。

风物眼前何所似，扬州二十四红桥。[①]

清水濠，在城东，亦是陈岘在嘉定二年（1209年）重浚的。“清水濠，在行春门外。穴城而达诸海，古东澳也，濠长二百有四丈”。三濠之间有渠相连，使广州城各处都有水环绕。[②]

清代阮元说：“广州城之有池，自宋大中祥符邵煜（即《宋史》之邵晔）始。其后魏瓘、王靖、陈岘、高绅、方大琮各有疏浚，曰南濠，曰西濠，曰东濠，曰清水濠。旧志以为古东、西澳也。明洪武筑城时，已合为一，今谓之玉带河。”[③]

濠口并建水闸。除了嘉定年间经略使陈岘在东、西雁翅城壕口建了两座水闸，绍兴年间，经略使方大琮又在旧址增筑，“西岸石甃各长二十余丈，中为重闸，阔丈余，以通舟楫”，既方便了民生、商贸，也较好地解决了城市消防的问题。[④]城防的修建

① （南宋）方信孺《南海百咏》，扬州广陵书社2003年影印本，第21页。

② 《永乐大典》卷一一九〇六《广·广州府二·城池》，中华书局1986年影印。

③ （清）阮元：《道光广东通志》卷一二五《城池·广州府》，上海古籍出版社1990年影印。

④ （清）阮元：《道光广东通志》卷一二五《城池·广州府》，上海古籍出版社1990年影印。

广州宋时北京路路面旧址

保护了对外贸易，使得商民免受战乱影响。

除了大规模的濠和水闸之外，宋代广州还修有六脉渠，加上天然的河涌，与珠江一起，构成纵横交错的水系，可以说是名副其实的水城。其中“古渠六脉：草行头至大市街，通古渠，出南濠，为一脉；净慧寺街至观巷、擢巷、蕃塔街古渠，出南濠，为一脉；光孝街至诗书街，通官禄巷古渠，出南濠为一脉；大钧市至盐仓街及小市，至盐步门，通城外六渠，为一脉；子城内水出府学府泮池，出城外，为一脉；都卫春风桥下通药洲池，出盐步门，为一脉。”[①]2009年以来，广州大力治水，让多条濠涌恢复疏通城市经脉的功能，再现“六脉皆通海，青山半入城”的水城

① 骆伟、骆廷辑注：《岭南古代方志辑佚》，《广州图经》，第281页，广东人民出版社2002年版。

五羊塑像（广州越秀公园内）

相融格局。

关于广州在宋代的城市建设，所存记载不多。宋哲宗元符二年（1099年）柯述曾经重建经略安抚使司官署。广州城内的儒学设施在宋代也曾多次修建，并不断扩展规模。①一些宗教建筑同时期兴建或重修，如为蕃舶祈福的宝光寺，大观年间，贾胡舍财重修，市舶司请于朝赐额崇报寺。净惠寺，绍圣年间曾经重修。②

此外，民居也有改善。广州旧俗，都是以竹茅为屋，容易发生火灾。唐宋之际，主政广州的历任地方官员，如宋璟、杜佑、杨於陵等人都不断地“教民陶瓦”，改造店肆、房屋，城乡居住条件有较大改观。

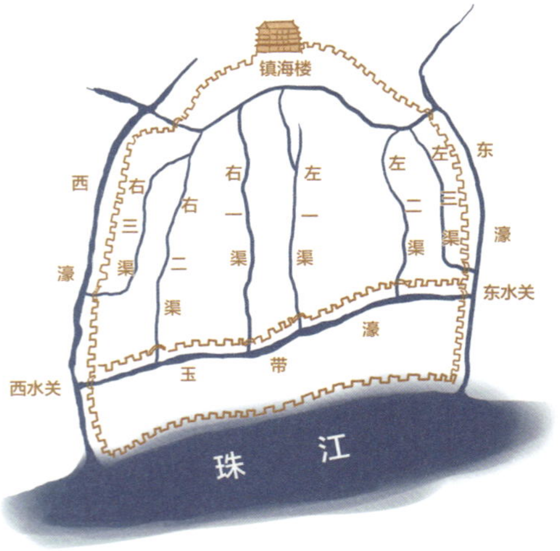

六脉渠图

① 黄佛颐：《广州城坊志》卷二《布政司前街》、《府学东街、西街、学源里》，广东人民出版社1994年版，第187页、第162页。

② 黄佛颐：《广州城坊志》卷三《旧南海县街》、《花塔街》，广东人民出版社1994年版，第372页、第365—366页。

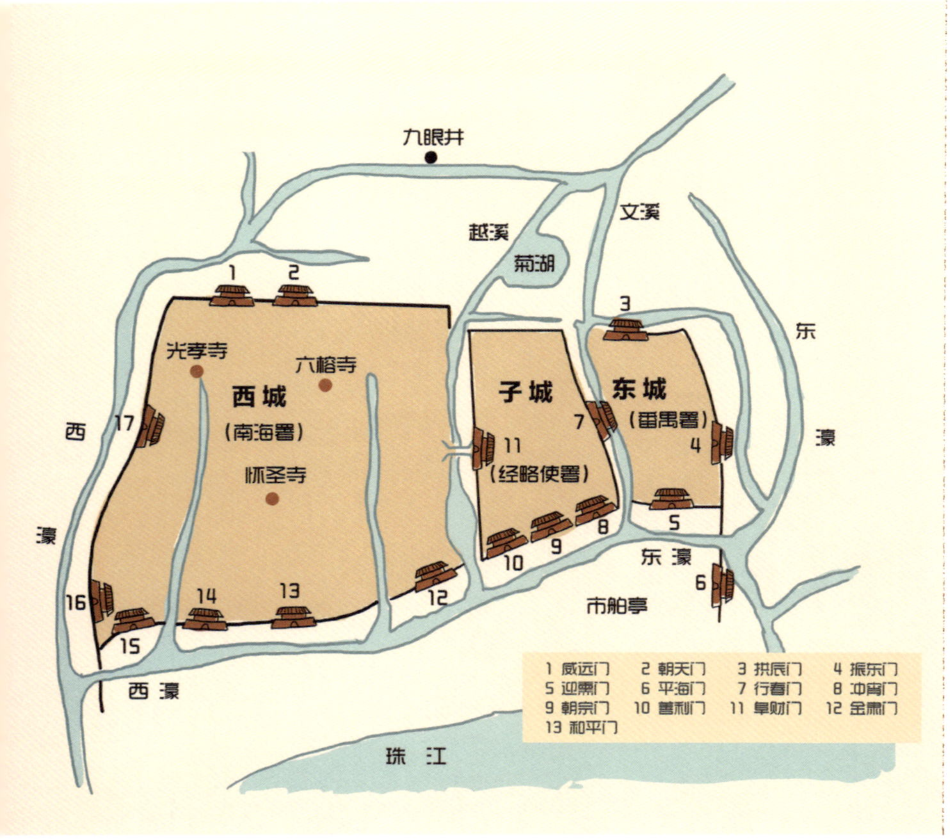

宋代广州城坊图

广州老城楼

城市的发展、商业的进步也促进了宋代广州周边农村墟市发展，有一些进而发展成镇，方便了农产品与手工业品的交流，同时也促进了农产品的商品化。关于宋代两广地区的墟市有不少记录。宋太宗至道三年（997年）七月二十八日，“上封者言：岭南村墟聚落间日会集裨贩，谓之墟市”，地方官员提出收税主张，被太宗驳回。[①]宋宁宗开禧元年（1205年），广州、肇庆府、惠州共管墟税八十三场，皆系乡村墟市，被苛征虐取，“甚至米粟亦且收钱，甚为民害”，每岁墟税所入，二万三千缗有奇，后准广东提举陈杲所奏，将其中“八十一墟悉行废罢”。[②]《元大德南海志》中，记载有宋代广州所属东莞等八场，嘉定元年（1208年），“经略陈舍人岘以为僻远非商贾经由之地，岁入无几，徒为民害，悉行除罢”，因为其中四场，“元系管催煎盐课，自仍其旧”。[③]可见沿海这三地农村的墟市，虽然数量可

① （清）徐松辑：《宋会要辑稿·食货》一七之一三，中华书局1957年影印。
② （清）徐松辑：《宋会要辑稿·食货》一八之二三，中华书局1957年影印。
③ （元）陈大震等纂修：《元大德南海志残本》卷六《旧志赋税》，广东人民出版社1991年版，第26页。

观，但由于过度搜刮，不堪重负。

司徒尚纪先生认为，在行政立法上确立镇为一种基层政区制度，实始于赵宋。一般聚落人口达到百户，即允许建镇，人口在千户左右的市镇，则有可能升格为县。[①]由于在有宋一代广东接纳了大量的南迁移民，加上商业和贸易的长足进步，镇的发展比较明显。在《元丰九域志》中记载的广东镇有：南海大通镇，番禺瑞石、并石、猎德、大水、石门、白田、扶胥镇，增城足子镇，曲江濛瀼镇，翁源玉壶镇，龙川驿步镇，南雄大宁镇。[②]另据研究，还有海阳净口镇、吴川零绿镇。[③]傅宗文先生披沙拣

① 司徒尚纪：《广东政区体系：历史、现实、改革》，中山大学出版社1998年版，第40页。

② （宋）王存撰，王文楚、魏嵩山点校：《元丰九域志》卷九《广南路》，中华书局1984年版，第407—439页。

③ 郁越祖：《关于宋代建制镇的几个历史地理问题》，《历史地理》第6期，1988年9月。

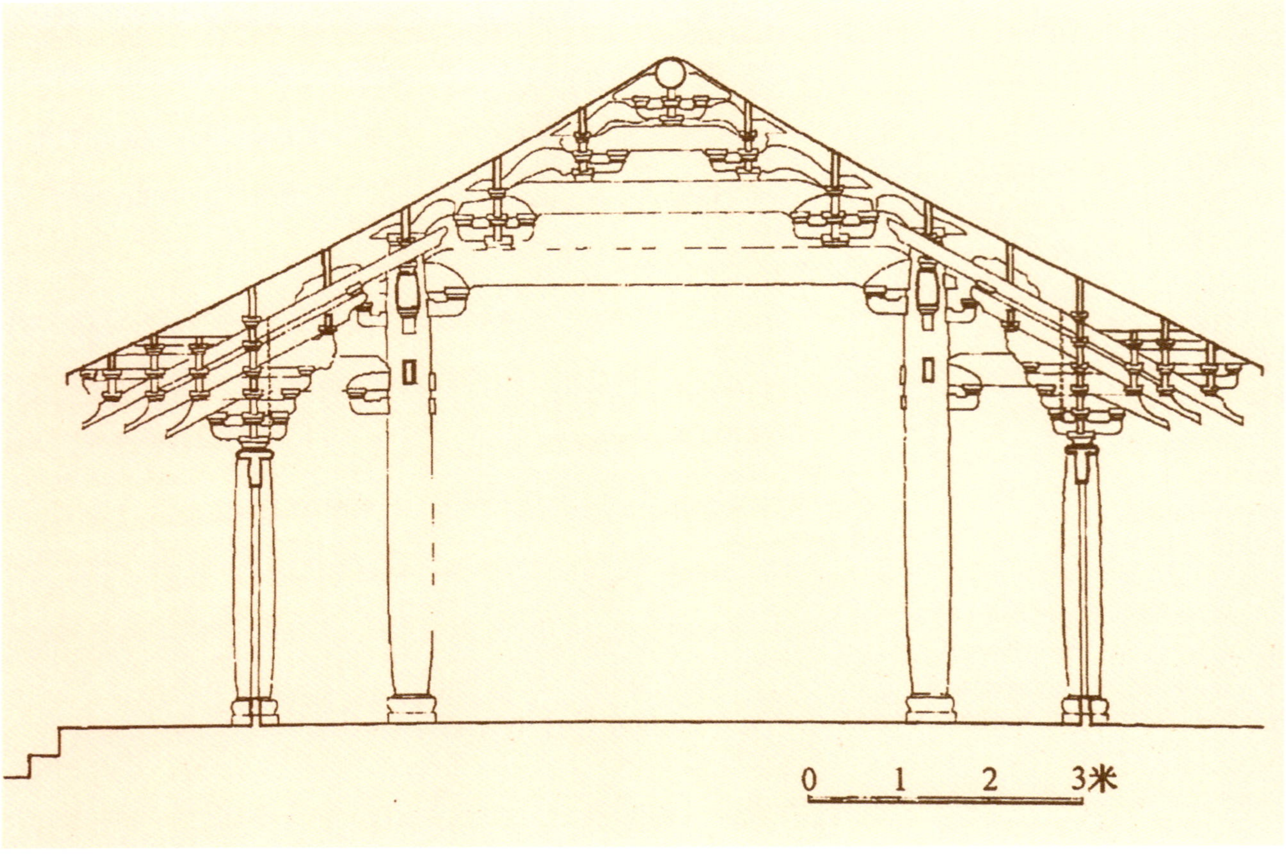

肇庆梅庵大雄宝殿仍保存了宋代建筑的特征

本书作者（右一）考察德庆学宫

金，著成《宋代草市镇研究》，详列诸路镇场墟市名称，其中广南东路辖下广州26个、韶州50个、循州3个、潮州11个、连州4个、梅州6个、南雄州6个、英德府20个、封州4个、肇庆府3个、新州3个、德庆府18个、南恩州9个、惠州1个。[①]由此可见宋代广东商品经济之发展及各区域发展之间的不均衡。

① 傅宗文：《宋代草市镇研究》，福建人民出版社1989年版，第534—543页。

第三章

人口发展

岭海生名粤

梅花结子已红青，归路犹愁一月程。
忽听儿音乡语熟，不知方到海丰城。

——（宋）陈藻：《过海丰》

2016年2月底，商人游先生从阳江来到南雄珠玑巷，打算在这里买地建一座游氏宗祠。他说从家谱上得知，游家是从珠玑巷迁出来的，现在赚到钱了，就想“认祖归宗”，再次回到宗族出发的地方，供奉游氏祖先。这是关于珠玑巷后裔的又一则新闻。穿越历史的雄关漫道，珠玑巷、梅岭早已成为岭南人口发展史中不可或缺的地标。一般认为，岭南自两宋以来，形成了各具特色的广府、客家、福佬三大民系。

不过，在宋代官方的户口统计中，广东户、口之间存在极大的不对称性问题，往往每户只有二点几口人，少者甚至只有一点几口人，令人难以置信。元代以来，宋代的户、口比例就是一个吸引无数学者而又让人倍感困惑的千古之谜。迄今为止，研究文章虽多，却尚无令人信服而又被普遍认同的结论。迄今有关宋代人口的研究比较一致地认为，宋代户数统计，远较人口统计准确，也更值得相信。

总之，宋代广东的人口经历了一个快速增长的过程，对广东经济社会的发展产生了极为重要的推动作用；而今天广东三大民系，也是自两宋开始萌芽。正如宋代福建人陈藻诗中所言，归途漫长，却不料在海丰听到了乡音。

珠玑巷街景

壹

两宋户口变化

北宋初年广东沿海几个州的人户分别为：潮州5831户，循州8339户，惠州4767户，南恩州与春州共1185户。而到了北宋中后期，从海道入粤者使沿海诸州人户大量增加。元丰年间，潮州有74622户；惠州有61121户，如果再加上循州的47192户，则为108313户；南恩州增到了27214户，增幅达20多倍。整个广东地区户数则增加了483544户，增幅超过535%。

如前所述，宋代的广南东路与今天的广东省地理范围并不完全相同，而当时的户口统计则是以广南东路作为一个完整的计量单位，雷、高、化三州的统计数字归在广南西路，而且，贺州的户口在北宋大部分时间内都计在广南东路，这给准确统计带来很大困难。因此，只能在各州县户口数据相对齐全的情况下，重新计算出“广东”的户口数。当然，在各州县户口数据缺乏的情况下，则仍然使用“广南东路”的相关数字来作整体的考察。下面将太平兴国年间（976—984年）成书的《太平寰宇记》和元丰年间（1078—1085年）成书的《元丰九域志》二书所载广东各地户数作一对照，可以看出绝大多数州的人口变化，进而看到整个广东范围内的人口变化情况。

历史小知识

主户与客户

宋代根据有无常产划分居民户等，城市有房产或乡村有田产的为主户，分别为坊郭主户和乡村主户。其中乡村主户按家产多少分为五等，官府按户等高下摊派税役。城市无房产或乡村无田产者称客户，分别为坊郭客户和乡村客户，其中乡村客户主要是佃农，以租佃主户和官户的土地、耕牛等为生。

州名	太平兴国户数			元丰户数			说明
	主户	客户	总户数	主户	客户	总户数	
广州	16059	2166[a]	18225[a]	64796	78465	143261	元丰中四会县改隶端州
韶州	9802	954	10756	53501	3937	57438	
循州	6115	2224	8339	25634	21558	47192	
潮州			5831	56912	17770	74682	
连州			13260	30438	6504	36942	
梅州	1201	367	1568	5822	6548	12370	
南雄州	7738	625	8363	18686	1653	20339	
英州	4387	592	4979	6690[b]	1329	8019[b]	
封州			1132	1726	1013	2739	
端州	223	620	843	11269	13834	25103	后广州四会来属
新州	6087[a]	121	6208	8480	5167	13647	
康州			1049	8979		`8979	
南恩州 春州	634 392	146 13[b]	780 405[b]	5748	31466	27214	后春州并入南恩
惠州			4767[a]	23365	37756	61121	旧户在循州籍内，皇朝户缺
高州	2494	574[a]	3068[b]	8737	3029	11766	后窦州并入
化州			644	6018	3255	9273	
雷州			108	4272	9512	13784	
总计	55132	8402	90325	341073	242796	573869	

按：上表中太平兴国的数字据《太平寰宇记》卷一五七至卷一六四；元丰年间的数字据《元丰九域志》卷九，并参照了《宋史》卷九〇《地理志六》，其中南恩州元丰客户数当为21446，《元丰九域志》所载有误。[a]：该项数字参考吴松弟著《中国人口史》中的研究成果，葛剑雄主编《中国人口史》第三卷第四章，表4—2；[b]：该项数字参考了梁方仲先生《中国历代户口、田地、田赋统计》中甲表35、36的相关成果。

从此表可以看出，从太宗太平兴国年间（976—984年）到神宗元丰（1078—1085年）的100年间，几个州人户增长的幅度很大：

梅州由1568户增加到12370户，增加10802户，增长689%；

南雄州由8363户增加到20339户，增加11974户，增长143%。尤其引人注目的是，元丰年间广州的人户为143261户，其中主户为64796户，客户为78465户，而太平兴国时主户仅为16059户，100年间光主户就增加48737户，增幅300%。

北宋初年沿海几个州的人户分别为：潮州5831户，循州8339

户，惠州4767户，南恩州与春州共1185户，而到了北宋中后期，从海道入粤者使沿海诸州人户大量增加。元丰年间，潮州有74682户；惠州有61121户，如果再加上循州的47192户，则为108313户；南恩州增到了27214户，其增幅达20多倍。整个广东地区户数则增加了483544，增幅超过535％。

下面我们来看一看宋代广南东路户数以及在全国所占的比重。

宋代广南东路户数及其占全国户数的百分比[1]

年份	广南东路户数	全国户数	广东比例
太平兴国年间（976—984年）	（广东）90325	6418500	1.4%
元丰三年（1080年）	（广东）573869	148526841[1]	3.9%
绍兴三年（1133年）	610000余		
绍兴四年（1134年）	1030000余		
绍兴五年（1135年）	610000余		
绍兴三十二年（孝宗即位后）（1162年）	513711	11584334	4.4%
隆兴元年（1163年）	181706	11311386	1.6%
隆兴二年（1164年）	182092	11243977	1.6%
乾道元年（1165年）	537524	11505662	4.7%
乾道二年（1166年）	539637	11635450	4.6%
乾道三年（1167年）	539637	11800366	4.6%
乾道四年（1168年）	535883	11683511	4.6%
乾道五年（1169年）	544884	11633233	4.7%
乾道六年（1170年）	545144	11847385	4.6%
乾道七年（1171年）	546716	11852580	4.6%
乾道八年（1172年）	556913	11730699	4.7%
乾道九年（1173年）	526913	11849328	4.4%
嘉定十六年（1223年）	445906	12670801	3.5%

① 此据（元）马端临：《文献通考》卷一一《户口二·历代户口丁中赋役》所引元丰三年毕仲衍《中书备对》内载天下四京一十八路户数，而马端临据《国朝会要》记载的文字则是17211713，浙江古籍出版社2000年影印。（清）徐松辑：《宋会要辑稿·食货》一一之二七与《续资治通鉴长编》卷三一〇神宗元丰三年，户数均作16730504。

按：太平兴国年间的数字据《太平寰宇记》卷一五七至卷一六四各路户数相加而得。嘉定十六年的数字据《文献通考》卷一一。绍兴三年、四年、五年的数字据《建炎以来系年要录》卷七一、八三、九六。绍兴三十二年、隆兴元年、二年、乾道元年至九年的数字据《宋会要辑稿·食货》六九之七一至七七。

经统计，唐开元时（713—741年）广东户数为155661；天宝时（742—756年）广东户数为215334；元和时（806—820年）户数为97403（缺康州户数）。开宝四年（971年）平广南，得其户数为170263，与《太平寰宇记》所载比较接近，[①]该数字包括广南西路的户数，所以占全国户数5.5％以上。如果仅以广东计之，则不至于如此之高，当在2％—4％之间，而这个百分比大致反映了有宋一代广东户口在全国所占的比重。

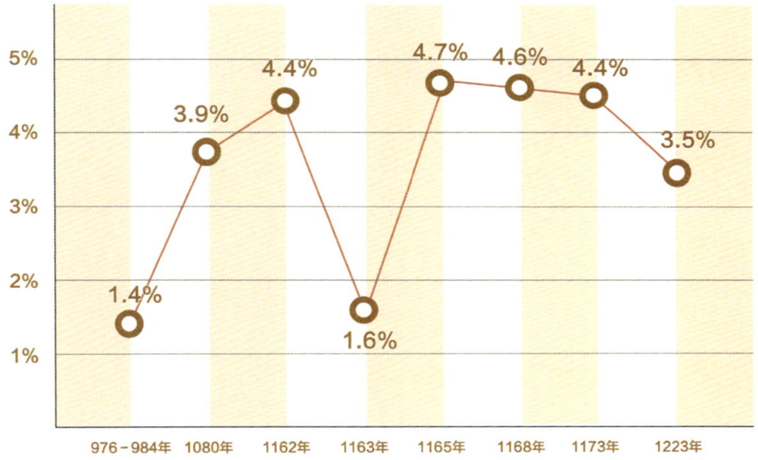

宋代广南东路户数及其占全国户数的百分比图

通过上述对比可知，自中唐至宋初的两百余年内，广东户口增殖缓慢。而整个宋代，广东人户虽然在全国的比重仍然很低，但是相比唐朝和五代，户数增长了四五倍，并始终维持在这个较高的水平。

从时间维度看，自宋太宗到宋神宗时，各地户数增长都很快，最快的是南方，以两广为最。程民生先生认为，宋代人口增长的规律是：经济落后地区户口增长率最大，前期如两广，后期

① 吴松弟：《中国人口史》第三卷：辽宋金元时期，复旦大学出版社2000年版，第117页。吴松弟对北宋平定各国所得户口进行了分析，认为其可靠程度较低。

如京西南路。除开封府外，户口最少的路如夔州、广西、广东路等增长也很快。[①]

据学者统计，宋代的人口数量，在北宋大观年间（公元十二世纪）达到高峰，约有1亿人左右。[②]浙江大学何忠礼先生提出：北宋大观四年（1110年），户部统计的户口数，是有宋一代各种文献记载中的最高数字。据《宋史·地理志》载，该年全国共有户数20882258，是宋代全国户数最多的一年，按每户约有4至6口来推算，总人口约在1.044亿至1.252亿之间。[③]而广东地区的人口占全国的比例始终在3％至4％左右上下浮动，亦即广

现广东行政区划图

① 程民生：《宋代地域经济》，河南大学出版社1992年版，第54页。

② 王棣：《宋代经济史稿》，长春出版社2001年版，第83页。

③ 何忠礼：《宋代户部人口统计考察》，《历史研究》1999年第4期。

东宋代总人口在300万到400万左右，那么户数则在60万到80万之间。遗憾的是，我们无法看到大观年间广东的户口数，所以只能进行推测。如果从元丰三年（1080年）的约57万户与绍兴三年（1133年）的61万户这两个数字看，大观年间（1107—1111年），广东的户数当在60多万户。这与我们推测的数字最低值相当。但是，大观年间的北宋户数是全国最高户数，而同一时期广东的户数则并非宋代广东的最高户数。这是不应忽视的事实。

总而言之，北宋广南东路的户口数和占全国的比重都有大幅增长。北宋中期以后，人口总数占全国的比例大致保持在3％到4％左右波动，两宋之交时，比例应有较大提高。其后虽有所下降，但应比北宋时的比例高一些。

贰

南下移民激增

随着人口重心南移，珠三角地区的文化也日渐昌盛。而粤北，尤其是韶州、连州的文化地位、经济地位日渐下降。据统计，整个北宋期间，连州共出了进士48人，占广东同期总数的37.8%；而南宋却只有10人，仅占总数的2.7%。

《建炎以来系年要录》书影

南宋是广东人口一个迅猛发展的时期。据上文列表所示，宋代广东户数唯一一次突破百万的是《建炎以来系年要录》卷八十三所载的绍兴四年（1134年）户数，但据同书卷九十六所载，仅仅一年之后的绍兴五年，广东户数骤减至60多万，则两者必有一误。吴松弟在《南宋人口的发展过程》一文中认为第一个数字“显然是误将该年广西路的户数加到广东路头上”，因为该年广东路税客户61万，广西路税客户42万，二者合计数恰与误载的绍兴四年广东路的户数相等。[①]以绍兴五年的数字和元丰年间相比，南宋初年广东的人口也增长了近5万户，按最简单的家庭结构，一户二老二壮一少5口来算，则增长了20多万人。结合两宋之交的形势分析，南宋初年广东人口的大幅增长，当非人口的自然增殖所致，而主要是因躲避战乱而形成的移民高潮使然。

广东北有五岭屏障，兼偏处岭海一隅，独特的地理位置有效防止了北方的战火蔓延至此。从唐代以来，就是中原人躲避战乱的理想地方。史载：“（唐末）天下已乱，中朝士人以岭外最远，可以避地，多游焉。唐世名臣谪死南方者往往有子孙，或当时仕宦遭乱不得还者，皆客岭表。”[②]

靖康之变，宋室南渡，战火从中原一直烧到了江南，唯有两广、福建可视为全身之地，大量的北方人口涌入岭南以躲避战乱。“自中原遭胡虏之祸，民人死于兵革水火疾饥坠压寒暑力役

① 吴松弟：《南宋人口的发展过程》，《中国史研究》2001年第4期。

② （宋）欧阳修：《新五代史》卷六五《南汉世家》，中华书局1974年版，第810页。

宋代广东各州人口密度图

者，盖已不可胜计，而避地二广者，幸获安居。”[①]当时避地广东的人非常多，如陈与义、陈显寓居广州，梁端寓居康州。这样的名宦还有很多。当然，他们不会附籍于广东，往往等形势稳定下来，便又回朝做官。但是大量的布衣百姓在家园已失、故土残破的情况下，只能选择在广东落户。

大量北方人口的涌入，致使“诸路州军多有西北流寓人民”。[②]庄绰也说：“建炎之后，江、浙、湖、湘、闽、广，西北流寓之人偏满。绍兴初，麦一斛至万二千钱，农获其利，倍于种稻。而佃户输租，只有秋课。而种麦之利，独归客户。于是竞种春稼，极目不减淮北。”[③]庄绰虽然在广、闽之外，还提到江、浙、湖、湘（其实当时的江浙和荆湖地区都是宋金交战的

① （宋）庄绰撰，萧鲁阳点校：《鸡肋编》卷中《中原避祸南方者遭遇之惨》，中华书局1983年版，第64页。

② （清）徐松辑：《宋会要辑稿·食货》六九之五六，中华书局1957年影印。

③ （宋）庄绰撰，萧鲁阳点校：《鸡肋编》卷上《各地食物习性》，中华书局1983年版，第36页。

战场，许多渡过长江的北方移民为避战火，不得不继续向南方迁徙）。福建百姓在两宋之交尚且向两广迁移，所以以当时的形势来看，两广无疑是最为安全的地方，也是移民流入最多的地方。

遗憾的是，我们今天所能看到的南宋广东的户口数据，除了绍兴初年稍有增加之外，此后的户数始终没有超过北宋元丰年间的户数。尤其令人不可思议的是，到了嘉定十六年（1223年），广东只有445906户，相比元丰六年（1083年）的565534户，时间过了140年，人户却不增反降，减少了119628户。绍兴三十二年（1162年）也只有513711户。而与广东毗邻的广南西路，太平兴国年间的户数为66084，元丰六年的户数为242109；到南宋绍兴三十二年（1162年）则翻了一番，为488655户；到了嘉定十六年（1223年），则增长到528220户。[①]北宋时期，广东的人口增长很快，其数量和速率大大超过广西。但到了南宋之后，著籍人户却一直呈下降趋势。

从散见于各种方志的资料来看，南宋广东许多州县的人户较之于北宋都有了大幅增长。如广州淳熙年间（1174—1189年）的户数为195713，比元丰年间的143259户增加了52454户。[②]潮州人户在理宗端平年间（1234—1236年）为135998户，较元丰时的74682户差不多翻了一番。[③]嘉定之前，南雄州的户数是17366，嘉定年间（1208—1224年）则增长到了33639户，净增16273户，近乎一倍。[④]而南雄州下辖的始兴县，淳熙间1366户，嘉定间则为2086户，也呈上升趋势。[⑤]新州在北宋“最为恶地。飓凌空而飞瓦，瘴瞑昼以成烟”，[⑥]但是绍兴二十年（1150

① 元丰三年和嘉定十六年的数据见（元）马端临：《文献通考》卷一一《户口考二·历代丁口中赋役》；绍兴三十二年的数据见（清）徐松辑：《宋会要辑稿·食货》之七一，中华书局1957年影印。

② （元）陈大震等纂修：《元大德南海志残本》卷六《户口》，广东人民出版社1991年版，第2、3页。按：其中元丰年间主户64796，客户78463；淳熙年间主户82090，客户113623。

③ 陈香白：《潮州三阳志辑稿》卷七《户口》，中山大学出版社1989年版，第33页。

④ （明）胡大成修，谭大初纂：《嘉靖南雄府志》卷下《食货志·户口·宋南雄户》，《天一阁藏明代方志选刊续编》第66册，上海书店1990年影印。

⑤ （清）余保纯等修，黄其勤纂，戴锡伦续修：《直隶南雄州志》卷九《舆地略·户口》，《中国地方志集成·广东府县志辑》第10册，上海书店出版社2003年影印。

⑥ （宋）邹浩：《道乡先生邹忠公文集》卷二四《袁州与监司启》，《宋集珍本丛刊》第31册，线装书局2004年版。

《文献通考》书影

年），胡寅安置新州之后，发现该地“于今多住四方人”。[1]所谓“四方人”，自然是来自北方各地的移民。

有“大法场”之恶名的新州尚且涌入了大量移民，那些自然条件较好、适宜居住的州县，移民的数量则会更大。姑且这样考

梅州花萼楼

虑：如果广州的人户从淳熙到嘉定的30多年时间内既无增长亦无减少，再把潮州端平年间的户数看作是十余年前的嘉定的户数，则仅仅广州、潮州和南雄州的人户数已为355350，而《文献通考》卷十一所记载的嘉定十六年（1223年）广南东路的户数仅为445906，难道其余的11个州府的人口合计起来才有90556户？《文献通考》和《宋会要辑稿》所载南宋时期广东的著籍户数不

① （宋）胡寅著，容肇祖点校：《斐然集》卷二《赠朱推》，中华书局1983年版，第45页。

升反降，显然与历史实际不相符合。研究宋元历史地理的韩茂莉女士认为：“《宋会要》与《文献通考》中所记载的南宋时期的广东户口，是颇有失实之处的。”[①]确为中的之论。

既然散见于各州方志的材料都表明，南宋广南东路许多州的人户都呈上升趋势，为什么《宋会要》和《文献通考》所载的广东总户数却在减少？造成这样的反差的原因在哪里？吴松弟先生认为：“南宋时期广东东部山区和北部山区的相当多的地方，都处于朝廷统治失控的状态，实际上是在大大小小的地方性武装的控制之下。不仅法令不行，民众也多不入政府户籍。”因此，“其中的相当一部分户口，可能都受到各种地方武装的控制，故未能登记在籍。”[②]这确实为澄清南宋广东著籍户数不实提供了一种很好的思路，而“岭外惟广、韶、南雄州常有戍兵千人”的记载也为这一说法提供了佐证[③]，但是还存在着问题——那就是如果说非法武装控制大量人户，那么广州、潮州和南雄州三州比

潮州广济门城楼

① 韩茂莉：《宋代农业地理》，山西古籍出版社1993年版，第181页。

② 吴松弟：《中国人口史》第三卷：辽宋金元时期，复旦大学出版社2000年版，第562、563页。

③ （元）脱脱：《宋史》卷一九六《兵志十》，中华书局1977年版，第4900页。

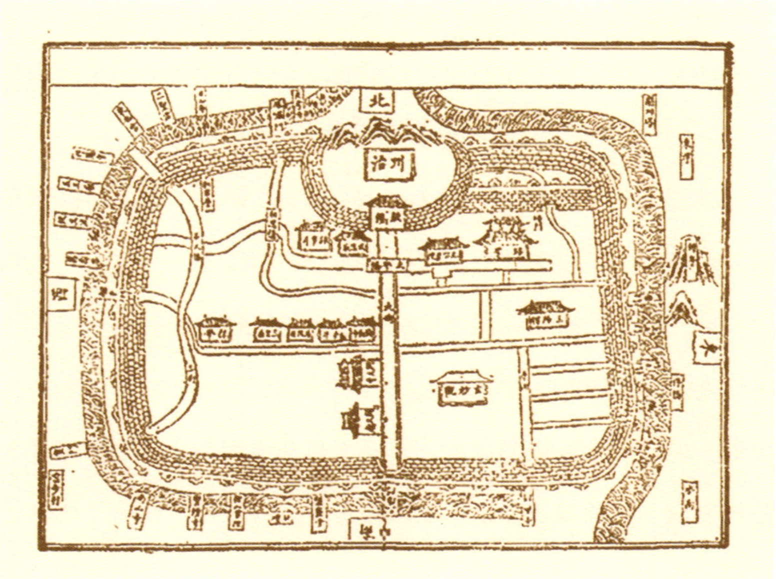

《三阳志》宋元潮州城图

南雄市雄州公园

较切合实际的人户数据是怎么统计出来的？潮州和南雄州也是非法武装非常猖獗的地区，两州的人户在南宋中期较之于北宋元丰年间数量激增，为何隐漏人户的现象并不明显？如果吴松弟先生的推论成立的话，则其余的11个州府人户才为90556，难道这11个州府都是非法武装横行的重灾区？笔者以为，从中国赋役制度的沿革来看，自唐代杨炎“两税法”，中经宋朝的变革和明张居正的“一条鞭法”，到清代雍正时期的“地丁银合一”，其发展的趋势和最终指归是“摊丁入亩”。那么南宋时期，广东人户大幅下降的原因会不会是由于赋税的征收是以土地为主，官府从而未对人户登记做出严格的要求，以致淡化了人口的概念而疏于核查呢？在《永乐大典》中保存的《湟川志》记载：“内郡多以产钱纽税，此郡独以田亩等第，纽夏布为准”。[①]

另外一个可能的解释就是民众为逃避税赋而不入籍。《宋

① 《永乐大典》卷一一九〇七《广·广州府三·田赋·连州》，中华书局1986年影印。

史·周湛传》载："……又以徭赋不均，百姓巧于避匿，因条其诡名挟佃之类十二事，且许民自言，凡括隐户三十万。"[①]如三十万之数属实，那就可较大程度上澄清疑问了。

总之，南宋是广东人口的一个大发展时期。两宋之交，大规模的北方移民迁入广东，使广东户口激增。整个南宋时期，广东虽然有一些小规模的骚乱，但是不至于对广东人口的升降产生决定性的影响。从总体上来看，南宋广东的自然条件和人文环境在改良，经济有了较大发展，因此更加适宜居住，无论是人口的自然繁衍，还是北方移民的迁入，都大幅提高广东的人口数量。到了南宋末年，广东虽然迎来了一次新的移民高潮，但是由于同时宋元之间在广东展开最后的战争，导致广东的人口大幅下降，"南海平，广东之户十耗八九"。[②]经统计，元初广南东路的户数为368451，[③]可见宋元战争对广东人口的摧残之大。

另外，论及宋代广东人口问题，不能不涉及人口买卖，虽

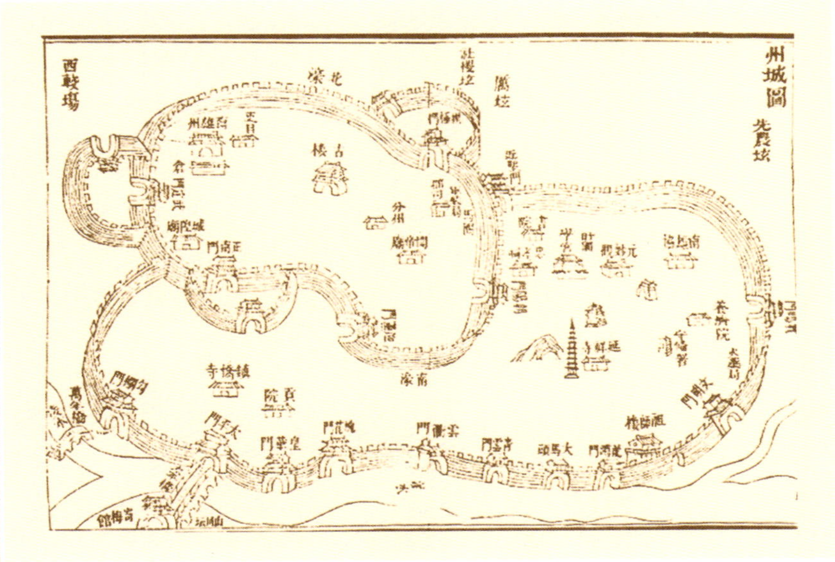

南雄古城

① （元）脱脱：《宋史》卷三〇〇《周湛传》，中华书局1977年版，第9967页。

② （元）姚燧：《牧庵集》卷一六《平章政事史公神道碑》，四部丛刊初编本。

③ （明）宋濂等纂：《元史》卷六三《地理志六·江西等处行中书省》，中华书局1976年版，第1514—1519页，记载了元代至元二十七年（1290年）江西行省下辖原广南东路的各路、州户数，由于没有保留英德州的户数，所以该数字不包括英德的户数，但并不影响结论。

然这方面的史料不多，但仍须加以留意。且看以下这则史料："初，江、湖民略良人，鬻岭外为奴婢。湛至，设方略搜捕，又听其自陈，得男女二千六百人，给饮食，还其家。"文中"湛"为时任广南东路提点刑狱周湛。以此观之，人口买卖在当时还是有一定规模的，而且广东因人口密度低，发展迅速，很可能是拐卖人口的一个重要流入地。[①]

随着人口重心南移，珠三角地区的文化也日渐昌盛。而粤北，尤其是韶州、连州的文化地位、经济地位日渐下降。据统计，整个北宋期间，连州共出了进士48人，占广东同期总数的37.8%；而南宋却只有10人，只占总数的2.7%。[②]

① （元）脱脱：《宋史》卷三〇〇《周湛传》，中华书局1977年版，第9967页。

② 据（清）阮元：《道光广东通志》卷六六《选举表四·宋》统计，上海古籍出版社1990年影印。

叁

人口重心转移

在宋代以前，西江流域曾长期是岭南地区社会经济发展的重心。该地区位于广东、广西的心腹地带，又为桂江、浔江和贺江的交汇口，扼水陆交通之要冲，地理位置和自然条件都比较好。

汉武帝元封五年（前106年），在天下设立十三部刺史，其中岭南地区的交阯部的治所就在苍梧郡的广信县（今封开）。罗香林曾经指出：西汉时期，“扼西江要冲的苍梧，遂成为中原学术文化和外来学术文化交流的中心。”[①]两汉时期的苍梧郡管辖着西江流域地区和广西的一部分地区，其人口增长的数量和速率较之于南海郡要大得多。

据《汉书·地理志》和《后汉书·郡国志》统计，从西汉平帝元始二年（公元2年）到东汉顺帝永和五年（140年），南海郡人口从94253人增至250282人；而苍梧郡从146160人增至466975人。正是因为西江流域人口增长迅速，隋朝设立端州，炀帝时，罢端州为信安郡。大业六年（610年），信安郡下辖七县，户数为17787，虽然比南海郡的37482户要少近两万户，[②]但是信安郡的土地面积不及南海郡的1/5，所以还是岭南人户最密集的地区。

唐宋间，岭南联系内地的交通路线有两次东移：第一次是日渐重要的岭南东部广州等地与内地的联系开始转向郴州路；第二次是唐代开元名相张九龄于716年完成对大庾岭新路开凿以后，大庾岭路成为以后千年间进入岭南的最佳路线。

随着北方人口沿着这两条重要交通线大规模南迁，交接郴州和大庾岭两路的粤北韶、雄、连州人户密度迅速升高，而西

历史小知识

张九龄与大庾岭路

张九龄（678—740年）字子寿，谥文献。唐朝韶州曲江（今广东韶关）人。唐玄宗开元间名相，有“岭南千年第一相”之誉。大庾岭是五岭之一，横亘于江西和广东之间。开元四年（716年），张九龄主持开凿大庾岭新路，并撰《开凿大庾岭路序》。从此，大庾岭路成为南北交通的主要通道。之后，历代对大庾岭路多有维修。宋仁宗嘉祐八年（1063年），蔡抗、蔡挺兄弟二人，分任广东转运使和江西提刑，协力修路，梯山变为通津，岭南岭北之间的经贸往来和文化交流更为频繁。

① 罗香林：《中国学术史上广东的地位》，《文史杂志》1942年第8期。

② （唐）魏征等撰：《隋书》卷三一《地理志》，中华书局1973年版，第880、882页。

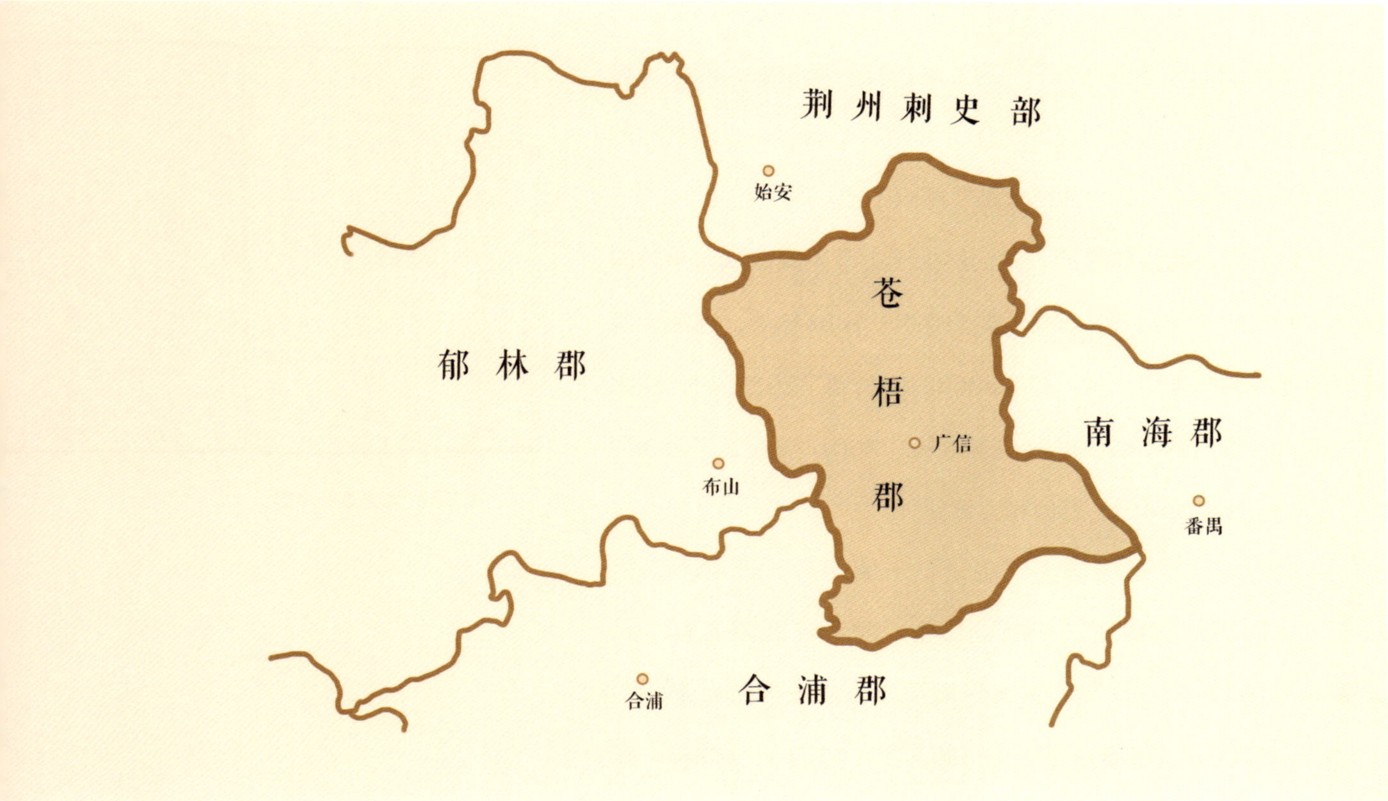

汉代苍梧郡区位示意图

江人户数量骤减。唐太宗贞观十三年（639年），端州人口为24303，封州为13477，康州为13504，三州合计51284；而同年份韶州的人口则为44016，连州为31094，合计起来为75110，已经超过西江流域人口两万多。到了唐玄宗天宝元年（742年），端、封、康三州合计户23910，口50166；而同年韶州户31000、口168948；连州户32210、口143533，即使一州的人户也远远比西江三州高出很多，北江地区已经取得压倒性优势。[①]

西江地区人户减少的原因，一是因为三国东吴时，交、广分治，政治中心迁往番禺，导致该地区没落；二是北方移民减少以及当地汉人少数民族化；三是可能与当地少数民族不入户籍有

① （后晋）刘昫：《旧唐书》卷四〇《地理志三》、卷四一《地理志四》，中华书局1975年版，第1619页，第1714—1719页。

关，所以才有宋代淳化年间（990—994年）端州知州冯拯“请遣使括诸路隐丁及更制版籍”[①]的上疏。直到南宋时，西江流域仍然是土旷人稀，数十里无人居住。郑刚中贬谪封州，对封州的“禄似蝇头舍似蜗”、“井邑萧条”感叹不已。[②]

北宋时期，北江地区的人口仍然处于上升阶段。从太平兴国年间（976—984年）到元丰年间（1078—1085年），地扼大庾岭梅关要冲的南雄州，其人口从8363户增长到了20339户；韶州从10756户增长到了57438户；连州从13260户增长到了36942户，其增幅分别为两倍、五倍和三倍。

另据万历《广东通志》记载：“宋韶州户一万七千四百八十三（时韶州统曲江、乐昌、仁化、翁源、乳源五县）。天禧中（1017—1021年）主客户增至二万八千八百。崇宁中（1102—1106年）增至八万一千。绍兴中（1131—1162年）减

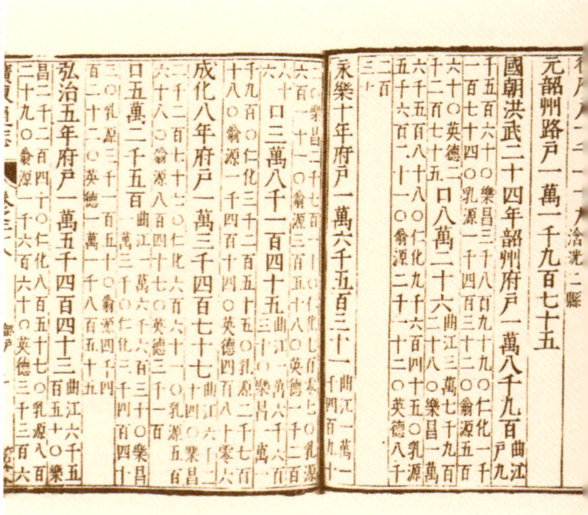
元韶州路戶一萬一千九百七十五
國朝洪武二十四年韶州府戶一萬八千九百
永樂十年府戶一萬六千五百三十一
成化八年府戶一萬三千四百七十七
弘治五年府戶一萬五千四百四十三

《万历广东通志》书影

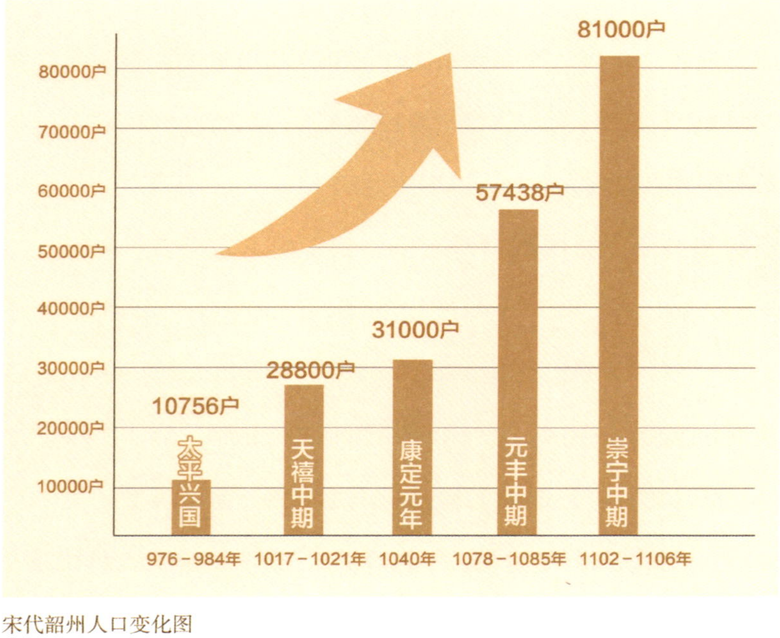

宋代韶州人口变化图

① （清）韩际飞修，何元纂：《道光高要县志》卷一九《谪宦录·冯拯》，清道光六年（1826年）刻本。

② （宋）郑刚中：《北山集》卷二二《时官多以封州俸薄、井邑萧条、居处湫隘为叹，观如闻，而赋之》，景印文渊阁《四库全书》本。

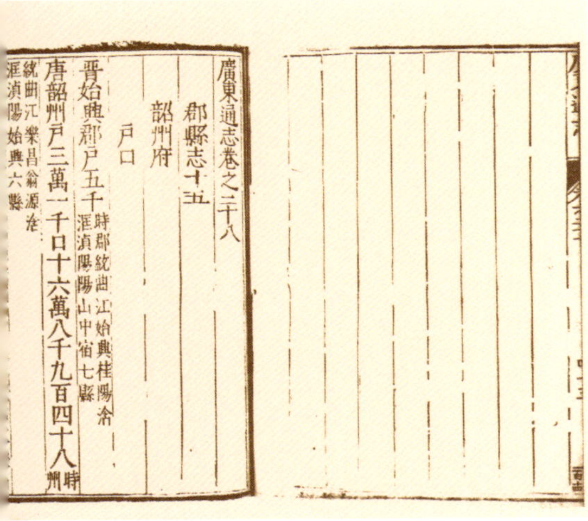

廣東通志卷之二十八

郡縣志十五

韶州府

戶口

晉始興郡戶五千 時郡統曲江始興桂陽含洭湞陽陽山中宿七縣

唐韶州戶三萬一千口十六萬八千九百四十八 時州統曲江樂昌翁源浛洭湞陽始興六縣

至三万二千五百八十四。”[①]该记载中的第一个数字没有明确系年，应该是在太平兴国之后、天禧之前。余靖在康定元年（1040年）曾说：“韶州生齿登黄籍也，三万一千户。”[②]

据此，我们可以列出北宋时期韶州人口发展的一个大致脉络：太宗太平兴国年间（976－984年）为10756户；稍后为17483户；真宗天禧中（1017－1021年）为28800户；仁宗康定元年（1040年）为31000户；神宗元丰中（1078－1085年）为57438户；徽宗崇宁中（1102－1106年）为81000，人口一直向上攀升，到崇宁年间达到顶峰，比北宋初增长了八倍之多。

韶州如此，与韶州地理位置相近且交通条件同样便利的连州和南雄州想必也是如此。粤北在北宋时期人口出现大幅增长确是事实，但是同时期广东其他地区，如广州、潮州、新州、端州等地人口增长速度并不比粤北逊色，甚至超过粤北。

整个北宋是广东人口大发展的时期，无论粤北、粤东、粤西还是珠江三角洲。所以如果要真正搞清楚各个分区发展的实际情况，还有必要探讨各州人口密度的变化。吴松弟先生根据《太平

① （明）陈大科、戴耀修，郭棐等纂：《万历广东通志》卷二八《郡县志十五·韶州府·户口》，《稀见中国地方志汇刊》第42册，中国书店1992年影印。

② （宋）余靖：《武溪集》卷九《韶州善化院记》，《北京图书馆古籍珍本丛刊》第85册，书目文献出版社1998年版。

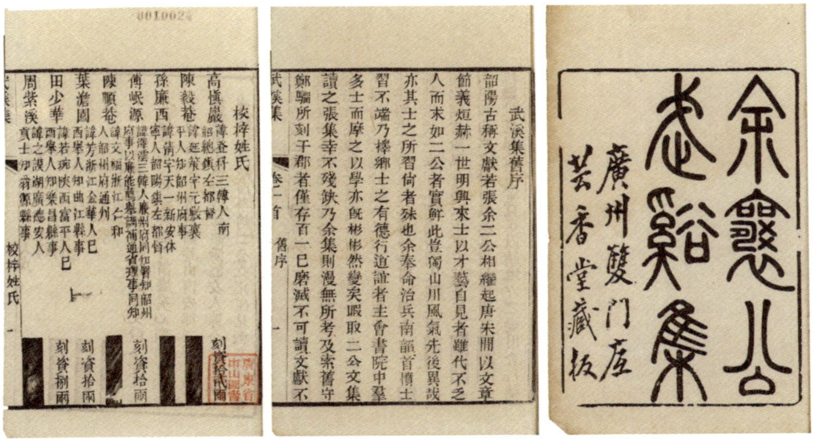

校梓姓氏

高愼巖

陳毅菴

孫廉西

傅岷源

陳顒菴

葉澹園

田少華

周紫溪

刻資拾貳兩

刻資拾兩

刻資拾兩

刻資捌兩

武溪集　校梓姓氏　一

武溪集舊序

韶陽古稱文獻若張余二公相繼起唐宋間以文章節義烜赫一世明興來士以才藝自見者雖代不乏人而未如二公者實鮮此豈獨山川風氣先後異哉亦其士之所習尚者殊也余奉命治兵南韶首懼士習不端乃擇鄉士之有德行道誼者主會書院中羣多士而摩之以學亦既彬彬然變矣暇取二公文集讀之張集幸不殘缺乃余集則漫無所考及索舊守鄭騊所刻于郡者僅存百一已磨滅不可讀文獻不

武溪集　卷一首　舊序　一

余襄公武溪集

廣州雙門底

芸香堂藏板

《武溪集》书影

寰宇记》《宋史·地理志》和《元史·地理志》制成《两广人口密度表》，[①]现据该表，把广东在宋元两代各州的人口密度以及序次列表如下：

广东人口密度及序次表（单位：户/平方公里）

政　区	宋太平兴国五年（980年）		元丰元年（1078年）		元至元二十七年（1290年）	
	人口密度	序次	人口密度	序次	人口密度	序次
广州（元广州路）	0.6	7	5.1	4	6.0	2
南恩州	0.1	13	3.4	9	2.4	7
梅州	0.3	11	2.7	11	0.5	15
潮州（元潮州路）	0.4	9	5.0	5	4.2	5
惠州（元惠州路）	0.2	13	2.9	10	0.9	14
封州	0.5	8	1.2	16	0.9	11
连州（元连州与桂阳州）	1.9	2	5.2	2	1.5	12
韶州（元韶州路）	1.0	4	5.4	1	1.9	10
南雄州（元南雄州路）	1.8	3	4.4	6	2.4	8
循州	0.7	6	3.8	7	0.1	16
新州	2.3	1	5.2	3	4.3	4
端州（元肇庆路）	0.1	13	3.7	8	5.0	3
康州（元德庆路）	0.1	13	1.0	17	1.5	13
英州（元英德州）	0.9	5	1.4	15		
高州（元高州路）	0.4	10	1.7	14	2.1	9

从该表可看出：

北宋初年，广东人口密度排在前六位的依次是新州、连州、南雄州、韶州、英州、循州；

到了元丰年间，这个座次发生了变化，居前六位的依次是韶州、连州、新州、广州、潮州、南雄州；

至元初，则出现了一些根本性的变化，居前六位的成了雷州

① 吴松弟：《中国人口史》第三卷：辽宋金元时期，复旦大学出版社2000年版，第555页，表12—4。

路、广州路、端州路、新州、潮州路、化州路。

北宋初年，人口密度最高的六个州中，粤北占了四个。元丰年间，粤北不仅人户数量继续在增长，其人口密度更是独占鳌头；但值得注意的是，这个时候，处于珠江三角洲地区的广州以及处于粤东沿海地区的潮州开始跻身到前列。

本书作者调研宋井

广州虽是广南东路的治所，城中人口数量很多，但是下辖的珠江三角洲地区开发较晚，沼泽密布，很长时期内人口密度并不高。北宋元丰年间，广州的人口密度上升到广东各州的第四位。潮州人口密度在同时期居于第五位，这应该与沿海贸易的发展以及韩江流域的开发有关。

元初，原先人户密度居全省之首的粤北韶、连、南雄等州，此时均已不在前六位。沿海地区的各路、州在人口数量以及密度上取得了决定性的优势地位。不仅广州、潮州二路户口密度高于韶、连，而且雷州路超越广州、潮州二路之上，处于全省首位。元至元二十七年（1290年）的这些数据，不可能形成于一朝一夕，其基础应该是在南宋时期奠定的。

北宋初，雷州“地滨炎海，人惟夷獠，多居栅以避时郁”，一片蛮荒景象，但是到了南宋，“州多平田沃壤，又有海道可通闽浙，故居民富实，市井居庐之盛，甲于广右”。[①]正是因为“有海道可通闽浙”，雷州半岛包括雷州和化州成为福建移民的一个重要的迁入地。据《方舆胜览》记载：南宋时，雷州已经形成了官语、客语和黎语三种语系。[②]化州迁入的福建移民也不在少数，其“以典质为业者十户，而闽人居其九，闽人奋空拳过岭者，往往致富”。[③]笔者在湛江地区下乡时见到，不少庙门挂有

① （宋）王象之：《舆地纪胜》卷一一八《雷州·风俗形胜》，中华书局1992年版。
② （宋）祝穆撰，祝洙增订，施和金点校：《方舆胜览》卷四二《雷州》，中华书局2003年版，第760页。
③ （宋）王象之：《舆地纪胜》卷一一六《化州·风俗形胜》，中华书局1992年版。

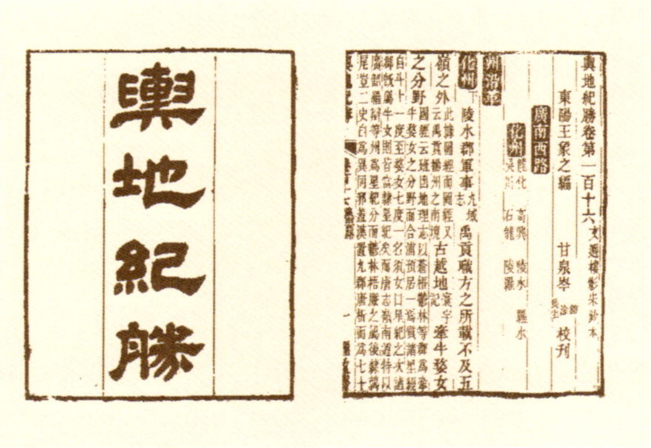

《舆地纪胜》书影

“闽陆恩波流粤土，雷阳德泽接莆田”之类的对联，足见两地间的历史渊源。

人口数量以及密度的升降标志着人口重心由粤北开始向沿海地区转移，而人口重心转移的原因，一是沿海地区人口数量激增，二是粤北山区人口总体呈下降趋势。下面列出唐宋元几个不同时期广东各州户数变化简表[①]，以大致反映宋元时期广东在籍人口的变化情况：

① 表中所列参考资料，除注明外，另有梁方仲：《中国历代户口、田地、田赋统计》，冻国栋：《中国人口史》第二卷，吴松弟：《中国人口史》第三卷。

宋元时期广东各州户口情况

	吴表4—2，梁甲表35	吴表4—2，梁甲表36可对照	吴表4—2	《元史》《新元史》等，梁甲表49	备注（各州、路县境的调整从略，仅对特别者稍作说明）
	太平兴国户	元丰户	崇宁户	至元户	
广州	18225	143261	151683	170216	元广州路
连州	13260	36942		10510	唐宋连州（至元间分桂阳州、连州）统一计算
韶州	10756	57438		19584	元韶州路
南雄州	8363	20339		10792	元南雄路
循州	8339	47192		1658	
新州	6208	13647		11316	
潮州	5831	74682		63650	元潮州路
英州	4979	8019		3000	英德府、州
惠州	4767	61121		19803	元惠州路
高州	3068	11766		14675	元高州路
梅州	1568	12370		2478	
南恩州	1185	27214		19373	
封州	1132	2739		2077	
康州	1049	8979		12705	元德庆路
端州	843	25103		33338	元肇庆路
化州	644	9273		19749	元化州路
雷州	108	13784		89535	元雷州路
广东范围	90325	573869	379253	504459	
两广	157764	836232		1002599	
全国户数	6418500	16603954	18113945	13867219	

肆

三大民系萌芽

明末屈大均在《广东新语》写道："吾广故家望族，其先多从南雄珠玑巷而来。盖祥符有珠玑巷，宋南渡时，诸朝臣从驾入岭，至止南雄，不忘枌榆所自，亦号其地为珠玑巷，如汉之新丰，以志故乡之思也。"根据《珠玑巷民族南迁记》的记载，分布在今珠三角广府人的211个氏族中，有191个氏族是从南雄迁入的，而其中又有187个是宋代经南雄迁入珠三角的，占了总数的98%。

外来移民的迁入对广东经济的影响是全面而深远的。

首先，外来移民为广东经济的发展提供了必不可少的劳动力。岭南在宋以前，虽然在粤北、广州一带经济的也有所发展，但在整体上，广东仍地广人稀，大量的土地抛荒；而另一个方面，生产工具和物质生活极度匮乏，面对自然，人们力有不逮。宋室南渡之后，随着北方移民的大量涌入，大片的土地被开垦，广东经济开始了一个新的篇章。

其次，外来移民带来了北方先进的农业、手工业技术。《方舆胜览》记述肇庆府“土旷民惰，不力于耕”[①]的一个重要原因就是当地农业技术落后，付出得不到回报。随着移民到来，广州的稻作等农业生产开始飞跃发展，水利的兴修迎来高潮，手工业

① （宋）祝穆撰，祝洙增订，施和金点校：《方舆胜览》卷三四《肇庆府》，中华书局2003年版，第617页。

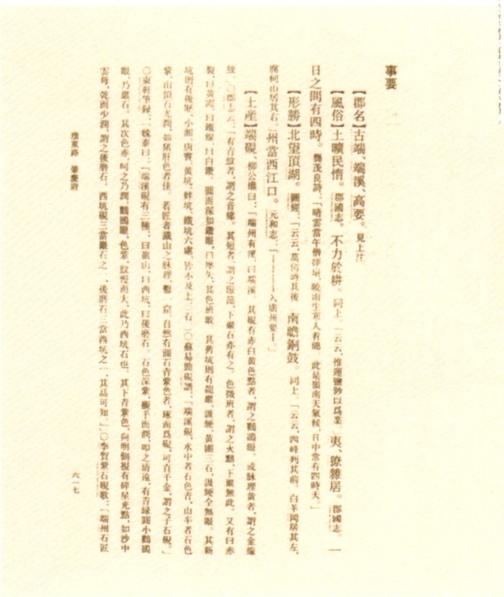
事要
【郡名】古端、端溪、高要。
【風俗】土曠民惰。不力於耕。
日之間有四時。
【形勝】北望頂湖。南瞻銅鼓。
州當西江口。
【土産】端硯。

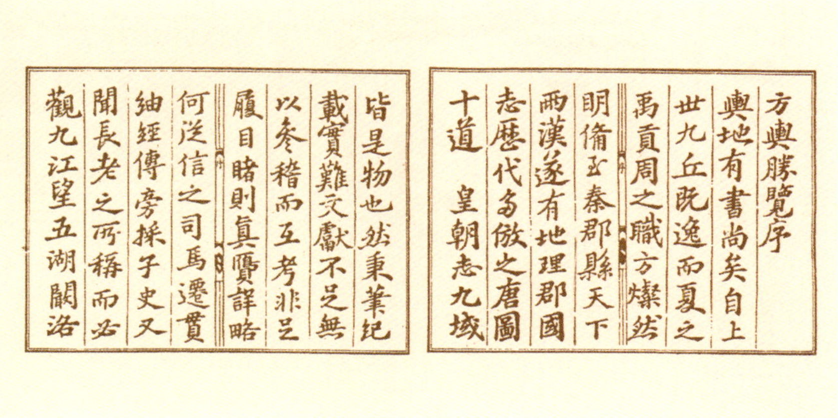
方輿勝覽序
輿地有書尚矣自上
世九丘既逸而夏之
禹貢周之職方燦然
明備至秦郡縣天下
兩漢遂有地理郡國
志歷代多倣之唐圖
十道 皇朝志九域
皆是物也然秉筆紀
載實難文獻不足無
以參稽而互考非足
履目睹則真贗詳略
何從信之司馬遷貫
紬經傳旁採子史又
聞長老之所稱而必
覩九江望五湖闚洛

《方舆胜览》书影

技术发展更快。

再次，伴随北方移民的迁入，中原先进文化在岭南广泛传播，不仅改变了当时岭南相当多的陋俗，更重要的是，提高了整个广东的文化素质，为广东日后甚至今天的发展提供了不可或缺的精神能量。宋代之后，广东人才的涌现再也不似宋代之前般稀有和罕见，不能不归功于外来移民的深远影响。

另外，外来人口的大量进入，也有利于广东人口素质的提高，避免小范围的近亲生殖。

换言之，自秦以降，广东的发展始终是外来移民和本地人户共同开发的结果，舍此，广东经济便会停滞不前。

当然，移民对广东的影响并不止于经济生活。南迁的人口在广东定居下来，并不断繁衍，逐渐与当地人民发生融合，进而形成具有不同语言生活习俗和文化特征的社会群体。近代以来，依照语言和文化的差异，广东人被分成广府、福佬和客家三大民

历史小知识

广东三大民系

民系指一个民族内部的分支。由于历史上的种种原因，中原和岭北地区汉族人民在不同时期迁徙到广东不同地区，与当地原住居民进行不同程度的融合，形成了广府、客家、福佬三大民系。区别三大民系的重要特征是不同的方言，即以广州方音为标准音的广州话，称为粤方言；以梅县方言为标准音的客家话，称为客家方言；以汕头方言为标准音的潮汕话，属于闽南方言。三大民系的人民长期保持各自生活习俗、文化意识和性格特征，共同构成了广东文化丰富多彩、千姿百态的风情魅力，促进了岭南文化的多元发展。

潮州民居：从熙公祠

广府民居：清远上岳古村

系。宋代是广东历史上经济开发的一个重要时期，宋代也是三大民系培育和形成的一个重要时期。

1．广府系。广府系主要分布在以珠江三角洲为中心的广东中部及西南部，操广州方言（即粤语，今称白话）。研究广府系绕不开一个地方——南雄珠玑巷，因为自明清以来，广府人的家谱多说自己的祖先迁自该地。笔者曾赴珠玑巷实地考察，该地现在各族祠堂林立，来寻祖问宗者络绎不绝。但其地偏狭，不过是一个村落而已。《珠玑巷民族南迁记》也述其“地甚湫隘，可二百余家”，为何这样一个小地方成为了广府人心目中的祖地？

南雄州处在大庾岭下，地势最为冲要，故“宋南渡，而仕宦之族徙浈水者尤众，是岭表之首，亦远人之所萃也。然仙城鉴海间，世家巨族多由珠玑巷而徙居。意者地瘠而冲，自北而来者不少，望南以去者亦多。而今（指清代）殊不尔矣，烟封鳞接，考其先世，来自岭北者十之九。”[①]在广东各地的族谱中，称其祖先自珠玑巷入粤、进珠三角的比比皆是。刻于南宋嘉定十五年

① （清）余保纯修，黄其勤纂，戴锡伦续修：《直隶南雄州志》卷一九《艺文三·记》，《中国地方志集成·广东府县志辑》第10册，上海书店出版社2003年影印。

珠玑巷张氏祖居

（1222年）的《安定郡祠志》记载高要渡头梁氏“始由南雄珠玑巷招集二十九姓来此高要，开辟芦州，子孙遂奠其居，乐其业……传世愈远而子孙愈盛，厥后源源而来，列职涌涌而出，人皆曰乔木不朽之世家者，诚不谬也”①，即是宋代人对当时南迁的极好见证。类似的记载不独见于家谱，方志也有记载。嘉靖《广东通志》便言：“岭上古有珠玑巷，今南海衣冠多其子孙。”②明末屈大均《广东新语》亦曰：“吾广故家望族，其先多从南雄珠玑巷而来。盖祥符有珠玑巷，宋南渡时，诸朝臣从驾入岭，至止南雄，不忘枌榆所自，亦号其地为珠玑巷，如汉之新丰，以志故乡之思也。”③根据《珠玑巷民族南迁记》的记载，今分布在珠三角广府人的211个氏族中，有191个氏族是从南雄迁入的，而其中又有187个是宋代经南雄迁入珠三角的，占了总数的98％。

其实，被广府人奉为祖地的珠玑巷不过是移民迁入的一个中转站。经过这里，南迁的移民向珠三角、粤中、粤西南继续前进，尤以珠三角为最。这里“地广人稀，田多山少，可以随处辟居”。④广府人的南迁和珠三角的水利兴修、农田开发相辅相成，甚至影响到行政区划的设置。北宋神宗元丰五年（1082年），珠江口外的香山岛，有主客户5838户在此垦殖，几乎都是移民。当时的广南东路转运判官徐九思为了管理便利，上奏朝廷“乞建一县，因香山为名”。⑤

由珠玑巷史事可以看到，广府系粤人的形成，大致应是从宋代肇其端的。

2. 福佬系。福佬系主要分布在今珠三角以外的广东沿海地

① 谭棣华等编：《广东碑刻集》，广东高等教育出版社2001年版，第698页。

② （明）黄佐修：《嘉靖广东通志》卷一《图经上·南雄府图经》，广东地方史志办公室1997年謄印。

③ （清）屈大均：《广东新语》卷二《地语·珠玑巷》，中华书局1985年版，第49页。

④ 黄慈博：《珠玑巷民族南迁记》，载南雄珠玑巷人南迁后裔联谊会筹委会编：《南雄珠玑巷人南迁史话》，中山大学出版社1991年版，第14页。

⑤ （宋）李焘：《续资治通鉴长编》卷三三一，元丰五年十一月癸未，中华书局2004年版，第7970页。

南雄珠玑巷

区，分为两大片区：潮汕片区和雷州片区，操闽南话。福建历来地狭人众，而广东的潮州与其只有一揭阳岭之隔，是福建移民迁入的第一站。今天的福佬系人其祖先就是来自福建的宋代移民。黄桂曾利用潮州方志和族谱，统计两宋之交时期，迁移到潮州的民户有陈原父、古田黄氏、翁俊、翁杰、莆田黄氏、闽人陈氏、陈坦，他们都成为潮州本族的始祖。[①]而这样的移民在潮汕方志和族谱中还有很多，因此宋人如此描述潮州："虽境土有闽、广之异，而风俗无潮、漳之分"，"土俗熙熙，无福建、广南之异"，"土俗熙熙，有广南、福建之语"[②]。宋人陈藻在《过海丰》诗中描写道："忽听儿音乡语熟，不知方到海丰城。"[③]陈藻本为福建人，他到了海丰，发现当地小孩说的话居然是福建乡音。

福佬系还有一个聚居片区为雷州片区。雷州在北宋初尚"地

① 黄桂：《潮州的社会传统与经济发展》，江西人民出版社2002年版，第121—122页。

② （宋）祝穆撰，祝洙增订，施和金点校：《方舆胜览》卷三六《潮州》，中华书局2003年版，第649页。（宋）王象之：《舆地纪胜》卷一〇〇《潮州·风俗形胜》，中华书局1992年版。

③ （宋）陈藻：《乐轩集》卷二《过海丰》，景印文渊阁《四库全书》本。

滨炎海，人惟夷獠，人多栅居以避时郁”，一派洪荒未开之景象。然而，到了南宋，由于“有海道可通闽浙，故居民富实，市井居庐之盛甲于广右。”[①]化州也有大量的福建移民迁入，并且主要以金融放贷为业，“化州以典质为业者十户，而闽人居其九”。[②]可见，福佬系粤人也是宋代开始形成的。

3．客家系。客家人主要分布在广东东部、北部和西南部，操客家话。据宋代《图经》载：梅州“土旷民惰，业农者鲜，悉借汀、赣侨寓者耕焉[③]”。表明南宋时梅州已有相当数量的移民来自汀州和赣州。现在学术界一般认为，汀、赣二州是客家人形成的摇篮。但宋代已经来到梅州的这些移民是否就是客家先祖值得商榷。吴松弟认为，只有存在大批客家移民，客家独特的语言和风俗才会保存下来并流传开去。而这些较早零散迁入的移民，是否在迁入地讲客家话，保持自己的风俗，颇值得怀疑。因为在人数较少的情况下，移民为了适应新的环境完全可能会学习新居地的语言，逐渐采纳当地的风俗，最终放弃自己原有的语言和风俗。[④]再加上宋元之交的战争对梅州人口有着毁灭性的打击。赖际熙曾经说过：“梅州民族，当宋末元初之间，曾经一度更

① （宋）祝穆撰，祝洙增订，施和金点校：《方舆胜览》卷四二《雷州》，中华书局 2003 年版，第 760 页；（宋）乐史：《太平寰宇记》卷一六九《雷州·风俗》，台北文海出版社 1980 年影印本。

② （宋）王象之：《舆地纪胜》卷一一六《化州·风俗形胜》，中华书局 1992 年版。

③ （宋）祝穆撰，祝洙增订，施和金点校：《方舆胜览》卷三六《梅州》，中华书局2003年版，第650页。

④ 吴松弟：《中国移民史》第四卷，福建人民出版社1997年版，第188—189页。

罗香林

嬗，更能为今之繁盛者，殆由元明以来始再从汀、赣二州源源而至。”[①]相比另外两大民系，客家系最晚形成，但在宋代，亦有端绪。

在客家移民史上，有一个地方和广府系的珠玑巷一样具有祖地的显赫位置，那就是福建汀州宁化石壁洞。今天许多客家的族谱中，还都声称自己的祖先是从该地迁入广东的。围绕客家的源流，即汀、赣二州客家先民形成的时间，学术界存在分歧。罗香林在《客家源流考》一书中认为，客家先祖东晋以后开始南迁，居于颍、淮、汝、汉水之间，远者到达江西中部和南部；于唐末五代继续南迁至汀赣二州，并在五代宋初形成民系，宋元之际开始迁入广东。[②]吴松弟对此不认同，认为唐末之前的移民数量不多，很难保持自己的独特风俗，甚至会被当地同化，只有唐后期五代和宋代，特别是南宋时期迁入的北方移民，才有可能对客家的形成产生决定性的影响。正是基于这样的调查研究和分析，吴松弟提出了客家南宋源流说。[③]

尽管客家民系在广东的分布格局一直要历经元明清乃至民国的长期演变才形成并确定，但不可否认的是，有宋一代南迁的移民不仅影响了当时广东的人口波动，同时也奠定了广东后世语言和文化地理格局的基础。

① 赖际熙：《崇正同人系谱》卷一《源流》，香港广雅书局1925年版。

② 罗香林：《客家源流考》，中国华侨出版公司1989年版，第13—22页。

③ 吴松弟：《中国移民史》第四卷，福建人民出版社1997年版，第362页。

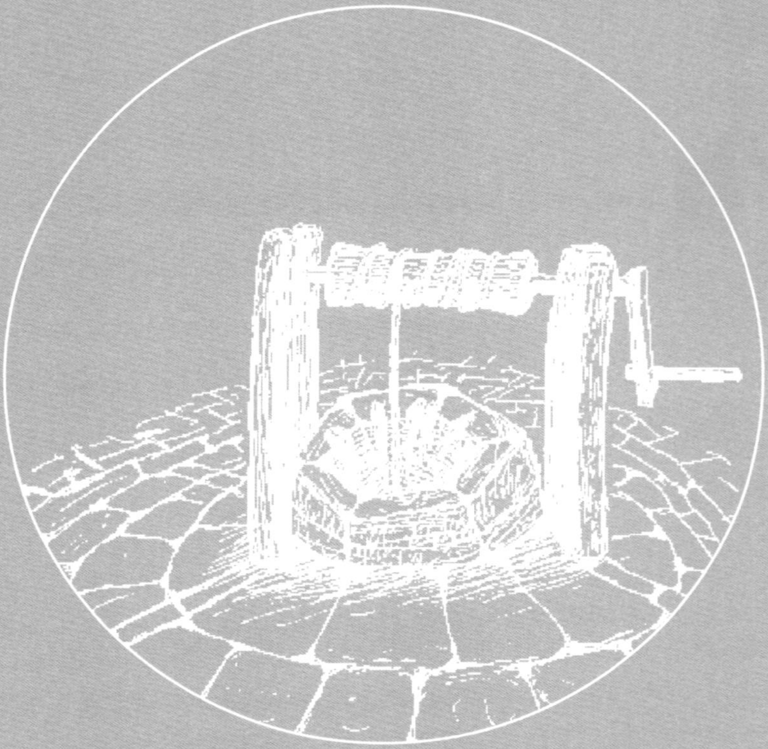

第四章 农作进步

嘉树种木绵，天何厚八闽。
厥土不宜桑，蚕事殊艰辛。
木绵收千株，八口不忧贫。
江东易此种，亦可致富殷。

——（宋）谢枋得：《谢刘纯父惠木绵布》

从化钱岗村广裕祠

2003年，广州广裕祠荣获“联合国教科文组织亚太地区文化遗产保护杰出项目奖”第一名。广裕祠始建于宋代，坐落于从化太平镇钱岗村。钱岗村民大多姓陆，据传是“宋末三杰”之一陆秀夫后裔。钱岗古村坐北向南，依山傍水，东南西北各有一个门楼，俨然是个守望相助的城堡。而在城堡之外，则是茂密树林和一泓碧水。在农耕社会，这里既地处封闭又物产富饶，正是陆氏耕读传家的好场所。

广东的土壤以水稻土为主，再加上气候湿润，河网密布，是我国水稻的重要产区。“当秋谷价贵，出广米船稀。”从宋人戴复古的诗中，可见宋代广东的水稻生产不仅能够自给，还运输到国内其他地方，在全国占有一定地位。

随着如钱岗陆氏一般的中原士族，以及千百年来的贬官流人南来广东，推进了广东生产工具进步和水利建设，极大地增强了广东经济发展抵御自然灾害的能力，因而宋代广东地区的粮食作物和各种粮食经济作物的种植得到大发展，品种逐渐增多，产量大增。

广裕祠

壹

稻与棉

南宋时的广米非常有名。《梦粱录》云：“杭州人烟稠密，城内外不下数十万户，百十万口，每日街市食米……所赖苏、湖、常、秀、淮、广等处客米到来。”另据《宝庆四明志》记载，明州百姓米粮多依赖浙东、浙西，一旦浙东、浙西歉收，则要“取米于广，以救荒市”。而绍兴府、婺州、衢州诸县有灾荒时，当地官员也是极力“措置雇募海船收籴广米接续粜济”。戴复古为浙江天台人，游历各地，在他的笔下，如果“出广米船稀”，则“当秋谷价贵”，“三农哭岁饥”。

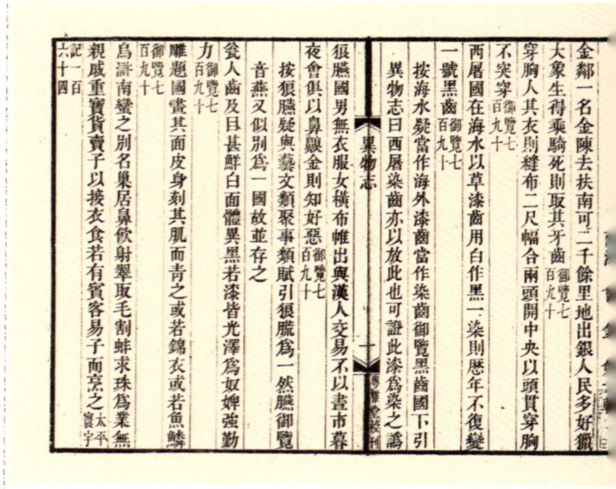
金鄰一名金陳去扶南可二千餘里地出銀人民多好獵
大象生得乘騎死則取其牙齒御覽七百九十
穿胸人其衣則縫布二尺幅合兩頭開中央以頭貫穿胸
不突穿御覽七百九十
西屠國在海水以草漆齒用白作黑一染則歷年不復變
一號黑齒御覽七百九十
按海水疑當作海外漆齒當作染齒御覽黑齒國下引
異物志曰西屠染齒亦以放此也可證此漆爲染之譌
異物志 十一
狼𦡕國男無衣服女橫布帷出與漢人交易不以晝市暮
夜會與以鼻齅金則知好惡御覽七百九十
按狼𦡕疑與藝文類聚事類賦引狼䐗爲一然𦡕御覽
音燕又似別爲一國故並存之
瓮人齒及目甚鮮白面體異黑若漆皆光澤爲奴婢強勤
力御覽七百九十
雕題國畫其面皮身刻其肌而青之或若錦衣或若魚鱗
御覽七百九十
烏滸南蠻之別名巢居鼻飲射翠取毛割蚌求珠爲業無
親戚重寶貨賣子以接衣食若有賓客易子而烹之太平寰宇
記一百六十四

《异物志》书影

双季稻的栽培最早开始于秦汉时期的岭南地区。汉代杨孚《异物志》记载：“交阯稻夏冬又熟，农者一岁再种。”[①]这是岭南地区双季稻的最早记录。

唐、五代时期，雷州有一种芥禾，“又云再熟稻，五月、十一月再熟。”双季稻虽然单造的产量比单季稻要低一些，“少谷粒”，但是年产量则大为增加。雷州正是由于双季稻的存在，人们不受饥饿的威胁，所以才流传这样的谚语：“欲拔贫，诣徐闻。”[②]

到了宋代，双季稻继续得到推广。如潮州“地居东南而暖，谷尝再熟。其熟于夏五、六月者曰早禾，冬十月曰晚禾，曰稳禾”[③]。甚至在一些地方出现了三季连作稻。《岭外代答》中提到钦州的三季稻种植情况，“二月种者曰早禾，至四、五月收；

① （宋）李昉等：《太平御览》卷八三九《百谷部三·稻》，中华书局1985年影印。

② （宋）乐史：《太平寰宇记》卷一六九《雷州·土产》，台北文海出版社1980年影印本。（宋）祝穆：《方舆胜览》卷四二《雷州》，中华书局1992年版，第760页，载：“汉置左右侯官，在徐闻县南七里，积货物于此交易。谚曰：欲拔贫，诣徐闻。”中华书局2003年版。（宋）王象之：《舆地纪胜》卷一一八《雷州》也有类似《方舆胜览》所引的记载。不过据吴松弟先生的研究，徐闻港早在魏晋南朝时期就已衰落（《两汉时期徐闻港的重要地位和崛起原因——从岭南的早期开发与历史地理角度探讨》，载《岭南文史》2002年第2期）。所以应当可以认定《太平寰宇记》中引用该条谚语之际，时代已经赋予了它新的涵义（《太平寰宇记》成书于宋初）。

③ 陈香白：《潮州三阳志辑稿》卷八《土产》，中山大学出版社1989年版，第34页。

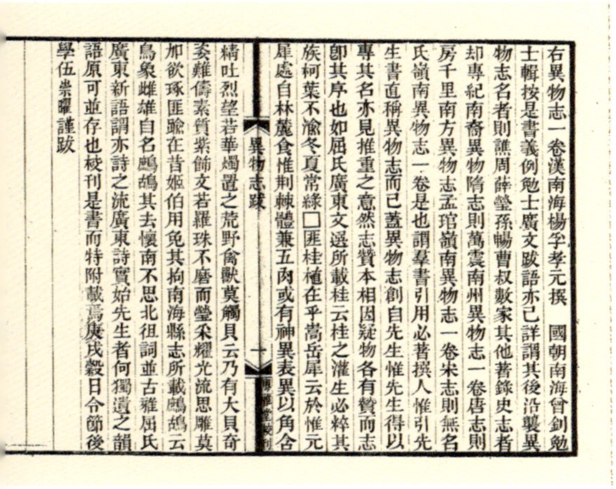
右異物志一卷漢南海楊孚孝元撰　國朝南海曾釗勉士輯按是書義例勉士廣文跋語亦已詳謂其後沿襲異物志名者則譙周薛瑩孫暢曹叔數家其他著錄史志者却專紀南裔異物隋志則萬震南州異物志一卷唐志則房千里南方異物志孟琯嶺南異物志一卷宋志則無名氏嶺南異物志一卷是也謂羣書引用必著撰人惟引先生書直稱異物志而已蓋異物志創自先生惟先生得以專其名亦見推重之意然志贊本相因疑物各有贊而志即其序也如屈氏廣東文選所載桂云桂之灌生必粹其族柯葉不渝冬夏常綠□匪桂植在乎嵩岳犀云於惟元犀處自林麓食惟荊棘體兼五肉或有神異表異以角含

異物志跋　十一

精吐烈望若華燭置之荒野禽獸莫觸貝云乃有大貝奇姿難儔素質紫飾文若羅珠不磨而瑩采耀光流思雕莫加欲琢匪瑜在昔姬伯用免其拘南海縣志所載鷓鴣云鳥象雌雄自名鷓鴣其去懷南不思北徂詞並古雅屈氏廣東新語謂亦詩之流廣東詩實始先生者何獨遺之韻語原可並存也校刊是書而特附載焉庚戌穀日合節後學伍崇曜謹跋

《太平寰宇记》书影

三、四月种者曰晚早禾，至六、七月收；五月、六月种者曰晚禾，至八月、九月收。而钦阳七峒中，七、八月始种早禾，九月、十月始种晚禾，十一月、十二月又种，名曰月禾。”[①]简直已是无月不种、无月不收。

苏东坡在海南时留有这样的诗：“半园荒草没佳蔬，煮得占禾半是藷。万事思量都是错，不如还叩仲尼居。”[②]诗中提及的“占禾”即占城稻。《潮州府志》卷一载，北宋时，潮州已引种占城稻。占城稻的引进改变了我国宋代南方地区的稻田耕作制度。正德《琼台志》有这样的记述：“冬种夏收曰小熟，夏种冬熟曰大熟。自宋播占禾种，夏种秋收今有三熟者。”[③]琼台，即今天的海口。林则徐给李彦章《江南催耕课稻编》的序中也说：“固吾闽所传占城之稻，自宋时流布中国，至今两粤、荆湘、江右、浙东皆艺之，所获与晚稻等，岁得两熟。”[④]

① （宋）周去非著，杨武泉校注：《岭外代答校注》卷八《花木门·月禾》，中华书局1999年版，第338页。

② （清）王文诰辑注，孔凡礼点校：《苏轼诗集》卷四七《过黎君郊居》，中华书局1982年版，第2560页。

③ （明）唐胄纂：《（正德）琼台志》卷七《风俗条·低田岁两收》，《天一阁藏明代方志选刊》第12册，上海古籍书店1982年影印。

④ 陈祖槼主编：《中国农学遗产选集甲类第一种·稻》（上编），中华书局1958年版，第376页。

饶宗颐

不过，据学者曾雄生研究认为，“宋代岭南地区的稻田多熟制不能估计过高。最普遍的稻田制度还是一年一熟制。一季收获之后，大田即处于休闲状态。这种情况直到近代仍没有改变”。[1]清代阮元所修《广东通志》中也谓占城稻只有一熟，“五月收，晚者九月收，水种之，止一熟，有赤、白、黄、斑诸色”。[2]在嘉靖年间修的《广东通志初稿》记载稍有不同：“始得之蕃舶，宋世以交阯种，令岭南播之，此品最为繁盛。”[3]所以，对占城稻在广东粮食生产史上的地位还需要进一步探讨。

宋真宗大中祥符四年（1011年），“以江、淮、两浙稍旱即水田不登，遣使就福建取占城稻三万斛，分给三路为种，择民田高仰者莳之，盖旱稻也。内出种法，命转运使揭榜示民”。占城稻“比中国者穗长而无芒，粒差小，不择地而生”。[4]正因为其耐旱，“不择地而生”，成熟较快较早，所以在北宋时期，长江南北各地多已栽种。南宋初年的江南西路洪州，“管下乡民所种稻田，十分内七分，并是早占米，只有三二分布种大禾（晚

① 饶宗颐纂修：《（民国）潮州志》卷九《实业志·农业·栽培制度》，《中国地方志集成·广东府县志辑》第25册，上海书店出版社2003年影印，记载：“水田每年可种早稻及晚稻各一次，其余时间则任其休闲。”据调查，冬闲田的广泛存在，除了冬耕作物产量不高，还有可能影响来年早稻种植，肥料来源有限等原因之外，还有“本州岛农民生活较易解决，苟早稻、晚稻有收，则生活自可充裕，易于养成好逸厌劳习惯。”这和周去非在《岭外代答》中描述的“惰农”情况较接近。参见曾雄生《宋代岭南地区的生态环境与稻作农业》，南开大学2005年“中国历史上的环境与社会国际学术讨论会”论文。

② （清）阮元修，陈昌济等纂：《道光广东通志》卷九五《舆地略十三·谷类·稻》，上海古籍出版社1990年影印。

③ （明）戴璟、张岳纂修：《（嘉靖）广东通志初稿》卷三一《土产·谷之属》，《北京图书馆古籍珍本丛刊》第38册，书目文献出版社1998年影印。

④ （元）脱脱：《宋史》卷一七三《食货上一·农田》，中华书局1977年版，第4163页。

稻）”。[1]而苏、湖一带，“其壤沃，其田腴”，改用占城稻种之后，部分地区且可以每年收获两次。[2]在丰收年份，上田所得每亩可达五六石，因而有了“苏湖熟，天下足”的谚语。[3]

在引进稻种方面，广州还引种来自高明的优良品种出水莲，“苗蔓生，低田宜之，苗随水高，浸水不坏。”[4]以及来自广西的长腰，“（广西象州）多膏腴之田，长腰玉粒，为南方之最。旁郡多取焉”。[5]

在引进外地品种的同时，广东人民在长期的栽培实践中，也选育出了一些优良稻种。潮州的赤糙米，贩往他州被称为金城米。金城米与其他谷物相比，对土壤要求不高，适合不同地区种植，产量也高。[6]流传开后，传播范围极广。据游修龄研究，在宋元时期，金城米已经出现在常熟、昆山、吴兴、海盐、宁波、定海、福州等地。[7]明代王鏊《姑苏志》记载，金成稻，四月

潮州赤糙米

① （宋）李纲著，王瑞明点校：《李纲全集》卷一〇六《申省乞施行籴纳晚米状》，岳麓书社2004年版，第1006页。

② （宋）吴泳：《鹤林集》卷三九《隆兴劝农文》，景印文渊阁《四库全书》本。

③ （宋）高斯得：《耻堂存稿》卷五《宁国府劝农文》，景印文渊阁《四库全书》本。（宋）吴泳：《鹤林集》卷三九《隆兴劝农文》，景印文渊阁《四库全书》本。

④ （清）戴肇辰等修，史澄等纂：《（同治）广州府志》卷一六《物产·谷品·稻》，清光绪五年（1879年）刻本。

⑤ （宋）王象之：《舆地纪胜》之《象州·风俗形胜》，中华书局1992年影印本。

⑥ 陈香白：《潮州三阳志辑稿》卷八《土产》，中山大学出版社1989年版，第34页。

⑦ 游修龄：《中国稻作史》，中国农业出版社1995年版，第88页。

种，七月熟，米红而尖，入口硬。[①]

广东还培育出足子白、花萝粘两种适合低田、不怕水淹的稻种。[②]以广州为例，珠江三角洲地区水系发达，河网密布，从水利工程建设来看，其目的主要是为了防潦，所以宋代广州地区无论是引进的出水莲，还是培育出的足子白、花萝粘，都适宜在低地种植，且耐水浸。

宋代除了水稻，小麦种植也在广东得到大范围推广。宋太宗时，曾下令要求江南、两浙、荆湖、岭南、福建诸州地方长官，“劝民益种诸谷，民乏粟、麦、黍、豆种者，于淮北州郡给之。江北诸州，亦令就水广种粳稻，并免其租。”[③]此诏书的目的就在于让南北参种稻麦。宋仁宗时，陈尧佐坐言事忤旨，贬为潮州通判，假守惠州，“公始于南津闉地教民种麦，是岁大获，于是惠民种麦者众矣”，“南民大率不以种艺为事，若二麦之类，盖民弗知有也”的局面大为改观。[④]苏轼于绍圣年间被贬惠州，在博罗，看到“三山犬牙，夹道皆美田，麦禾甚茂”，于是作诗记之：“二年流落蛙鱼乡，朝来喜见麦吐芒”[⑤]。

到了南宋，北方人民大量南迁，在饮食结构上，他们习惯面

① （明）王鏊等：《（正德）姑苏志》卷一四《土产·稻之属·金成稻》，《天一阁藏明代方志选刊续编》第11册，上海书店1990年影印本。

② （清）戴肇辰等修，史澄等纂：《（同治）广州府志》卷一六《物产·谷品·稻》，清光绪五年（1879年）刻本。

③ （元）脱脱：《宋史》卷一七三《食货上一》，中华书局1977年版，第4159页。

④ （宋）郑侠：《西塘先生文集》卷三《惠州太守陈文惠公祠堂记》，《宋集珍本丛刊》第24册，线装书局2004年版。

⑤ （清）王文诰辑注，孔凡礼点校：《苏轼诗集》卷三九《游博罗香积寺并序》，中华书局1982年版，第2111—2112页。

食，带动了小麦的种植。“绍兴初，麦一斛至万二千钱，农获其利，倍于种稻”。同时，移民带来了北方有关小麦种植的技术，因此南方各地，包括广东“竞种春稼，极目不减淮北”。而政府也顺应这种趋势，大力提倡，并给予一定的优惠政策，“佃户输租，只有秋课，而种麦之利独归客户”。[①]较之于唐人所载“广州地热，种麦则苗而不实”，[②]宋代广东所种麦之品种、技术已大大改进，种植范围也明显扩大。

水利建设的大兴，栽培技术的成熟，先进生产工具的应用和推广，农作物种植面积的扩大以及产量的提高，使得广东的粮食实现了自给，甚至尚有余力向外地输出。

北宋时，不仅一些大的农垦区如潮汕平原、珠江三角洲和雷州开始向外地输出粮食，连处于粤北的英德府，也有余粮出售，“巨产之家，得米则南下于广，粜买钞盐以取赢”。[③]至于英德府把米运到广州出售，并不是因为广州缺粮，而是广州商业发达，商贩辐辏，在此售米有利可图。

南宋时广米非常有名。《梦粱录》云：“杭州人烟稠密，城内外不下数十万户，百十万口，每日街市食米……所赖苏、湖、常、秀、淮、广等处客米到来。”[④]另据《宝庆四明志》记载，明州百姓米粮多依赖浙东、浙西，一旦浙东、浙西歉收，则要“取米于广，以救荒市”。[⑤]而绍兴府、婺州、衢州诸县有灾荒时，当地官员也是极力“措置雇募海船收籴广米接续粜济”。[⑥]戴复古为浙江天台人，游历各地，在他的笔下，如果“出广米船稀”，则“当秋谷价贵”，“三农哭岁饥”。[⑦]

与广东毗邻的福建，由于地狭人密，粮食不足，对广米依

① （宋）庄绰撰，萧鲁阳点校：《鸡肋编》卷上《各地食物习性》，中华书局1983年版，第36页。
② （唐）刘恂：《岭表录异》卷中，《鲁迅辑录古籍丛编》第3卷，人民文学出版社1999年版，第453页。
③ （宋）王象之：《舆地纪胜》卷九五《英德府》引《真阳志》，中华书局1992年版。
④ （宋）吴自牧撰，傅林祥注：《梦粱录》卷一六《米铺》，山东友谊出版社2001年版，第220页。
⑤ （宋）胡榘修，方万里、罗濬纂：《宝庆四明志》卷四《郡志四·叙产》，宋元方志丛刊第5册，中华书局1990影印。
⑥ （宋）朱熹：《晦庵先生朱文公文集》卷二一《与宰执札子》，四部丛刊初编本。
⑦ （宋）戴复古：《石屏诗集》卷三《嘉熙己亥大旱荒庚子夏麦熟》，四部丛刊续编本。

赖尤深。当时无论福建官员还是广东官员，都非常重视运广米到福建之事，这样的记载比比皆是。知福州张守曾给朝廷上奏，称福建山田瘠薄，一直依靠两浙、广东客米接济食用。当地即使粮食丰收，如果两浙、广东的大米没有运来，也是不够吃。[①]方大琮，淳祐年间曾帅广六年，多次与福建官员探讨粜广米到闽的事宜。他说：“莆土狭人稠，虽甚丰年，仅足支半岁之食，大率仰南北舟，而仰于南者为最多。春夏之交，又仰二麦以接济”。[②]真德秀本为福建浦城人，对福建缺粮深有体会，后又历南剑州判官、知南剑州、泉州、福州，他曾多次提到：“福、泉、兴化三郡，全仰广米以赡军民。贼船在海，米船不至，军民便已乏食，粜价翔贵，公私病之。”“福、兴、漳、泉四郡，全靠广米以给民食。而福建提舶司正仰番船及海南船之来，以供国课”。并一再上奏，希望枢密院和中枢重视沿海军政，捕捉海盗，保持粤闽之间粮道的畅通。[③]

朱熹在福建为官时，曾详细地向上司建议到广东运米以赈济灾荒，特别提到潮州、惠州与福建接壤，方便就近籴粮。[④]周必大也曾说：“闽地狭田少，岁积广米，每患客舟不时至。公（汪大猷）籍上户航海者，出钱数万缗贷之，使籴于五羊，比归，损价以粜官收。”[⑤]这里的“广米”、“广舟”，不仅仅是指广州的米和舟，而是整个广南东路的代称。可见，宋代广东地区的粮食生产已经迈上了一个新的台阶，仅上述材料显示，有余粮出售的地区就涉及广州、英德府、潮州、惠州等。

宋代广东的余粮不仅向两浙、福建销售，还输送到海南。元丰三年（1080年），琼管体量安抚使朱初平在上奏中就言及“海

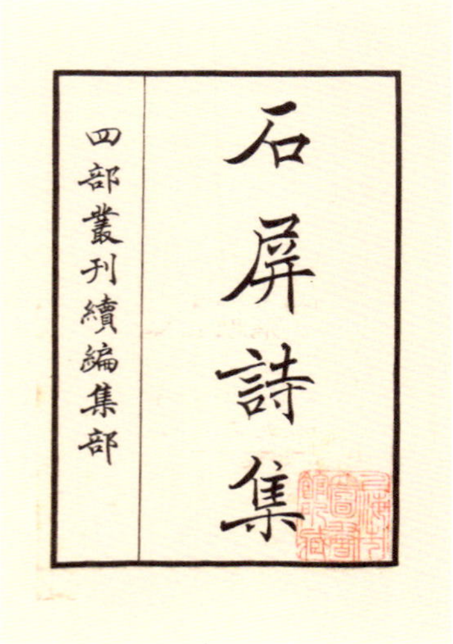

《石屏诗集》书影

① （明）黄淮、杨士奇编：《历代名臣奏议》卷二四六，张守《乞放两浙米舡札子》，上海古籍出版社1989年影印本。

② （宋）方大琮：《宋宝章阁直学士忠惠铁庵方公文集》卷二〇《与何判官士颐书》、卷二一《与乡守项寺丞书》，《北京图书馆古籍珍本丛刊》第89册，书目文献出版社1998年版。

③ （宋）真德秀：《西山先生真文忠公文集》卷一五《申枢密院乞修沿海军政》、《申尚书省乞措置收捕海盗》，四部丛刊初编本。

④ （宋）朱熹：《晦庵先生朱文公文集》卷二五《与建宁诸司论赈济札子》，四部丛刊初编本。

⑤ （宋）周必大：《庐陵周益国文忠公集》卷六七《敷文阁直学士奉大夫赠特进汪公大猷神道碑》，《宋集珍本丛刊》第51册，线装书局2004年版。

李曾伯

北客舟载米”之事。[1]苏轼贬谪海南时，也有诗感叹道：“北船不到米如珠，醉饱萧条半月无。”[2]至于北船所运之米，当主要产自广东。绍兴二十三年（1153年），李光在昌化贬所曾言：“海外惟昌化地瘠狭，米资之泉、广，土人以藷为粮，其大径尺，每斤不过一二钱，故少饥民，天以活此一方之人也。”[3]南宋时知静江府李曾伯曾言：“顷岁尝闻琼筦饥仰广东客籴以给，又如闽、浙之间，盖亦尝取米于广。大抵皆海运，虽风涛时乎间作，然商舶涉者如常。”[4]

古代运粮马车

在正常情况下，广东的粮食一般向上述三个地区销售。而在突发事件发生的时候，广粮作用愈显重要。宝祐六年（1258年），李曾伯以广南制置大使兼知静江府（今广西桂林），蒙古大军自云南进攻广西，李曾伯采取了一系列防御措施，其中一条就是筹划军粮以备战，他向朝廷建议运广东的粮食到广西，“乞朝廷札下广东经略司，特与于广东米内科拨若干石，俾令自海运至钦州。如民船载不多，则益以民船。既至钦州，则陆路三日至邕”；“广米若至钦州，非但饷钦，亦可陆运三日以助邕饷”。后来宋政府“科拨湘、广米斛并新籴共二十八万石”给广西帅府。因为李曾伯事先做了充分准备，最终蒙古人无功而返。[5]

自古以来，中国的先民一直以丝麻为原料制衣。棉花从西域和南海传入中国后，改变了我国的纺织业结构。棉花作为一种新兴的纺织原料，具有丝麻不可比拟的优越性，“比之桑蚕，无采

① （宋）李焘：《续资治通鉴长编》卷三一〇，元丰三年十二月庚申，中华书局2004年版，第7521页。
② （清）王文诰辑注，孔凡礼点校：《苏轼诗集》卷四二《纵笔三首》，中华书局1982年版，第2327—2328页。
③ （宋）李光：《庄简集》卷二《赠裴道人》，《宋集珍本丛刊》33册，线装书局2004年版。
④ （宋）李曾伯：《可斋续稿后集》卷六《奏乞调兵船戍钦仍行海运之防》，《宋集珍本丛刊》第84册，线装书局2004年。
⑤ （宋）李曾伯：《可斋续稿后集》卷六《奏乞调兵船戍钦仍行海运之防》、《回奏宣谕五月二十五日》、《回宣谕兵粮奏》，《宋集珍本丛刊》第84册，线装书局2004年版。

养之劳，有必收之效；埒之枲苎，免绩缉之工，得御寒之益。可谓不麻而布，不茧而絮。”[①]在宋代，两广、福建一带已是重要的棉花产区。

宋代，称棉花为“木棉”，或作“木绵”。宋人袁文《瓮牖闲评》云：“木绵亦布也，只合作此‘绵’字，今字书又出一‘棉’字，为木棉也。”[②]因而，著名经济史学者李剑农指出：“中国古本无‘棉’字，但有‘绵’字；凡所谓绵，皆指丝绵。绵变为棉，殆在唐宋之间乎？然则‘棉’字始见于宋人之字书，其先皆作‘绵’也。”

明人杨慎经过考证，认为宋人所称的“绵”有三种，“一曰丝绵，出于蚕缉；一曰木绵，出于交广，名班枝花；三曰草绵”。而草绵就是史炤在《通鉴释文》中所说的木绵，“江南多有之，以春二三月下种，既生，须一月三薅，至秋生黄花结实，及熟时，其皮四裂，其中绽出如绵。土人以铁鋌碾去其核，取如绵者，以竹为小弓，长尺四五寸许，牵弦以弹绵，令其匀细，卷为筒，就车纺之，自然抽绪如缲丝状，织以为布。”杨慎认为草

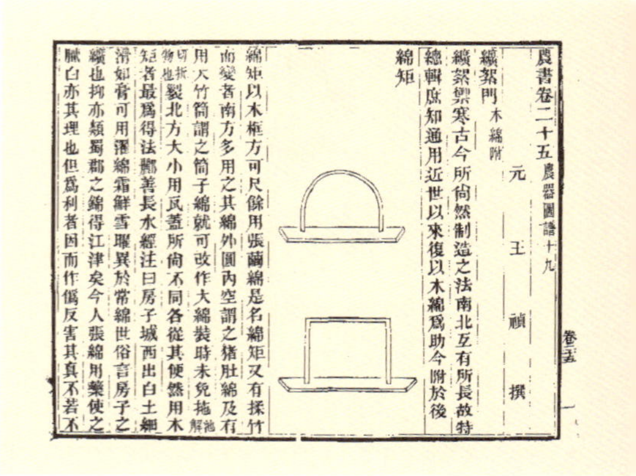
農書卷二十五 農器圖譜十九
元 王禎 撰
纊絮門 木綿附
纊絮禦寒古今所尚然製造之法南北互有所長故特
總輯庶知通用近世以來復以木綿爲助今附於後
綿矩

綿矩以木框方可尺餘用張繭綿是名綿矩又有揉竹
而彎者南方多用之其綿外圓內空謂之猪肚綿及有
用大竹筒謂之筒子綿就可改作大綿裝時未免拖池解
切拆物也裂北方大小用瓦蓋所尚不同各從其便然用木
矩者最爲得法酈善長水經注曰房子城西出白土細
滑如膏可用濯綿霜鮮雪曜異於常綿世俗言房子之
纊也抑亦類蜀郡之錦得江津矣今人張綿用藥使之
膩白亦其理也但爲利者因而作僞反害其真不若不

王祯《农书》书影

① （元）王祯：《农书》卷二一《纩絮门·木棉序》，中华书局1956年版，第507页。

② （宋）袁文：《瓮牖闲评》卷四，景印文渊阁《四库全书》本。

木棉盛开

木棉弹弓

绵就是绵花，并指出“丘文庄谓绵花元始入中国，殆未考史炤之说也。”[①]草绵也就是今天的棉花。

通过以上考察，可以知道，宋代所称的木棉当有两种，一为木本木棉，一为草本棉花。宋代学者方勺论述木棉的一段话，学界在研究两广和福建的棉纺织业时常常征引，他说：“闽广多种木绵，树高七八尺，树如柞，结实如大麦而色青。秋深即开露，白绵茸然。”[②] 方勺所言木棉的许多特征都像棉花，但是又说它是木本植物，高可七八尺，应是将二者混淆以致错误。

宋代广东的棉花源自海南，至迟到北宋中期，棉花种植已经越过琼州海峡，进入广东。元丰初年（1078年），前知广州陈绎因为其子陈彦辅“役使广州军人织造木棉”等罪而受罚。[③]其后又从广东传至福建，如范正敏云：“闽岭已南多木棉，土人竞植

①（明）杨慎：《升庵集》卷七九《棉花之始》，景印文渊阁《四库全书》本。

②（宋）方勺：《泊宅编》卷三，中华书局1983年版，第16页。

③（宋）李焘：《续资治通鉴长编》卷三四六，元丰七年六月己巳朔，中华书局2004年版，第8302页。

之，有至数千株者，采其花为布，号吉贝布。”[①]入元以后，棉花在江淮川蜀等地已广为种植。王祯《农书》还记载了元代时纺棉的各种工具，计有：木棉搅车、木棉弹弓、木棉纺车、木棉拨车、木棉軠床、木棉线架、木棉总具等。[②]这些先进的纺织工具不可能是一时间出现的，当自宋代沿承发展过来，而宋代广东是重要的棉花种植区，因此其中自然有广东人民的发明贡献。

木棉搅车

棉花的经济效益很高。宋人谢枋得有诗云：“木绵收千株，八口不忧贫。江东得此种，亦可致富殷。”[③]葛金芳先生据此推论：“八口之家只需植棉一千株即可维持全家一年生活开销，一人年需一百二十五株棉花所成之布，而一人口粮一年就需六石左右。如以一亩植棉二百株上下，一亩平均产粮二石计，则植棉效益高出粮食生产五倍左右。”[④]葛金芳先生的推论未考虑粮食作物可以套种、两熟因素，但木棉具有相当高的经济价值是毋庸置疑的。

小纺车

木棉纺车

① （宋）范正敏：《遯斋闲览》，见（元）陶宗仪等编：《说郛三种》卷二五，上海古籍出版社1988年影印。

② （元）王祯：《农书》卷二一《纩絮门·木棉序》，中华书局1956年版，第507页。

③ （宋）谢枋得：《叠山集》卷三《谢刘纯父惠木绵布》，四部丛刊续编本。

④ 葛金芳：《中国经济通史》第五卷，湖南人民出版社2002年版，第328页。

贰

井与堤

雷州万顷洋田灌溉工程是广东古代规模最大、设计最完备的综合水利灌溉工程，该工程包括筑堤、开渠、挖塘、设闸、造桥等五项配套设施，实为宋代广东灌溉工程的壮举。雷州滨海，飓风时作，咸潮涨溢，田禾庐舍，屡被浸没。宋绍兴（1130—1161年）间，胡簿沿海筑堤，一起自下坡渡，袤延而北转西至调耕北洋；一起自萧家洋，袤延而西转南至扶柳洋；一起自白院渡，袤延而东转北至进德村。乾道五年（1169年），知州戴之邵以前堤尚隘，复于胡簿堤外增筑，尽包滨海赤卤之地，高广倍前，垦田数百余顷。

广东近海，井水往往是咸的。[①]广东最早兴修的水利工程，大概就是井了。而广东最早的水井，可追溯到南越王赵佗时期。

越井是广州有史记载的最古老的井。越井，又叫赵佗井、越台井、达摩泉、千秋井，南汉时刘氏专用，又叫玉龙泉。南朝萧梁时期达摩路过广州，掘金得水的传说流传下来，此井得名为达摩泉。到了唐代，井口复堙，刘巨麟才在广州凿了四口井，人们为了感激刘氏，名井为千秋井。纷纭传说的背后，是古代广东先民凿井以饮的历史。当时凿的都是深井，直通地下河。“昔有坠酒杯于越井者，后于石门得之。”故南朝江总诗云：“石门通越井。”[②]正是因为井水深，工程大，所以一旦荒废，百姓就会无井水可饮。

本书作者考察龙川越王井

越井（赵佗井）

① （唐）刘恂：《岭表录异》卷上，《鲁迅辑录古籍丛编》第3卷，人民文学出版社1999年版，第475页。

② 《永乐大典》卷一一九〇六《广·广州府二·井》，中华书局1986年影印；（宋）乐史：《太平寰宇记》卷一五七《广州·天井岗》，台北文海出版社1980年影印。

无井水可用的时候，就喝溪水。甘溪，一名菖蒲涧，位于广州邑城东北五里白云山脚下，为吴交州刺史陆胤所开。唐时，节度使卢均复加以疏浚，南汉时，凿山取泉以广之，一直到宋代，甘溪还发挥着作用，“每旦，辄倾州连汲，以充日用”。①到宋代，凿井取水的记载也渐渐多了起来。孙公井，在广州北教场内；瓦窑井，在新会县西北半里；谭家井，在新会县西半里；泉子井，在增城县南三十五里……还有一些带有传说意味的井。云母井，在增城县内，传说是“何仙姑炼云母所汲也”。炼丹井，在碧虚观前，“数十年不汲，其味常甘，煎茶浸果，有金石气”，周围有石栏，八方刻八卦。②

随着宋代广东人口的增加、农业的发展和生产条件的改善，各种水利工程也多了起来。

由于广东各个地区具体的地理环境不同，表现在水利工程上，也呈现出不同的特点。如在滨海地带主要是修筑防海潮侵袭的捍海大堤；在大江的中下游也主要是修筑堤坝，但其目的是为了防止洪水泛滥，所以在工程规模上与捍海大堤不可等量齐观；

① （宋）乐史：《太平寰宇记》卷一五七《广州·菖蒲涧》，台北文海出版社1980年影印本。

② 《永乐大典》卷一一九〇六《广·广州府二·井》，中华书局1986年影印本。

捍海大堤

潮州西湖

而在山地和丘陵地带，则主要是修筑堰塘，以起到蓄水排灌和泄洪的作用。无论堤坝，还是堰塘，都需要辅之以渠、涵、沟、闸等水利设施和其他汲引工程，从而形成综合的水利工程。对此，明人林熙春言之甚详：“有堤则有涵，水溢则资宣泄，旱干则资灌溉，与堤相为锁钥者也。”并说：“南堤为涵十二，创自宋者四。”[①]下面分区对较大规模的水利工程略加讨论。

潮州坐落在韩江中游平原，海阳和潮阳二县城均在海边，水灾较多。吕大圭的记载真实地反映了当时情况，他说：“惟潮居循、梅、汀、赣之下流。每一潦至，则四州之水汇于潮之溪，以注于海。溪旁皆平地也。堤之以捍驶流，而后民得以耕于斯、家于斯。”[②]在这种情况下，堤围的修筑就容易受到重视。潮州最有名的捍海工程是上中下外都堤，又名南北堤，北起横陇，西折而南抵南桥，是为西岸；东折而南抵北关，是为东岸。东西堤

潮州西湖涵碧楼

① （明）林熙春：《林尚书城南书庄集》卷三一《与执政议浚涵沟书》，转引潮州韩江河道堤防管理局编：《韩江下游南北堤志》，潮州韩江河道堤防管理局1998年版，第171页。

② 陈香白：《潮州三阳志辑稿》卷一二《文章》，中山大学出版社1989年版，第83页。

潮州西湖公园春涛亭

共长八千五百三十四丈九尺。西岸旧有石矶三十有二，排狂澜以护堤；涵沟一十有六，引积水泄于海。宋知潮州军事周明辩、王涤、林嶼、宋敦书、赵师岉、林光世先后筑修。[①]潮州百姓曾言："吾侪耕凿于斯几百载，边溪岸海，倚为长城固者，伊堤之力。"[②]潮州有西湖，在郡西北一里，旧为放生池，庆元间，知军州事林嶼浚，许骞为作《重辟西湖记》。开庆元年（1259年），知军州事林光世复浚之，后改名为北壕，成为潮州一个重要的蓄水灌溉工程。[③]

此外，潮州较大的水利设施有三利溪，为元祐年间知州王涤开，自海阳城西，引韩江水通北壕，过云梯冈，历潮阳、揭阳，三县利之，故名。[④]此溪开凿之后，成为韩江下游的一条支流，引韩江部分水流入海，减轻了洪水对干流堤坝的冲击，沿途既可灌溉，亦可行船，所以是名副其实的三利溪。

潮州三利门

① （清）周硕勋纂修：《（乾隆）潮州府志》卷二〇《堤防志·澄海县·上中下外都堤》，《中国地方志集成·广东府县志辑》第24册，上海书店出版社2003影印本。

② 陈香白：《潮州三阳志辑稿》卷一二《文章》，中山大学出版社1989年版，第80页。

③ （清）卢蔚猷修，吴道镕等纂：《（光绪）海阳县志》卷六《舆地略·水利·北濠》，《中国地方志集成·广东府县志辑》第26册，上海书店出版社2003年影印本。

④ （清）周硕勋纂修：《（乾隆）潮州府志》卷一八《水利·海阳县·三利溪》，《中国地方志集成·广东府县志辑》第24册，上海书店出版社2003年影印本。

位于潮州北部山区的大埔，由于缺水，其蓄水、引水工程尤显重要。开禧元年（1205年），有蔡仙人捐资开凿蔡仙圳，在百侯溪北，经七八里，溉田三千余亩……蔡仙岁举一人为圳甲，计田出谷以酬其劳。[①]正是因为地方官员重视水利的兴修，所以潮州有“民岁苦修堤之役”的说法。[②]

同处粤东的惠州和循州，也有修堤的记载，如丰湖堤，治平三年（1066年）知惠州陈偁筑，延袤数里，中置水门备潦，叠石为桥于其上，鱼鳖蒲莲之利悉归于民，奏免课钱五十余万。民感其惠，建祠祀焉。后再知惠，岁旱，教民以牛车致水入东湖溉田，民尤德之。[③]苏村堤，在博罗罗仙都，长六百余丈。淳祐中，知县王亘以江流害民室庐稼穑，故堤以防之。王亘还筑有随龙堤。苏公堤，在归善县丰湖之左岸，绍圣三年（1096年），苏轼出上所赐金钱筑。苏堤，在龙川县鳌湖东。苏辙谪循，筑此以捍东坝居民，故名。[④]

珠江三角洲是由西江、东江和北江携带的泥沙长期合力而成的冲积平原。在历史上，曾经历了一个慢慢淤积、逐渐形成的过程。在宋以前，水域宽广，湖沼密布，河网纵横，耕作粗放，水利未兴，地力未辟，经济还比较落后。到了宋代，三角洲的淤积范围比前代大为扩大，海岸线后退，露出大片沙田，例如沙湾以南，甘竹滩以下小榄、大黄圃一带，江门至会城以南，以及石龙、莞城以下地带都先后形成。[⑤]这就为农业生产提供了大量土地资源，也促进了该地区水利工程的兴修。

元祐三年（1088年），东江夏潦暴涨，濒江之田无不罹其害。东莞邑令李岩在县东京山、牛渡海、西湖、福隆、水南、石

① 刘织超修，温廷敬等纂：《（民国）新修大埔县志》卷一〇《民生志上·农田·水利》，《中国地方志集成·广东府县志辑》第22册，上海书店出版社2003年影印本。

② （清）郝玉麟等监修，鲁曾煜等编纂：《（雍正）广东通志》卷三九《名宦志·彭思永传》，景印文渊阁《四库全书》本。

③ （清） 郝玉麟等监修，鲁曾煜等编纂：《（雍正）广东通志》卷三九《名宦志·陈偁传》，景印文渊阁《四库全书》本。

④ （明）李玘修，刘梧纂：《（嘉靖）惠州府志》卷五《沟洫志》，《日本藏中国罕见地方志丛刊》第22册，书目文献出版社1990年影印；（宋）祝穆撰，祝洙增订，施和金点校：《方舆胜览》卷三六《惠州·古迹》，中华书局2003年版，第656页，亦有记载。

⑤ 司徒尚纪：《历史时期珠江三角洲水利事业与经济发展关系初析》，载司徒尚纪：《岭南史地论集》，广东省地图出版社1994年版，第121—129页。

贝、司马头诸处筑东江堤，以捍东江之水，护田九千八百余顷。绍兴中，邑令姚孝资重修，下令阖境筑堤护田，水利大兴，民蒙其利。嗣后，邑令范友仁、陈庆远、赵兴迈相继修。淳祐元年（1241年），邑令赵善鄘修旧堤一万八千九十丈，另外又在西湖村增西湖新堤一百八十五丈，邑人钱益有记。

元祐四年（1089年），李岩复于咸西、獭步等处筑咸潮堤十有二，延袤一万六千八十丈，为田二万千余顷。[①]

此外，东莞尚有宋宝祐间邑令杨公顺所筑牛过蓢堤，在牛过蓢村，长三百丈，护田二百余顷。王家渠，在深溪山，宋邑人王鳌石于山腰凿渠引龙潭之水，迂回三十余里，至大汾头，灌田数十顷。[②]

香山县建于绍兴年间，乾道七年（1161年），梁益谦擢知香山，时南濠淤塞，梁益谦毅然疏之，陂田赖焉。[③]

粤北北江流域自唐代以来就是广东经济、文化比较发达的地方，宋代这里的水利建设也得到一定的发展。由于该地区处于山区，且在江河的上游，水利工程与沿海地区不同的是，重点不是修筑堤围以防涝，而是修筑陂塘以蓄水防旱。

① （清）彭人杰修，黄时沛纂：《（嘉庆）东莞县志》卷一三《水利·咸潮堤》，清嘉庆三年（1798年）刻本。
② （清）彭人杰修，黄时沛纂：《（嘉庆）东莞县志》卷一三《水利·王家渠 牛过蓢堤》，清嘉庆三年（1798年）刻本。
③ （清）郝玉麟等监修，鲁曾煜等编纂：《（雍正）广东通志》卷三九《名宦志·梁益谦传》，景印文渊阁《四库全书》本。

南雄州早在真宗天禧（1017—1021年）中就有兴修水利的记载，时凌皓知保昌县，伐石凿渠堰水，溉田二千余亩，民人德而祀之，故名凌陂。并名江曰凌江。[①]

崇宁（1102—1106年）初，连希觉知韶州，后改知南雄，辟山凿岭，邀连江水溉田千余亩，民感其惠，呼陂曰连陂。[②]

嘉定（1208—1224年）中，黄庶知南雄州事，又重新修复了凌、连二陂水利工程。[③]

宋代所修的南雄州几处陂塘一直到了清代还发挥着重要作

《直隶南雄州志》书影

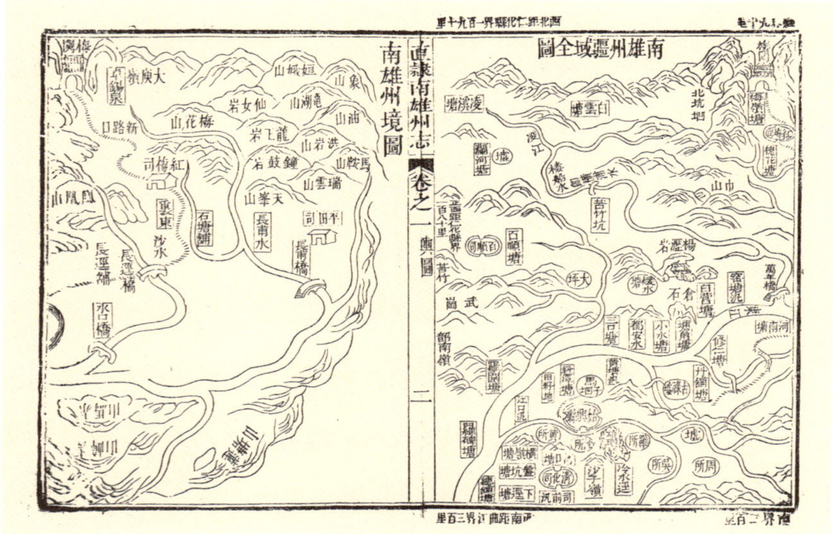

用，戴锡伦曾言：“各陂塘，不知费前人几许心力，询之父老，据云，今存而食其利如凌陂、汇丰塘者，十之二三耳。”[④]

而连州也不乏水利工程，连州城内缺水，“湟川自郡北南行，而陂于西域百步而近，其流清，其味甘，虽大旱，山焦泽焚，而此不竭也。昔有就陂之深而为车者，漱石为渠，道之入城，凡仓廪府库、官之廨宇皆得以周济。岁旱则引其流环之城

① （清）余保纯等修，黄其勤纂，戴锡伦续修：《直隶南雄州志》卷一〇《山川略·水利·凌陂》，《中国地方志集成·广东府县志辑》第10册，上海书店出版社2003年影印本。（清）郝玉麟等监修，鲁曾煜等编纂：《（雍正）广东通志》卷三九《名宦志·凌皓传》言溉田五千余顷，恐有夸大，景印文渊阁《四库全书》本。

② （清）余保纯等修，黄其勤纂，戴锡伦续修：《直隶南雄州志》卷一〇《山川略·水利·连陂》，《中国地方志集成·广东府县志辑》第10册，上海书店出版社2003年影印本。

③ （清）郝玉麟等监修，鲁曾煜等编纂：《（雍正）广东通志》卷三九《名宦志·黄庶传》，景印文渊阁《四库全书》本。

④ （清）余保纯等修，黄其勤纂，戴锡伦续修：《直隶南雄州志》卷一〇《山川略》，《中国地方志集成·广东府县志辑》第10辑，上海书店出版社2003年影印本。

《西塘集》书影

中，盖民屋吏家、僧居道室、军士之垒，与夫沟池之浸润、园圃之灌溉，鲜不赖其施者”，后废而不修。熙宁十年（1077年），连州守杜靖国与郎中张公修复之。车陂主要是为了解决连州城内饮用水而开，在引水入城时，还采用了以轮汲水和渠道引水设施。①

位于西江流域的肇庆，宋代也有很多江堤工程，仅见于《（崇祯）肇庆府志》记载的就有五处：

榄江堤，在城东七十里榄江都。宋至道二年乡人彭达甫等筑，高一丈二尺，周三千七百丈，捍田六余顷。

金西堤，在城东百里金西等都。宋至道二年乡人黄惟坚筑［《（道光）肇庆府志》认为是谭源辅筑］，高一丈四尺，周一万三千余丈，捍田一千二百余顷，原设双窦。

罗安堤，在城东百五十里亲仁官棠都。宋至道二年，乡人罗隐孙等筑。高一丈，周一千二百丈，捍田五十余顷。

横桐堤，在城东二百四十五里赤勘都，宋至道二年（996年）乡人谭源辅等筑。高一丈一尺，周一千六百余丈，捍田百余顷。

大演堤，在城东一百五十里良江等都，宋咸淳八年（1262年）乡人陆原等筑。高九尺，周八千丈，捍田八百余顷。②

另外，在肇庆以南的新州和南恩州也有一些水利建设，熙宁（1068—1077年）中，梁立则知新州，兴修水利，于州西南十里，得白蟮坑，决其水溉田，至今为利。南恩州阳江县的辣达堤，在县西南四十里，高七尺，长五十丈，外障海水，溉田五十顷，始于宋，明朝洪武（1068—1098年）初重修。北宿堤，

① （宋）郑侠：《西塘先生文集》卷三《连州重修车陂记》，《宋集珍本丛刊》第24册，线装书局2004年版。

② （明）陆鏊、陈烜奎纂修：《（崇祯）肇庆府志》卷一八《水利志·高要县》，《日本藏中国罕见地方志丛刊续编》第12册，北京图书馆2003年影印本。（清）屠英修，胡森、江藩纂：《（道光）肇庆府志》卷四《舆地十三·水利·高要县》，《中国地方志集成·广东府县志辑》第46册，上海书店出版社2003年影印本，认为金西堤是谭源辅筑。

雷州古城图

近辣达堤，始于宋，洪武（1368—1398年）初，乡民关文彬重修，溉田四十余顷。①

下面再看看开渠、挖塘、设闸、造桥等配套工程。雷州城北有特侣塘，周四十里，西北有西湖，南面又有擎雷水经过转东入海。相传寇准贬谪雷州时，曾开渠引特侣塘水灌东洋田。此记载或许是后人推美寇准，但是也可反映出至少在北宋已经开始引特侣塘水灌田。

从绍兴末年到乾道年间，知州何庾和戴之邵又相继在这里兴修水渠。何庾所开之渠皆在绍兴二十八年（1158年），并名何公渠，计有三条：一自西湖西闸出西山，南流灌白沙田；一自西湖东闸直下南亭，横径通济桥而注之东；一自特侣塘建闸南流，与湖水合，灌万顷洋田。

① （明）陆鏊、陈烜奎纂修：《崇祯肇庆府志》卷一九《名宦·梁立则传》，《日本藏中国罕见地方志丛刊续编》第12册，北京图书馆2003年影印本。

雷州石狗

乾道五年（1169年），戴之邵为知州，又凿戴公渠二：

（一）何公特侣渠近山易湮，乃去何渠之东四百二十步，别开一渠导流，而南会张熟塘水，至东桥与西湖渠水合，计长二千七百六十丈，阔三丈，深一丈。沿渠筑堤潴水，高、阔各六尺。堤置八桥以通往来，开八渠以分灌溉，各长一千八百丈，阔一丈，深五尺。东建万顷闸以拒水，南启南亭闸以泄水。塘堤建八闸，开二十四渠以沃东北上游之田，各长一千二百丈，深、阔各五尺，凡渠首尾悉为闸以出纳。经营周密，民刻石号曰戴公渠。

（二）何公南亭渠闸湮废，水不东流，复于西湖东凿渠引水入城，由圆通宝阁下过，东与东渠水合，灌附郭高壤田，委流至东桥，合特侣水，亦灌东洋田，计长四百二十丈，深九尺，阔七尺，俱砌以石，通衢则架石桥。雷州万顷洋田水利工程修成之后，在以后各代，都历经重修。其后的提刑张琮、通判赵希吕、知军事薛直夫、孟安仁相继修筑堤坝；其中嘉熙间的薛直夫、明朝天顺、正德、万历间，皆相继浚修渠塘。[①]

① （清）雷学海修，陈昌齐等纂：《嘉庆雷州府志》卷二《地里志·水利》何公渠、戴公渠，《中国地方志集成·广东府县志辑》第43册，上海书店出版社2003年影印本。

雷州东西洋田一角

雷州万顷洋田灌溉工程是广东古代规模最大、设计最完备的综合水利灌溉工程，该工程包括筑堤、开渠、挖塘、设闸、造桥等五项配套设施，实为宋代广东灌溉工程的壮举，是广东人民心血、智慧的结晶。雷州滨海，飓风时作，咸潮涨溢，田禾庐舍，屡被浸没。宋绍兴（1130—1161年）间，胡簿沿海筑堤，一起自下坡渡，袤延而北转西至调耕北洋；一起自萧家洋，袤延而西转南至扶柳洋；一起自白院渡，袤延而东转北至进德村。乾道五年（1169年），知州戴之邵以前堤尚隘，复于胡簿堤外增筑，尽包滨海赤卤之地，高广倍前，垦田数百余顷。[①]

尤其值得一提的是在宋代的广东，已经形成了一套水利管理制度。大埔县的蔡仙圳，圳甲由民间推选，每岁轮值，其收益则由蔡仙圳的受益人计田出谷分摊，这当是水利工程管理制度在民间的自发形式。[②]至于官修的大型水利工程，“堤岸主之统管，河渠主之塘长。堤岸坏，则统管集食利户以修筑；河渠塞，则塘长率用水户以开浚。兴利除害，虽千载如一日可也”。[③]兴修水利本来就是利在千秋的事情，严密的管理制度保障了水利工程不致湮废。也正因为此，它们得以泽惠后人，其美名也屡屡出现在史乘文献中流传至今。

① （清）雷学海修，陈昌齐等纂：《嘉庆雷州府志》卷二《地里志·水利·戴公渠》，《中国地方志集成·广东府县志辑》第43册，上海书店出版社2003年影印本。

② 刘织超修，温廷敬等纂：民国《新修大埔县志》卷一〇《民生志上·农田·水利》，《中国地方志集成·广东府县志辑》第22册，上海书店出版社2003年版。

③ （清）阮元修，陈昌济等纂：《道光广东通志》卷一八〇《水利四·雷州府》，引（宋）薛直夫《渠堤记》，上海古籍出版社1990年影印本。

宋代广东各地水利工程

工程名称	地点	时间	主持者	文献出处
南北堤、新溪涵	潮州	太平兴国八年—宝祐六年	周明辩、王涤、毕朝奉、张思永、赵师睿、曾汪、宋敦书、张行成、林嘌、赵师岄、王衡翁、全诏孙、林光世等	嘉靖《潮州府志》卷1《地理志》；乾隆《潮州府志》卷20《堤防志》；《潮州三阳志辑稿》卷12《吕大圭·新堤记》
西湖	潮州	庆元间 开庆元年	林嘌 林光世	光绪《海阳县志》卷6《舆地略·水利》
三利溪	潮州	元祐年间	王涤	乾隆《潮州府志》卷20《堤防志》
蔡仙圳	潮州大埔	开禧元年	蔡仙	民国《大埔县志》卷10《民生志上》
苏村堤、随龙堤	惠州博罗	淳祐中	王亘	嘉靖《惠州府志》卷5《地理志》
苏公堤	惠州归善	绍圣中	苏轼	嘉靖《惠州府志》卷5《地理志》
丰湖堤	归善	治平三年	陈偁	雍正《广东通志》卷39《陈偁传》
东湖	归善	治平年间	陈偁教民以牛车汲水溉田	道光《广东通志》卷115《山川略·水利》
随龙陂	归善	淳祐中		道光《广东通志》卷115《山川略·水利》
灵溪陂	惠州海丰		柯煜	民国《福建通志·列传·宋三》
柳塘	循州龙川	端平二年	朱挺	嘉靖《惠州府志》卷5《地理志》
罗格围	广州南海	真宗时		郭棐《广东通志》卷46
桑圆围	南海	徽宗时		郭棐《广东通志》卷46
吉赞横基	南海	徽宗时		郭棐《广东通志》卷46
泮塘	南海			《大德南海志·辑佚》
活龙塘	南海			《大德南海志·辑佚》
东江堤	广州东莞	元祐三年至淳祐元年	李岩创筑，后范友仁、陈庆远、赵兴迈、赵善鄘相继重修	嘉庆《东莞县志》卷13《水利》
咸潮堤	广州东莞	元祐四年	李岩	嘉庆《东莞县志》卷13《水利》
西湖堤	广州东莞	淳祐元年	赵善鄘	嘉庆《东莞县志》卷13《水利》
牛过蓢堤	东莞	宝祐间	杨公顺	嘉庆《东莞县志》卷13《水利》
王家渠	东莞		王鳌石	嘉庆《东莞县志》卷13《水利》
南濠	广州香山	乾道七年	梁益谦	雍正《广东通志》卷39《梁益谦传》
白水塘	广州从化			道光《广东通志》卷115《山川略·水利》
凌陂	南雄保昌	天禧中	凌皓创修， 嘉定中黄庶修复	《直隶南雄州志》卷10《水利志》

工程名称	地点	时间	主持者	文献出处
连陂	南雄	崇宁初	连希觉创修，嘉定中黄庶修复	《直隶南雄州志》卷10《水利志》
李陂	南雄始兴	庆历间		嘉靖《始兴县志》卷上《陂塘》
石渠	韶州乐昌	淳熙中	邹非熊	嘉靖《广东通志》卷48《邹非熊传》
车陂	连州	熙宁年间	杜靖国	《西塘集》卷3《连州重修车陂记》
楞伽峡	连州	嘉定十年	李华	雍正《广东通志》卷39《李华传》
观陂	连州	嘉定三年	唐海	道光《广东通志》卷119《山川略·水利》
鹅冈陂	连州	政和七年	唐必兴	道光《广东通志》卷119《山川略·水利》
榄江堤	肇庆高要	至道二年	彭达甫	崇祯《肇庆府志》卷18《水利志》
金西堤	高要	至道二年	谭源辅	崇祯《肇庆府志》卷18《水利志》
罗安堤	高要	至道二年	罗隐孙	崇祯《肇庆府志》卷18《水利志》
横桐堤	高要	至道二年	谭源辅	崇祯《肇庆府志》卷18《水利志》
大演堤	高要	咸淳八年	陆原	崇祯《肇庆府志》卷18《水利志》
长赤围	高要	至道年间		郭棐《广东通志》卷46
盆塘围	高要	至道年间		郭棐《广东通志》卷46
香山围	高要	至道年间		郭棐《广东通志》卷46
竹洞围	高要	至道年间		郭棐《广东通志》卷46
腰古围	高要	至道年间		郭棐《广东通志》卷46
泽沛陂	鹤山		林梦良	道光《广东通志》卷117《山川略·水利》
白蟮坑	新州	熙宁中	梁立则	雍正《广东通志》卷39《梁立则传》
梓潼围	新州			新修《新兴县志》第598页
辣达堤、北宿堤	南恩州			崇祯《肇庆府志》卷18《水利志》
晋康江堤	德庆府		赵汝儆	民国《福建通志·循吏传·宋二》
万顷洋田灌溉工程	海康遂溪	绍兴间—嘉熙中	胡簿、何庾、戴之邵、张琮、赵希吕、薛直夫、孟安仁等	《雷州府志》卷2《地里志》
西湖堤	海康	绍兴间、乾道间	何庾、戴之邵	道光《广东通志》卷118《山川略·水利》
那耶陂	海康	宝祐四年	孟安仁	嘉庆《雷州府志》卷2《地里志·水利》
穷源陂	海康	宝祐四年	孟安仁	嘉庆《雷州府志》卷2《地里志·水利》
象骨塘	海康	咸淳间		嘉庆《雷州府志》卷2《地里志·水利》

工程名称	地点	时间	主持者	文献出处
那崔塘	海康	治平四年	颜同翁	嘉庆《雷州府志》卷2《地里志·水利》
徒林塘	海康	治平间		嘉庆《雷州府志》卷2《地里志·水利》
那多末塘	海康	元符间		嘉庆《雷州府志》卷2《地里志·水利》
石奇塘	海康	宝祐四年	孟安仁	嘉庆《雷州府志》卷2《地里志·水利》
那蕴塘	海康	嘉祐间		嘉庆《雷州府志》卷2《地里志·水利》
柯四苟塘	海康	治平四年	柯四苟	嘉庆《雷州府志》卷2《地里志·水利》
都悲塘	海康	宝祐间		嘉庆《雷州府志》卷2《地里志·水利》
勤南塘	海康	天禧间		道光《广东通志》卷118《山川略·水利》
椰子塘	海康	宝祐四年	孟安仁	嘉庆《雷州府志》卷2《地里志·水利》
古州塘	遂溪		俞冷	嘉庆《雷州府志》卷2《地里志·水利》

东莞运河

从上表可以看出，宋代兴修的水利工程主要集中于沿海地区的潮州、珠江三角洲（包括西江三角洲）和雷州半岛，而在粤北北江流域的连州和南雄州也有一些零星分布。其中规模较大者，要数潮州的南北堤、新溪涵、三利溪，东莞的东江堤、咸潮堤，雷州的万顷洋田灌溉工程和南雄州的连陂、凌陂。

水利工程的大规模兴修，标志着人类抗御自然灾害能力的提高和当地农业生产的进步，但是也不可一概而论。如唐朝时，连州、韶州、辩州（宋代属化州）、潘州（宋代属高州）、西江中游的封州、康州和广州附近地区都是广东重要的农垦区。[①]至宋代，上述这些地区水利兴修并不显著，如果凭此就妄下断言，说这些地区农业落后，往往容易走进误区。

宋代西江流域的水利工程主要集中于下游的肇庆高要境内，珠江三角洲地区则主要集中于沿海地区的东莞、香山一带，潮汕

① 广东历史地图集编辑委员会：《广东历史地图集》之《唐代广东经济示意图》，广东地图出版社1995年版，第52页。

平原则主要集中于滨海的澄海县，雷州半岛的水利工程则集中于海边的海康县。这些地区恰好是南宋时期广东人口增长较为迅速的地区，为了缓解人地矛盾，有必要开发新的土地；同时也是广东从山区向沿海发展经济格局发生变动的必然结果。这些新开辟的地区，加上先前已经有所发展的地区，标志着宋代广东农业发展范围进入前所未有的广度。

叁

技与器

新式便利农具——秧马，人跨坐其上，脚蹬滑行，可减轻劳动强度。在惠州，苏轼把秧马式传授给博罗县令林抃，“林君喜甚，躬率田者制作阅试”，“今惠州民皆已施用，甚便之”。经进一步改良后，苏轼又把秧马式传授给龙川县令翟东玉，秧马进一步传播到了循州。此后，秧马就在广东得到了广泛的使用。南宋时，洪适曾在广州作诗道：“抚字心劳歌匝野，卖剑归来不带牛，携锄竞去寻秧马。”刘克庄曾在广东为官，亦有诗道：“秧马从今渐可行，林鸠未好便呼晴。敢云使者乘轺传，聊为君王式耦耕。”

秧马图

宋代广东农业生产水平的发展不仅体现在水利工程的数量较多、范围较广，也体现在兴修水利时普遍采用的先进工程技术。正如上文所指出的那样，雷州万顷洋田灌溉工程不只是单单的修堤或引渠，而是集筑堤、开渠、挖塘、设闸、造桥等配套设施于一体，是设计完备的综合水利灌溉工程。这种综合工程技术含量很高，堤坝有束水的作用，但是还必须有涵沟通过堤坝，将水引出来，然后在水渠的导引下，与堰塘相连，对沿途的农田进行排灌；而堤坝上的涵沟不能一直敞开，必须辅之以关闸斗门，溢则渲泄，旱则灌溉，免旱涝之忧。同时，这种关闸斗门还有保持堤坝两边水位、让船只通行的作用。[①]

像这种采用关闸斗门、明渠暗沟的综合水利工程，除雷州万顷洋田水利工程外，还有惠州丰湖之堤，“中置水门备潦”。[②]潮州南北堤“涵沟一十有六，凡有溢，则自涵引水入沟泄于海”。[③]

宋代广东的水利工程主要以土堤为主，如珠江三角洲的围、基和堤。同时也出现了一些石砌渠堤，在一些地区还出现了起分杀水势作用的石矶。[④]如潮州南北堤，“有石矶三十有二，排狂澜以护堤”。[⑤]石矶，即在上流所筑的石坝，以减少水力对堤

① （元）王祯：《农书》卷一八《灌溉门·水闸》，中华书局1956年版，第353页。

② （清）（清）郝玉麟等监修，鲁曾煜等编纂：《（雍正）广东通志》卷三九《名宦志·陈偁》，景印文渊阁《四库全书》本。

③ （明）郭春震纂修：《嘉靖潮州府志》卷一《地理志·上中下外莆堤》，《日本藏中国罕见地方志丛刊》第1册，书目文献出版社1990年影印本。

④ （清）周硕勋纂修：《乾隆潮州府志》卷二〇《堤防志·海阳县·按语》，《中国地方志集成·广东府县志辑》第24册，上海书店出版社2003年影印本。

⑤ （清）周硕勋纂修：《乾隆潮州府志》卷二〇《堤防志·澄海县·上中下外都堤》，《中国地方志集成·广东府县志辑》第24册，上海书店出版社2003年影印本。

岸的直接冲击。对于石矶，后人评价道："堤以障水，而矶以护堤。堤无矶，犹无堤也。故兴水利者，必堤与矶佥举，而功乃成。"[①]矶堤结合，大大提高了堤坝的抗洪能力。

一些汲水浇灌高地的工具也在广东得到迅速推广。一般来说，如果水在上而田在下，则只需要修渠引导进行灌溉就可以了。但是"若田高而水下，则设机械用之，如翻车、筒轮、戽斗、桔槔之类，挈而上之；如地势曲折而水圆，则为槽架、连筒、阴沟、浚渠、陂栅之类，引而达之"。[②]据载，开禧年间（1205—1207年），仁化令肖鳞因"岁旱，教民作辘轳车水灌田，农受其利"。[③]

北宋时，知惠州陈偁因"岁旱，教民以牛车致水入东湖溉田"。[④]所谓的牛车就是牛转翻车，《农书》记载："牛转翻车，如无流水处用之。其车比水转翻车卧轮之制，但去下轮，

牛转翻车

① （清）周硕勋纂修：《乾隆潮州府志》卷二〇《堤防志·海阳县·海阳绅士公勒创筑江东都石矶碑》，《中国地方志集成·广东府县志辑》第24册，上海书店出版社2003年影印本。

② （元）王祯：《农书》卷三《农桑通诀·灌溉篇第九》，中华书局1956年版，第26页。

③ （清）阮元修，陈昌济等纂：《道光广东通志》卷二四〇《宦迹录十·肖鳞》，上海古籍出版社1990年影印本。

④ （清）郝玉麟等监修，鲁曾煜等编纂：《（雍正）广东通志》卷三九《名宦志·陈偁传》，景印文渊阁《四库全书》本。

水转翻车

置于车傍；岸上用牛拽转轮轴，则翻车随转，比人踏功将倍之。”①

苏轼安置惠州时，曾经向知广州兼广南东路经略安抚使王古建议引蒲涧水入广州，解决城中饮水问题。该项工程综合使用架槽和连筒的汲水技术，“蒲涧山有滴水岩，水所从来高，可引入城，盖二十里以下耳。若于岩下作大石槽，以五管大竹续处，以麻缠之，漆涂之，随地高下，直入城中。又为一大石槽以受之，又以五管分引，散流城中，为小石槽以便汲者。”苏轼还考虑到竹竿堵塞和废坏的问题，向王古建议“每竿上，须钻一小眼，如

① （元）王祯：《农书》卷一八《灌溉门·牛转翻车》，中华书局1956年版，第366页。

秧马工具

绿豆大，以小竹针窒之，以验通塞。”[①]连筒和架槽工程大，技术要求高，“连筒，以竹通水也。凡所居相离水泉颇远，不便汲用，乃取大竹，内通其节，令本末相续，连延不断；阁之平地，或架越涧谷，引水而至。又能激而高起数尺，注之池沼及庖湢之间。如药畦蔬圃，亦可供用。”“架槽，间有聚落，去水既远，各家共力造木为槽，递相嵌接，不限高下，引水而至。”[②]

秧马——新式便利农具，人跨坐其上，脚蹬滑行，可减轻劳动强度。在惠州，苏轼把秧马式传授给博罗县令林抃，“林君喜甚，躬率田者制作阅试”，“今惠州民皆已施用，甚便之”。[③]经进一步改良后，苏轼又把秧马式传授给龙川县令翟东玉，[④]秧马进一步传播到了循州。此后，秧马就在广东得到了广泛的使用。南宋时，洪适曾在广州作诗道：“抚字心劳歌匝野，卖剑归来不带牛，携锄竞去寻秧马。”[⑤]刘克庄曾在广东为官，亦有诗道：“秧马从今渐可行，林鸠未好便呼晴。敢云使者乘轺传，聊

① （清）王文诰辑注，孔凡礼点校：《苏轼文集》卷五六《与王敏仲之十一、之十五》，中华书局1986年版，第1692—1693页、第1695页。
② （元）王祯：《农书》卷一八《灌溉门·架槽》，中华书局1956年版，第378页。
③ （清）王文诰辑注，孔凡礼点校：《苏轼文集》卷六八《题秧马歌后》，中华书局1986年版，第2152页。
④ （清）王文诰辑注，孔凡礼点校：《苏轼文集》卷六八《题秧马歌后》，中华书局1986年版，第2152页。
⑤ （宋）洪适：《盘洲文集》卷六八《广州缓带堂上梁文》，四部丛刊初编本。

为君王式耦耕。”①

碓

此外，宋代广东水稻高产，已经开始使用碓这种舂谷设备。其方法是：掘地安放石臼，上架木杠，杠端装杵或缚石，用人力或水力牵动木杠，使杵起落，脱去谷粒的皮，或者把米舂成粉。苏轼贬谪惠州时，游览博罗香积寺，看到“三山犬牙，夹道皆美田，麦禾甚茂。寺下溪水可作碓磨，若筑塘百步，闸而落之，可转两轮，举四杵也”，于是“属县令林抃，使督成之”。②

广东在历史上曾经有一些陋俗，如民间“以巫为医，以牛为药”，“病不饮药，但杀牛以祷，富者至每杀十数牛”，以至于“人、牛皆死而后已”③。而到了宋代，在许多地方官员和谪宦流人的倡导下，这种陋俗得以改变。如郑敦义，绍圣年间（1094—1098年）以乡荐知潮阳，时官市牛皮急，敦义因上书

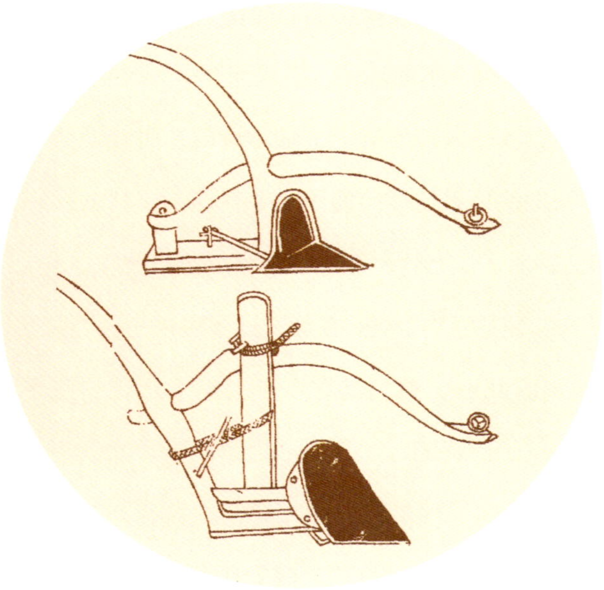
传统农具犁

① （宋）刘克庄：《后村先生大全集》卷一二《次韵李仓春一首》，四部丛刊初编本。

② （清）王文诰辑注，孔凡礼点校：《苏轼诗集》卷三九《游博罗香积寺并序》，中华书局1982年版，第2111—2112页。

③ （清）王文诰辑注，孔凡礼点校：《苏轼文集》卷六六《书柳子厚牛赋后》，中华书局1986年版，第2058页。

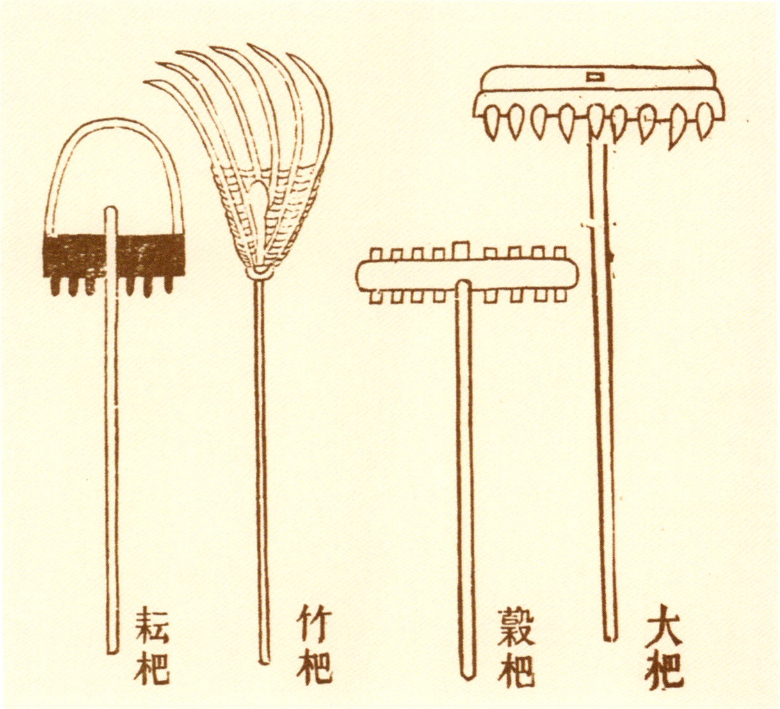

杷

言："牛，农所资也。吏今急之，窃恐小民将无以耕。"书奏为罢市皮之令。又有绍兴年间（1131—1161年）知新州黄勋，"课民耕犊，使上其数于官。自是，一郡无敢私杀牛者。"林一鸣，绍兴年间（1131—1162年）知惠州，"为文谕民力学种麦，垦荒田，修陂塘，去丧乐，禁屠牛"，对私屠者严加惩治。[1]正是在地方官员的大力宣谕、倡导和督促下，广东杀牛祭鬼的风气有所好转，牛耕也进一步推广开来。

① （清）郝玉麟等监修，鲁曾煜等编纂：《雍正广东通志》卷三九《名宦志》，景印文渊阁《四库全书》本。

第五章 工场创新

潮阳山水东南奇，鱼盐城郭民熙熙。
当时为撰玄圣碑，而今风俗邹鲁为。

——（宋）陈尧佐《送潮阳李孜主簿》

珍藏在广东海上丝绸之路博物馆的“南海Ⅰ号”，是迄今为止保存最完整的宋代古船，发现23年，探查6年，打捞9个月。从2002年到2007年底，从方案论证到具体实施，“南海Ⅰ号”实现震惊世界的整体打捞行动，在中国水下考古史上写下光辉一页，更让人得以目睹那个时代那个世界最好的造船业和航海技术：大型海船载重500—600吨，搭乘500—600人，从东北亚的日本、高丽，到东南亚各地和印度沿海，乃至波斯湾和东非各港口，都曾有宋代中国、宋代广东海船的身影。

“南海Ⅰ号”室内发掘现场

宋代是中国传统手工业的辉煌时期，广东地区则以矿冶、制盐、造船、陶瓷、纺织等最为著名。其中，矿冶、盐业、造船三个行业居全国先进行列，最能够代表当时广东的生产力发展水平。发达的手工业不仅给陈尧佐笔下的潮州带来繁荣，也给当地的人文风俗带来新气象。

不过，包括广东在内的整个岭南地区的手工业向来不为人们所重视。叶少明先生指出，宋代岭南经济发展的总体水平不是很高，“但手工业的某些行业在全国范围内仍是处于较先进的地位”。恰如波澜壮阔的古代中国航海交响曲，尽管曾在历史深处戛然而止，而“南海Ⅰ号”依旧能让人从中读出宋代手工业千年不衰的绝代风华。

广东海上丝绸之路博物馆

壹

坑流窟发钱涌地

韶州岑水场是宋代广东最著名的铜矿场。岑水场始建于宋仁宗庆历七年（1047年），当时是银场。该场真正产铜是在至和二年（1055年）。是年，宋仁宗“诏三司，韶州岑水场铜大发，其令转运司益募工铸钱。”此后20多年，岑水场铜的产量迅猛增长，成为全国三大铜场之一。最令人瞩目的是在宋神宗元丰元年（1078年），该场以年产12808430斤（含附近一小矿中子场产量）高居全国第一。而当时全国铜产总量为14605969斤，即岑水场这一年的铜产量占全国总产量的近90%，规模为当时翘楚。“四方之人弃农亩、持兵器，慕利而至者，不暇十万。”

唐代岭南地区的矿冶业已得到一定程度的发展，据《新唐书·地理志》载，广东已有金、银、铜、铁、锡等矿冶，主要的产区有广州等14处。

宋代岭南地区矿产的开发甚为突出，所谓“坑冶之利，二广为最”。“广南、福建最是产铜去处。”[①]综合宋代的史料记载，广东各类矿产的主要治所有：

金：南恩州。

银：韶州、广州、英州、春州、端州、康州、新州、梅州、潮州、封州、高州等。

铜：英州、韶州、广州。

铁：英州、梅州、连州、广州、端州、潮州。

铅：连州、英州、春州、韶州、广州、惠州、循州、南恩州、端州。

锡：潮州、循州、广州、惠州、韶州、南恩州、康州、连州、高州等。[②]

其中，广东铜矿业真正得到发展是在宋代，而广东也是在宋代成为当时全国最主要的铜产区，曲江的岑水、中子、天兴、阳山铜坑，浈阳礼平等铜场都有相当的规模，而韶州的岑水场是宋代广东最著名的铜矿场。

历史小知识

省佰

“佰”与“陌”“百”通，即一百文钱。钱足百数称足佰或足钱，亦称十十钱，简称“足”。中唐以后，钱币缺乏，以不足一百之数充作百文行使，官府先后规定以八十五、八十或七十七钱为佰。宋初官用亦以八十或八十五为佰，私用则随其俗，有以四十八钱为佰者。太平兴国二年（997年）规定以七十七钱为佰，称为省佰或省钱，简称“省”。

① （清）黄以周辑注，顾吉辰点校：《续资治通鉴长编拾补》卷二五，徽宗崇宁四年七月，中华书局2004年版，第845页。

② 据（清）徐松辑：《宋会要辑稿》、（元）脱脱：《宋史·食货志/地理志》、（元）马端临：《文献通考》、（宋）乐史：《太平寰宇记》、（宋）王存：《元丰九域志》。

岑水场始建于宋仁宗庆历七年（1047年），当时是银场。该场产铜是在至和二年（1055年）。是年，宋仁宗“诏三司，韶州岑水场铜大发，其令转运司益募工铸钱。”[①]此后20多年，岑水场铜的产量迅猛增长，很快成为全国三大铜场之一。

最令人瞩目的是在宋神宗元丰元年（1078年），该场以年产12808430斤（含附近一小矿中子场产量）高居全国第一。[②]而当时全国铜产总量为14605969斤，也即岑水场这一年的铜产量占全国总产量的近90%，规模为当时翘楚。“四方之人弃农亩、持兵器，慕利而至者，不暇十万。”[③]

宋仁宗皇祐年间（1049—1054年），全国“铜五百一十万八百三十四斤”，元丰元年（1078年）为“千四百六十万五千九百六十九斤”，[④]而韶州皇祐二年（1050年）收购近600万斤铜，韶州皇祐时的收购量相当于皇祐前全国的总收购量。[⑤]

宋代从皇祐至元丰二十多年间铜总收购量的急剧上升，无疑与韶州铜冶业的长足发展有着直接关系。如果韶州收购的600万斤铜相当于韶州全年的产量，比较全国的铜产量，其比例是相当惊人的，宋前期全国一年一般产铜在700万斤左右，最盛当在2000万斤左右，[⑥]韶州最初的产量就为宋代最高产量的30%左右。

韶州永通监的设立，就是因为“韶州天兴铜大发，岁采二十五万斤，诏即其州置永通监”；[⑦]另外，外州铸钱原料来自韶州铜产，也可概见韶州铜冶业的发达。陕西兴置年铸钱百万的钱监，也是采买岑水场铜铅。广东另一铸钱大监惠州阜民监铸

① （宋）李焘：《续资治通鉴长编》卷一七九，至和二年三月癸未，中华书局2004年版，第4326页。

② （清）徐松辑：《宋会要辑稿·食货》三四之二〇，三三之一二，中华书局1957年影印。

③ （宋）余靖：《武溪集》卷五《韶州新置永通监记》，《北京图书馆古籍珍本丛刊》第85册，书目文献出版社1998年版。

④ （元）脱脱：《宋史》卷一八五《食货下七》，中华书局1977年版，第4525、4526页。

⑤ （宋）余靖：《武溪集》卷五《韶州新置永通监记》，《北京图书馆古籍珍本丛刊》第85册，书目文献出版社1998年版。

⑥ （宋）李心传撰，徐规点校：《建炎以来朝野杂记》甲集卷一六《铜铁铅锡坑冶》、《东南诸路增损兴废本末》，中华书局2000年版，第354—356页；及（宋）王应麟：《玉海》卷一八〇《食货·钱币·咸平铸铁使》，江苏古籍出版社1987年影印本。

⑦ （元）脱脱：《宋史》卷一八〇《食货下二》，中华书局1977年版，第4382页。

钱，“专给岑水场市铜之费”。[1]永通监在当时是国内的第一大铸钱监，规模宏大，分工精细，铸钱量非常可观。据《文献通考》记载，宋神宗元丰年间，永通监铸钱80万贯，阜民监70万贯。元丰间全国共铸钱506万贯，[2]广东两铸钱监就共铸150多万贯，约占1/3。苏轼路经岑水场时发出“坑流窟发钱涌地”的赞叹，正是韶州铜冶及铸钱业发达的真实写照。[3]

在岑水场大发展的基础上，宋徽宗崇宁间（1102—1106年）岑水场监官苏坚，请求升岑水场为县。宣和三年（1121年）徽宗批准以岑水场析曲江及翁源地置建福县。[4]一个矿场设立一个县，这在我国古代是极为少见的，足见宋朝政府对岑水场的重视，也反映了岑水场的兴盛。

由于铜是铸钱的主要原料，因此，宋朝廷多次发布命令，严禁私人采铜铸铜。广东铜的开采、流通、使用都是在政府的直接控制下进行的。

阳春孔雀石

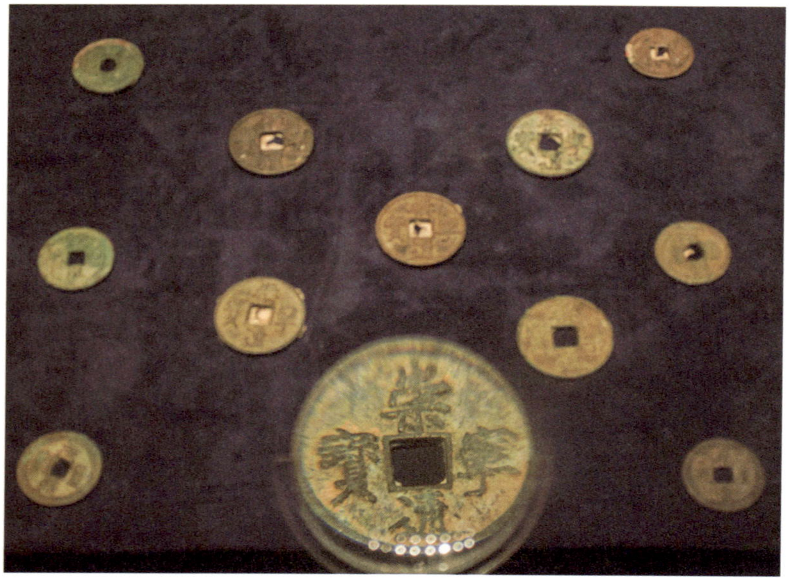

宋代铜钱

① （宋）王应麟：《玉海》卷一八〇《食货·钱币·开宝钱监》，江苏古籍出版社1987年影印本。

② （元）马端临：《文献通考》卷九《钱币二·历代钱币之制》，浙江古籍出版社2000年影印本。

③ （清）王文诰辑注，孔凡礼点校：《苏轼诗集》卷三八《月华寺》，中华书局1982年版，第2060页。

④ （清）徐松辑：《宋会要辑稿·方域》七之一三。另见（元）马端临：《文献通考》卷三二三《舆地考九·韶州》，浙江古籍出版社2000年影印本。（宋）李攸：《宋朝事实》卷十九《升降州县二·广南东路》，中华书局1955年版，第507页，记“崇宁元年（1102年）”。

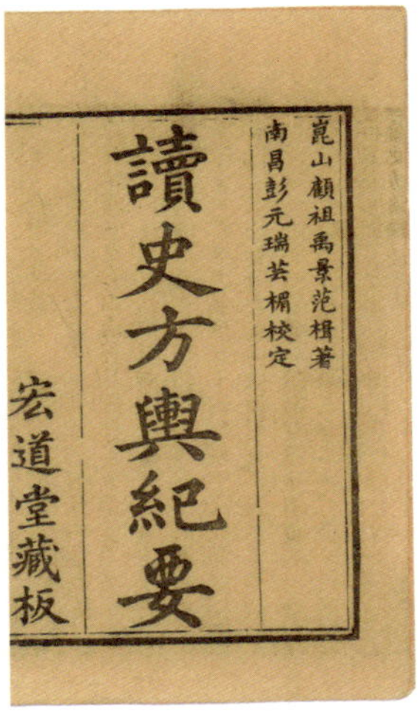
崑山顧祖禹景范甫著
南昌彭元瑞芸楣校定
讀史方輿紀要
宏道堂藏板

《读史方舆纪要》书影

宋代广东铜产量的持续大量产出，与矿区普遍采用了胆水浸铜法密切相关。胆水浸铜法，亦称湿法冶铜，是把铁置于胆矾水（硫酸铜溶液）中，使胆矾水中的铜离子被铁所替代，成为单质沉淀下来的一种冶金方法，其法“以生铁锻成薄片，排置胆水槽中，浸渍数日，铁片为胆水所薄，上生赤煤，取刮铁煤，入炉三炼成铜。大率用铁二斤四两，得铜一斤”。[①]用此种方法得铜一斤的成本为50钱。另外还有一种是用矿床表面的胆土加水煎铜，成本约为80钱。

胆水浸铜法的推广一开始并不顺利。宋仁宗景祐年间（1034—1038年），三司度支判官许申曾建议：“以药化铁成铜，可以铸钱”，[②]结果“卒无成功”。[③]宋哲宗元祐初年（1086年）苏辙任户部侍郎，有一商人自称有“能以胆矾点铁成铜”，“令试斩马刀，厥后竟不成。”[④]后“饶之张潜，通方伎，得变铁为铜之法，使其子诣阙献之，朝廷行之。潮之兴利、韶之岑水、潭之永兴，皆其法也。”[⑤]至宋哲宗元祐末年（1094年），已发现有应用胆水浸铜三十多处，包括韶州、德兴等地。[⑥]

汉代时岭南已普遍使用铁器，但并无冶铁遗迹。史籍上记载，岭南冶铁业始于东晋。《晋书·庾翼传》载：“时东土多赋役，百姓乃从海道入广州，刺史邓岳大开鼓铸，诸夷因此知造兵器。”南汉时，广州的铜铁匠便能用铜铸造南汉主的肖像，用铁铸造铁塔。今天广州光孝寺和梅州还存有南汉时岭南铁工所铸造的铁塔。[⑦]

经过数百年的探索和发展，到了宋代，广东地区冶铁业有了长足进步。北宋时有铁场11处，分布于番禺、仁化、翁源、清

① （元）脱脱：《宋史》卷一八〇《食货下二》，中华书局1977年版，第4394页。（清）顾祖禹编著：《读史方舆纪要》卷八五《广信府·铅山县·锁山门》，中华书局1955年版，第3619页，相关记载是：“各积水为池，随地形高下深浅，用木板闸之，以茅席铺底，取生铁去碎，入沟排砌，引水通流浸染，候其色变，煅之则为铜”。又（宋）张端义：《贵耳集》卷下，景印文渊阁《四库全书》本，记载：“韶州岑水场以卤水浸铜之地，会百万斤铁，浸二十万铜。”铜铁比例稍有不同。

② （元）脱脱：《宋史》卷二九九《孙祖德传》，中华书局1977年版，第9928页。

③ （元）脱脱：《宋史》卷一八〇《食货下二》，中华书局1977年版，第4380页。

④ （宋）苏辙：《龙川略志》卷五《不听秘法能以铁为铜者》，中华书局1982年版，第27页。

⑤ （宋）王象之：《舆地纪胜》卷九〇《韶州·古迹》，中华书局1992年版。

⑥ （清）徐松辑：《宋会要辑稿·食货》三四之二五，中华书局1957年影印。

⑦ 花城出版社编：《广东风物志》，花城出版社1985年版，第31、146页。

远、高要、阳春、程乡、归善等地。另曲江一处铁场，有十几座圆形冶铁炉，为史志所失载。[①]宋神宗元丰元年（1078年），广东铁的产量约为5.3万斤，到宋徽宗政和六年（1116年），铁场坑冶增至92处，收铁289万斤，猛增50倍以上。[②]

宋代广东出产的铁多用于铸钱。宋神宗初年因铜钱不足，曾令广南两路用本地铁铸小钱于本地流通。后来，铁又作为水法冶铜的原料。除此之外，铁还用于制造工艺品、日常器物等。雷州铁工打制的茶碾、汤瓯、汤匮等，与福建茶乡所造的茶具不相上下。而广东地区生产出的“薄几类纸，无穿破，凡器既轻，且耐久”的铁器品种齐全，类型各异，被誉为天下美材，并被带到江浙一带。[③]

银的生产一度也较为发达。据《宋史》记载，全国银有三监五十一场。[④]《元丰九域志》记载北宋广东的银场，粗略统计，有一监十九场，分别是：广州清远大富一银场，怀集大利一银场，东莞香山崖二银场，韶州曲江灵源、石膏、岑水三银场，翁源大湖一银场，乐昌伍注、黄坑二银场，循州兴宁夜明一银场，潮州海阳强丰济一银场，连州桂阳同官一银场，端州高要沙利一银场，梅州程乡乐口一银场，英州真阳钟峒一银场，浛光贤德、尧山、竹溪、师子四银场，惠州归善西平、流坑二银场，高州电白高北一银监。[⑤]从上述记载看，当时广东境内东西南北均有银场分布。

北宋时广东银坑多，银价低，“每两不过六七百文”。南宋时银场多废，银价暴涨，“达至每两三贯陌”。

《湟川志》保存有南宋乾道（1165—1174）年间广东提刑

① 曾广亿：《广东发现古代冶铁遗址》，《光明日报》1962年3月30日。

② （清）徐松辑：《宋会要辑稿·食货》三四之一四，中华书局1957年影印本；（元）脱脱：《宋史》卷一八〇《食货下·七》，中华书局1977年版，第4528页。

③ ［日］斯波义信著，庄景辉译：《宋代商业史研究》第2、3章，稻禾出版社1997版。

④ （元）脱脱：《宋史》卷一八五《食货下七》，中华书局1977年版，第4523页。

⑤ （宋）王存撰，王文楚、魏嵩山点校：《元丰九域志》卷九《广南路》，中华书局1984年版，第407—439页。

宋代矿产分布图

廖颙《上供银表》，提到广东五州（韶、连、惠、英、南雄）上供银额最重，“韶、连、惠三州，各八千两。英、南雄两州，各三千六百两。”[①]原因是在宋徽宗大观（1107—1110年）年间，“五州境内各有银坑发泄，银价低少，每两只六百或七百文，易于买纳”。五州上供银额共31200两，按当时市价，就需钱93600缗（贯）。由于北宋的银额是根据当时的银产量征收的，因此，从这些数字上，我们可以看出北宋时广东，尤其是粤北地区银矿业的发达程度。

宋高宗绍兴（1131—1161年）后，广东银本钱“计钱十五万缗，例系分下诸州买银”，实际发下的却只有五万缗，五万缗买银大概只能是一万五千两多，连上述五州的银额都不够。这种情况下，必然白科于百姓，百姓“被其毒至黜妻鬻子，轻去南亩”。[②]

南宋铤银25两

① 《永乐大典》卷一一九〇七《广·广州府三·田赋·连州》，中华书局1986年影印。

② 《永乐大典》卷一一九〇七《广·广州府志三·田赋·连州》，中华书局1986年影印本。

到宋理宗后期，广南东路“各郡皆欠上供纲，而英、连、韶、雄，其欠甚夥”①。往昔的银矿产地走向衰败，固然和资源枯竭密不可分，但和当时政府对矿产品收购本钱太低也有一定关系。

铅方面，清远县钱纠一铅场，翁源大富一铅场，乐昌县太平一铅场，仁化县多宝一铅场，龙川大有一铅场，阳江一铅场，程乡石坑一铅场。宋代铅课额最多的有三个地方——连州、南剑州、韶州，其中就有两处在广东。

锡方面，新会县千岁一锡场，归善永吉、信上、永安三锡场，河源县立溪、和溪、永定三锡场，海丰县灵溪、杨安、劳谢三锡场，海阳县横冲、黄岗、锦田三锡场，康州端溪云烈一锡场，泷水罗磨、护峒二锡场，高州信宜怀德一锡场，长乐罗翊、

① （宋）吴泳：《鹤林集》卷二二《奏宽民五事状》，景印文渊阁《四库全书》本。

潮州开元寺

潮州开元寺宋代铜钟

洋头、大佐、濑湖四锡场。[①]

《宋史》记载，宋神宗元丰元年（1078年），全国锡约232万斤，铅约920万斤。[②]而广东产锡74万斤，铅320万斤，分别占全国总产量的32%和35%。[③]

金属铸造品也是大宗的出口物。《宋会要辑稿·蕃夷》四之九一记载大食国王在广州购买铜钟事。三佛齐亦曾“请就郡铸铜瓦三万斤”，“舶司得旨，令泉广二州守臣监造付之。”[④]潮州开元寺至今仍遗存有一口宋徽宗政和四年（1114年）潮州铸造的铜钟，重3000余斤。而因岑水场矿工技艺的精良，宋哲宗绍圣元年（1094年），蔡京曾主张招募岑水等南方铜场良工到陕西商、虢等州去筹建矿冶工场，择地兴建冶铜炉，把技术传授给陕西工匠。[⑤]

长期大规模的开采矿产，使宋代广东矿冶业的技术水平在全国处于领先地位。

① （宋）王存撰，王文楚、魏嵩山点校：《元丰九域志》卷九《广南东路》，中华书局1984年版，第407—439页。
② （元）脱脱：《宋史》卷一八五《食货下七》，中华书局1977年版，第4526页。
③ 子月：《岭南经济史话》上卷，广东人民出版社2000年版，第196页。
④ （宋）楼钥：《攻媿集》卷八八《敷文阁学士宣奉大夫致仕赠特进汪公行状》，四部丛刊初编本。
⑤ （元）脱脱：《宋史》卷一八五《食货下七》，中华书局1977年版，第4526页。

岑水场矿工掌握了丰富的采掘知识和防范各种自然灾害的方法。开采的深度达七、八十丈。矿工们认识到在采矿时有毒气（一氧化碳）的产生，并摸索出一套防御方法，即“有冷烟气冲人即死。役夫掘地而入，必以长竹筒置火先试之，如火焰青，即是冷烟气也，急避之勿前，乃免”。还知道采矿时会有“地火”（气体燃烧，可能为瓦斯）出现，也掌握了应变之法：“有地火自地中出，一出数百丈能燎人，役夫亟以面合地，令火自背而过。”①

当然，这些经验的取得颇不容易。广大矿工的劳作强度和风险系数是非常高的。贵为天子的宋真宗也看到了这一点，故有大中祥符二年（1009年）的“遣使分诣河东、江浙、广南路银铜坑冶，抚视役夫，悯其劳”之举。②

如果将两宋时期广东矿冶业相比较的话，显然，北宋时期的发展状况要大大好于南宋时期。这其中除了矿产资源本身的枯竭

冶炼图

①（清）邓淳：《岭南丛述》卷四《舆地下·地火》，道光十年（1830年）刻本。

②（宋）李焘：《续资治通鉴长编》卷七一、大中祥符二年四月癸丑，中华书局2004年版，第1605页。

外，很重要的一点就是政府本身的作为。

“北宋时期政府提供的矿冶业本钱数额常年以来至少在数十万贯以上。矿冶业本钱大多直接以货币的形式拨往各地，进行收买。特别是宋神宗时期，仅提点司提供的本钱就高达175万贯。正是由于当时政府提供了巨额资金，宋代的矿业开采才能够在宋神宗时期达到鼎盛阶段。而南宋相当长的时期内本钱仅十几万贯，压价收买或白科现象十分严重。尤其是在宋高宗时期，旧有的矿产品本钱发放制度已被破坏，铸钱额锐减，入不敷出，除了从地方财政收入中搜刮外，宋政府只能依靠临时调拨度牒、茶引或开辟其他财源的办法调剂资金，苟且变换支付。在这种局面下，南宋矿冶业的开发必然呈现出倒退与停顿的趋势。”[①]

历史小知识

禁榷制度

是我国古代对某些重要商品实行政府专卖的制度，从春秋时期一直持续到清朝中叶。宋代禁榷制度得到强化，朝着更细密化的方向发展，主要商品如盐、酒、茶、药、香料、矾、铁、铜、锡、铅、醋等，均在禁榷之列。禁榷制度增加了中央财政收入，有助于巩固中央集权，但在一定程度上阻碍了商品经济的发展。

① 王菱菱：《宋政府的矿产品收买措施及其效果》，《中国史研究》2000年第2期。

贰

万灶晨烟熬白雪

宋孝宗时户部侍郎叶衡奏曰：“今日财赋，鬻海之利居其半。”《宋会要辑稿》明确记载：“广南东、西路煮海之饶，为国大利。”广东盐场规模较大，如潮州的小江、招收、隆进三场，盐额都超万石，元明清三代俱沿袭宋时三场的名称。陈尧佐的“潮阳山水东南奇，鱼盐城郭民熙熙”和王安中的“万灶晨烟熬白雪”的诗句，形象地描绘了宋代广东盐业生产的盛况，也反映出盐业在当地经济中的重要地位。

盐场夕照

由于地理之便，广东的盐业一直比较发达。据《汉书》记载，汉武帝平定南越后，就在南海郡的番禺和苍梧郡的高要各置一处盐官。[①]当时，东南沿海地区除此两处外，仅有浙江海盐置有盐官。六朝时期，广东的盐业继续发展，并置有司盐都尉。据《隋书》记载，当时岭南诸州"多以盐米布交易，俱不用钱"[②]。

宋代的盐产和盐钱的收入，不仅是当时官僚专制统治赖以存在的物质支柱，也是维系自然经济基础的重要因素。即人们所说的："岁入之多，自两税之外，莫大于盐利。"[③]

盐场

① （东汉）班固：《汉书》卷二八下《地理志下》，中华书局1962年版，第1628、1629页。
② （唐）魏征等修：《隋书》卷二四《食货志》，中华书局1973年版，第690页。
③ （宋）章如愚：《群书考索》后集卷五六《财赋·榷盐》，书目文献出版社1992年影印本。

宋代的盐业生产包括海盐、颗盐、井盐、崖盐等，其中以海盐产量最高。

广东由于拥有漫长的海岸线，成为当时主要的海盐产区之一。“鬻海为盐，曰京东、河北、两浙、淮南、福建、广南，凡六路。”[①]宋朝平定岭南前，广南盐不受禁榷之限。[②]

从产地看，北宋元丰年间（1078—1081年）广东有十五个盐场：海丰二，归善一，东莞三，海阳三，新会六。[③]

至南宋绍兴（1131—1162年）末年，盐场分布情况是：广州领有静康、大宁、海南、东莞、春山、金斗、海晏、怀宁场，潮州领有小江、招收、隆新场，惠州领有石桥、淡水、古隆场，南恩州领有双恩、咸水场，共计盐场十七处。

广东规模较大的盐场，如潮州的小江、招收、隆进三场，盐额都超万石，元明清三代俱沿袭宋时三场的名称。陈尧佐的“潮阳山水东南奇，鱼盐城郭民熙熙”[④]和王安中的“万灶晨烟熬白雪”[⑤]的诗句，形象地描绘了广东盐业生产的盛况，也反映出盐业在当地经济中的重要地位。

关于宋代广盐的产量，戴裔煊先生《宋代钞盐制度研究》和郭正忠先生《宋代东南诸路盐产考析》给出了较为详尽的数据。从中可以看出岭南地区的盐业生产，经历了一个倒马鞍形的曲线发展过程：在宋太宗雍熙时（984—987年）盐产为5000000斤，宋真宗时（998—1022年在位）2700000斤，宋高宗时（1127—1161年在位）28137450斤，宋孝宗乾道间（1165—1173年）产量大增，为28007850斤，宋孝宗淳熙末稍有下降，为17877500斤以上。[⑥]

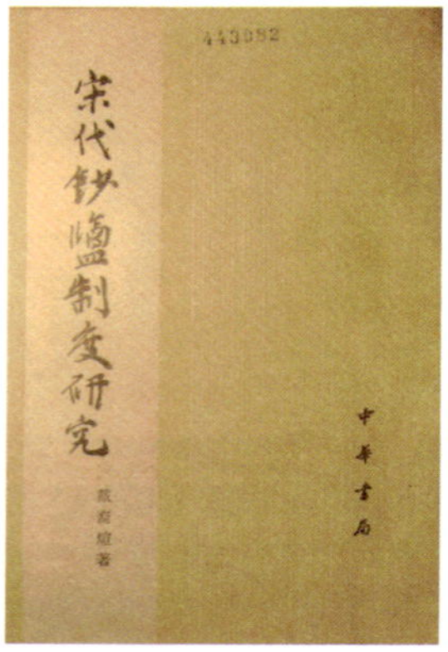

《宋代钞盐制度研究》书影

① （元）脱脱：《宋史》卷二《本纪第二》，中华书局1977年版，第33页。

② （元）脱脱：《宋史》卷一八一《食货下三》，中华书局1977年版，第4426页。

③ （宋）王存撰，王文楚、魏嵩山点校：《元丰九域志》卷九《广南东路》，中华书局1984年版，第407—439页。

④ （宋）王象之：《舆地纪胜》卷一〇〇《潮州·诗》，中华书局1992年版。

⑤ 《永乐大典》卷五三四五《潮·潮州府·题咏》引《三阳图志》，中华书局1986年影印本。

⑥ 参见戴裔煊：《宋代钞盐制度研究》，中华书局1981年版；郭正忠：《宋代东南诸路盐产考析》，《中华文史论丛》1981年第2辑。所引数据为潮、惠、南恩、广、廉、钦、高、化、雷各州总计，除钦州外均在今广东境。

海盐

宋代盐田属官府所有，招募盐户（称“亭户”或“灶户”）煮盐，对产品实行专卖。和淮浙盐与闽盐一样，由政府以支付盐本钱的方式收购。南宋初，广南盐本钱曾随着物价而提高。宋高宗绍兴三年（1133年）以前，由于“缘柴米高贵，恐亭户盘费不足，节次增添”，已经从每斤七文提到了每斤一十二文，绍兴三年，因为“所买未广”，为了提高亭户煎盐纳官的积极性，又将正额盐与额外盐，“并依两浙正盐价以一十四文足收买”。①到宋孝宗隆兴二年（1164年），“正月九日条：江淮都督府准备差遣李椿言，雷、化、高、廉四州系产盐之地，……见今收买亭户盐，每斤十八文足。”②可见盐本钱已经增加到了每斤十八文。

水涨船高，销售价更是不菲。宋神宗熙宁（1068—1077年）初，收购价为每斤5钱，销售价为每斤47钱。③盐的专卖，为政府带来了丰厚的收益。绍兴元年（1131年）三月，南恩州阳江县土生碱，募民垦之，置灶六十七，产盐七十万八千四百，收息钱三万余缗。④宋神宗熙宁十年（1077年），广东盐课503320贯521文，宋高宗绍兴八年（1138年），596000贯。在熙宁十年，光韶州府盐课收入达103290贯446文。⑤难怪宋孝宗时户部侍郎叶衡奏曰：“今日财赋，鬻海之利居其半。”⑥《宋会要辑稿》明确记载：“广南东、西路煮海之饶，为国大利。”⑦

在此期间，由于盐产量高于一般销售量，出现了十分严重的配卖现象。地方官为了扩大收益，一方面勒令亭户增加产盐量。但有时又不支付收盐钱，以致“盐户多破产”。⑧另一方面，又

① （清）徐松辑：《宋会要辑稿·食货》二四之一一，中华书局1957年影印本。
② （清）徐松辑：《宋会要辑稿·食货》二七之一四，中华书局1957年影印本。
③ （元）脱脱：《宋史》卷一八二《食货志下四》，中华书局1977年版，第4443页。
④ （元）脱脱：《宋史》卷一八三《食货志下五》，中华书局1977年版，第4467页。
⑤ 郭正忠：《中国盐业史》，人民出版社1990年版，第666、668页，据《宋会要辑稿》统计。
⑥ （元）脱脱：《宋史》卷一八二《食货下四》，中华书局1977年版，第4454页。
⑦ （清）徐松辑：《宋会要辑稿·食货》二六之二二，中华书局1957年影印本。
⑧ （清）徐松辑：《宋会要辑稿·食货》二四之二〇，中华书局1957年影印本。

按居民户等，定量抑配，甚至课及僧道童行。连户部官员也惊叹其“所配卖盐数太多”，不得不令其减半。①

此外，由于广盐增产，熙丰间广盐运出本路，涌入江西、荆湖等地。据方大琮记载，当时汀、赣、温、台、明、越等地之人，周期性地居集在广州，收购盐等当地特产回去贩卖。②《宋史》也有载：“江南、岭外茶盐价不一，细民冒禁私贩，多陷重辟。”③《宋会要辑稿》则载：“江西岁运淮盐有常数，人若淡食。而广东所产不得辄通。无赖奸民冒利犯禁，习以盗贩为业。”④《宋史》又载，熙宁七年（1074年），宋神宗诏籍虔、汀、漳三州乡丁、枪手等，以制置盗贼司言三州壤界岭外，民喜贩盐且为盗，非土人不能制故也。⑤由此观之，粤东、粤东北与福建、江西临近州郡，盐贩已猖獗到何种地步！这也说明当时广东盐产量已远远超出了本地的消费量，价格低廉，为贩卖私盐创造了较大的牟利空间。

盐场作业图

历史小知识

盐钞

政府发给盐商的食盐运销许可凭证。宋初行折中法，盐商向官府入纳实物，请领交引，运销食盐。庆历八年（1048年），范祥为制置解盐使，始行盐钞法。令商人在边郡折博务缴纳现钱买盐钞，至解池（今山西运城南）凭钞领取定额食盐贩卖。其后东南盐也行盐钞法，商人在京师榷货务买盐钞，至东南领末盐贩卖。买解盐发解盐钞，东南盐发末盐钞。崇宁以后，盐钞法普遍推行，绝大部分地区都行盐钞制度。南宋孝宗时，福建路罢盐钞制。广南盐钞制则或行或废。金代的销盐凭证分为盐钞、盐引两种。各盐司分别以袋、席、石为单位，若干袋、席、石为一套。套以盐钞为凭证，袋、席、石以盐引为凭证。销盐时必须钞、引、公据（盐司证明）三者俱备。元代废盐钞，保留盐引。明清均行盐引。

① （清）徐松辑：《宋会要辑稿·食货》二四之二三，中华书局1957年影印本。

② （宋）方大琮：《宋宝章阁直学士忠惠铁庵方公文集》卷一七《上郑金部逢辰书》，《北京图书馆古籍珍本丛刊》第89册，书目文献出版社1998年版。

③ （元）脱脱：《宋史》卷二七八，中华书局1977年版，第9456页。

④ （清）徐松辑：《宋会要辑稿·食货》二四之二〇，中华书局1957年影印本。

⑤ （元）脱脱：《宋史》卷一九一《兵志五》，中华书局1977年版，第4750页。

场、栅是南宋广南东路管理盐业生产的基层组织，场、栅之下，以灶为煎盐的单位，广东静康、大宁、南海场增新招灶六十二眼，再如南恩州于海陵、朝林乡置灶六十七眼后，便设置海陵场。盐场、盐栅设有监官监管。[①]

广盐（指广南路出产的盐）的生产技术大致上同淮、浙、闽等海盐产区相同，煮海取盐，称为“煮海”。煮盐用的有铁盘及竹盘两种。两种盘比较，以铁盘煮盐为优，盐色青白而且耐用，但也有俗用竹盘的。每盘所煮盐数，乐史认为3至5石（宋制50斤为一石）。[②]李心传则认为每灶一昼夜可煎盐6盘，一盘可得盐300斤。[③]

① （清）徐松辑：《宋会要辑稿·食货》二七之三，中华书局1957年影印；详可参见梁庚尧：《南宋广南东路的盐政》，《大陆杂志》第88卷第1至3期抽印本。

② （宋）乐史：《太平寰宇记》卷一三〇《海陵监·刺土成盐法》，台北文海出版社1980年影印本。

③ （宋）李心传撰，徐规点校：《建炎以来朝野杂记》甲集卷一四《淮浙盐》，中华书局2000年版，第296页。

叁

直到南天潮水头

《岭外代答》中有一则史料，讲到广东大料船的重要构件——柂：产自钦州海山，名为乌婪木，长接近五丈，“虽有恶风怒涛，截然不动，如以一丝引千钧于山岳震颓之地，真凌波之至宝也”。这样的一双柂，在钦州值钱数百缗，到了番禺（广州）、温陵（泉州），价格要翻十倍。尤值得一提的是，宋代广州船舶已开始使用水密舱，使船舶在局部受损的情况下仍能安全行进。西方直至1787年才引进这项技术，我国至少领先了500年。

广州秦汉时期造船工场

广东经济的发展离不开外贸，外贸的发展离不开航运。宋代广东的造船工业，尤其是海船的制造，在当时是一流的。

广东最早的造船工场大概是建自秦汉时期。广州的秦汉造船工场，经试掘发现了1、2、3号3个船台，结构基本一致，船台与道相结合，皆由枕木、滑板、木墩三部分组成。造船工场的时代大约在秦统一岭南之际到汉初文景之间，即赵佗割据称帝后废弃。这一造船遗址的发现，说明早在南越国初期，广州已建立了能够大规模生产船只的造船基地，已开始使用船台造船。而且，从汉武帝时期的南海交通状况的文献记载以及南越国时期墓葬出土的有关海外实物资料来看，当时可能已经开辟了南海交通航线，而其发达的造船业则是实现海外交通的坚强后盾。另外，随着铁制工具的传入，造船的效率和质量也得到提高。在广州造船工场遗址，就发现了31件铁制的造船工具。[①]

唐代广东地区的造船业已有相当规模，张九皋就在广东主持过船舶制造。[②]杜佑任岭南节度使时，也督造战船。唐代诗人贾岛寄赠潮州刺史韩愈诗中有“此身曾与木兰舟，直到南天潮水头”[③]之句，可见当时广东沿海有一种木兰舟行驶。《岭外代答》记载木兰舟这种大海船，“舟如巨室，帆若垂天之云，柂长

① 广州文物管理处：《广州秦汉造船工场遗址试掘》，《文物》1977年第4期。

② （宋）李昉等编：《文苑英华》卷八九九《殿中监张公神道碑》，中华书局1966年影印本。

③ （唐）贾岛著，齐文榜校注：《贾岛集校注》卷九《寄韩潮州愈》，人民文学出版社2001版，第449页。

	大料船	中料船	小料船
长度	30丈（100米）	10丈（33米）	10丈（33米）以下
载重量	5000料（石）	1000—2000料（石）	1000料（石） 以下
载人数	500—600人	200—300人	100人以下
载货量	600吨	200吨上下	200吨以下

南宋海舶规模分类表

数丈。一舟数百人，中积一年粮，豢豕酿酒其中”。[①]

2002年3月前后，由中国历史博物馆水下考古研究中心与广东省文物考古研究所等单位对位于阳江海域的宋代沉船进行了细致探测和发掘。该船位于海面下20米深处，被2米厚的淤泥所覆盖。整艘商船约30米长、10米宽，是目前发现的最大的宋代船只。[②]那么，这艘船在宋代是什么规模呢？是不是广州造的呢？学者对南宋海舶规模进行了分类，详见下表。

1974年，泉州湾后渚港海滩里发掘出一艘宋代海船，残长24.20米，残宽9.15米，距推算，其载重量为200吨左右。[③]一直被学者视作泉州造船工业发达的铁证。把这艘船和南海古船相比，两者规模相近，都属于中料船。

《岭外代答》中有一则史料，讲到广东大料船的重要构件——桅：产自钦州海山，名为乌婪木，长接近五丈，“虽有恶风怒涛，截然不动，如以一丝引千钧于山岳震颓之地，真凌波

① （宋）周去非著，杨武泉校注：《岭外代答校注》卷六《器用门·木兰舟》，中华书局1999年版，第216—217页。

② 方正、张建明、邓永鸿：《“南海Ⅰ号”稀世珍宝得人惊》，《南方日报》2003年3月4日。

③ 泉州湾宋代海船发掘报告编写组：《泉州湾宋代海船发掘简报》，《文物》1975年第10期。

之至宝也”。这样的一双柂，在钦州值钱数百缗，到了番禺（广州）、温陵（泉州），价格要翻十倍。[①]因此，“南海Ⅰ号”虽然不能肯定是在广州制造的，但当时广州作为全国造船业发达地区，造出类似“南海Ⅰ号”这样规模和档次的商船不成问题。

尤其值得一提的是，宋代广州船舶已开始使用水密舱，使船舶在局部受损的情况下仍能安全行进。西方直至1787年才引进这项技术，我国至少领先了500年。[②]

潮州的造船业也很发达。“近几十年，在澄海县境内韩江东西两岸之间、南峙山冠山前后的风岭古港遗址，多次出土宋代海船遗骸。1955年古港遗址东面的管陇村前，出土尾径达40—50厘米的船桅；1960年，在古港湾附近的程洋岗村，出土重达一吨多的生铁船锚。这些部件在一定程度上反映出当时海船的形体已经较大。1950年，在古港遗址东部管陇村打索埔，发现宋代缆绳工场的遗址，面积达五六千平方米，同时出土大量巨缆。”[③]从这些出土物件看，相当部分是应用于海船上的。

① （宋）周去非著，杨武泉校注：《岭外代答校注》卷六《器用门·柂》，中华书局1999年版，第219—220页。

② 颜泽贤、黄世瑞：《岭南科学技术史》，广东人民出版社2002年版，第320页。

③ 杜经国、黄挺：《潮汕地区古代海上对外贸易》，载《潮学研究》第2辑。

木船制作图

远涉重洋的巨船，自然离不开指南针。两者结合在一起，大大推动了广东的对外贸易发展。目前有关指南针的最早记载见于北宋朱彧《萍洲可谈》："舟师识地理，夜则观星，昼则观日，阴晦观指南针。"[①]《萍洲可谈》成书于北宋宣和元年（1119年），但记述有关广州的事实基于其父朱服在穗做官时的所见所闻。而朱服知广州的时间为宋哲宗元符二年（1099年）至宋徽宗崇宁元年（1102年），据此可以推断广州地区海船上使用指南针的时间最晚不迟于11世纪末。

《萍洲可谈》书影

造船技术的进步也被用于一些非法的行径。宋徽宗崇宁四年（1105年）六月丙寅朔，尚书省报告朝廷，广南一些地方用船在江海上私铸钱币。[②]南宋时，广东一些私盐贩子，所使用的船只规模也不小，"大船至三十棹，小船不下十余棹，器仗锣鼓皆备，其始于贩鬻私盐，力势既盛，逐至行劫大船"。[③]不合法的私盐贩子尚且有如此规模的船只，其他官船、朝廷支持的海船规模当更为宏大，足见岭南造船业的发达。

一些地方由于缺少铁钉桐油，因此造船工匠因地制宜，用藤条代替，把船板穿起来，利用海上所生的茜草塞在藤缝中，干

古代造船工艺复原展示图

① （宋）朱彧撰，李伟国校点：《萍洲可谈》卷二《舶船航海法》，上海古籍出版社1989年版，第26页。

② （清）黄以周辑注，顾吉辰点校：《续资治通鉴长编拾补》卷二五，徽宗崇宁四年，中华书局2004年版，第842页。

③ （清）徐松辑：《宋会要辑稿·食货》二六之二一，中华书局1957年影印。

藤条

宋代指南针

茜草遇水而涨，水不能漏，既安全且降低成本。唐代刘恂就有记载，“贾人船不用铁钉，止以桄榔须缚之，以橄榄糖泥之，泥干甚坚，入水如漆。”[①]根据屈大均的记载，清代仍然在使用这种方法。[②]当时广东可能还有用于敬神的龙船：“番禺大洲，有宣和龙船遗制，是曰大洲龙船。”[③]

南宋末年，末帝在陆秀夫、张世杰的辅佐下，以广东为基地进行最后的抗元斗争，并在厓山与元军展开大决战。据史载，宋军在厓海连结成寨的海船就有1000多艘[④]，这其中大部分应是在广州及新会附近建造。

元代造船业基地主要集中在沿海沿江的交通要冲，明、泉、广三大海港，以制造海船著称。马可·波罗和伊本·拔都他称大海船不少是刺桐（泉州）和马兴克兰（广州）制造的。元代广州造船业的发达，当然与宋代岭南造船业的大发展所奠定的基础密不可分。

① （唐）刘恂：《岭表录异》卷上，《鲁迅辑录古籍丛编》第3卷人民文学出版社1999年版，第447页。

② （清）屈大均：《广东新语》卷一八《舟语·藤埠船》，中华书局1985年版，第483页。

③ （清）屈大均：《广东新语》卷一八《舟语·大洲龙船》，中华书局1985年版，第487页。

④ （元）脱脱：《宋史》卷四七《瀛国公》，中华书局1977年版，第945页。

肆

气象雄伟冠南州

宋代广州的一座城门楼，史书称之“双门”。宋哲宗元符年间（1098—1100年），经略柯述建，“规模视广古尤壮”。后经风雨震凌，栋宇攲颓，地方官顾虑重修耗费太大，“不复改作”。宋理宗淳祐四年（1244年），知州方大琮撤而新之。城门“广十丈四尺，深四丈四尺，高二丈三尺”。门上建楼七间，旁为两翅。耗时一年多才竣工，花费二万七千缗。“规模宏大，中州未见其比。”刘克庄曾为之记。今天广州北京路的宋代城门和道路遗址，不知与此是否相关?

历史小知识

宋瓷

宋代是我国陶瓷发展的鼎盛期，汝、哥、定、钧、官五大名窑流传千古。除此之外，在北方窑口中，还有磁州窑系、耀州窑系、登封窑、介休窑、扒村窑、浑源窑、大同窑、长治窑、鹤壁窑、淄博窑、霍县窑等；而南方则有景德镇窑、龙泉窑、吉州窑、越窑、建窑、繁昌窑、同安窑、泉窑、西村窑、潮州窑、永福窑、衡山窑等。宋瓷以单色釉的高度发展而著称，其色调之优雅，无与伦比。宋代有大量外销瓷，其中广东西村窑、潮州窑、惠阳窑所产瓷器多以民用和外销为主。

除矿冶业、盐业、造船业外，宋代广东手工业，尤其在陶瓷、织布、建筑、酿造、制砚等方面也可圈可点。

宋代广东的陶瓷生产从全国范围看，并不占据十分重要的地位。宋代的五大名瓷（一说为柴、汝、官、哥、定；一说为定、汝、官、哥、钧）未有一处落在广东。八大瓷系（定窑系、磁州窑系、耀州窑系、钧窑系、龙泉窑系、景德镇青白瓷系、越窑系、建窑黑窑瓷系）中，广窑也榜上无名。日本学者小村俊夫的《支那窑业史》中附有宋代瓷窑表，计窑名之可考者共二十有八，亦不见录广东者。[①]但是宋代广瓷仍有其鲜明的时代特色和地域特色。

据《陶说》一书所列资料，广东在北宋的重要产瓷地有：广州（西皇帝岗）、番禺（沙边）、佛山（石湾）、阳江（马槽

潮州笔架山宋窑旧址

① ［日］小村俊夫：《支那窑业史》，《东亚经济研究》第八卷，转引自李剑农：《宋元明经济史稿》，三联书店1957年版，第53—54页。

石湾村）[阳江窑]、潮安（笔架山、羊皮岗、上埠韩山）、新会（崖门官冲）、中山（碗窑迳）、南雄、韶关、廉江、遂溪、惠阳；南宋则有：番禺（沙边）、佛山（石湾）、阳江、潮安（赤凤乡）、汕头（笔架山）[白瓷窑]、新会、惠阳（白马山）、紫金（中澄乡水寨）。[①]

从近半个世纪以来发掘的80多处窑址看，宋代陶瓷主要分布在潮州、惠州、阳江、封开、高明、新会、中山、番禺、佛山、南海、广州、南雄等地。[②]瓷窑的分布，跟《陶说》所言基本一致，主要还是集中在广州附近及沿海地区。1989年，有专家称广东40多个县市发现的宋窑数目达到600多处，申家仁先生认为前面所指80多处应为“窑区”，而这600多处当为窑址，因为一处窑区往往有多个窑址。[③]无论如何，当时广东瓷窑的数量是相当多的，估计每年产量可达1.3亿件，为唐代的22倍强。[④]

北宋广州西村窑酱釉小瓷瓶

潮州笔架山窑出土
宋代青白釉瓷壶

潮州笔架山瓷窑无疑是宋代广东陶瓷业的最大亮点。该窑采用了阶级窑的烧法，瓷器以影青为主，白中泛青。笔架山窑址有上中下三个窑系，在今笔架山脚一带村落，民间称为“百窑村”。其一号窑规模较小，窑实长约2471米，装烧中型瓷碗可达五万件左右。笔架山番鬼楼山坡上的一座断头窑址，步测长度竟达百米左右，其装烧量之巨，更是可想而知。[⑤]

① （清）朱琰著，傅振伦校：《陶说译注》，轻工业出版社1984年版，第103页。

② 古运泉：《广东唐宋陶瓷生产发展原因初探》，载《广东唐宋窑址出土陶瓷》，香港大学冯平山博物馆1985年刊。

③ 参见申家仁：《岭南陶瓷史》，广东高等教育出版社2003年版，第91页。

④ 广州市文物管理委员会、香港中文大学文物馆：《广州西村窑》，香港中文大学考古研究中心1958年刊；广东博物馆：《潮州笔架山宋代窑址发掘报告》，文物出版社1981年版。

⑤ 广东博物馆：《潮州笔架山宋代窑址发掘报告》，文物出版社1981年版，第41页。

北宋佛山奇石窑人物梅瓶

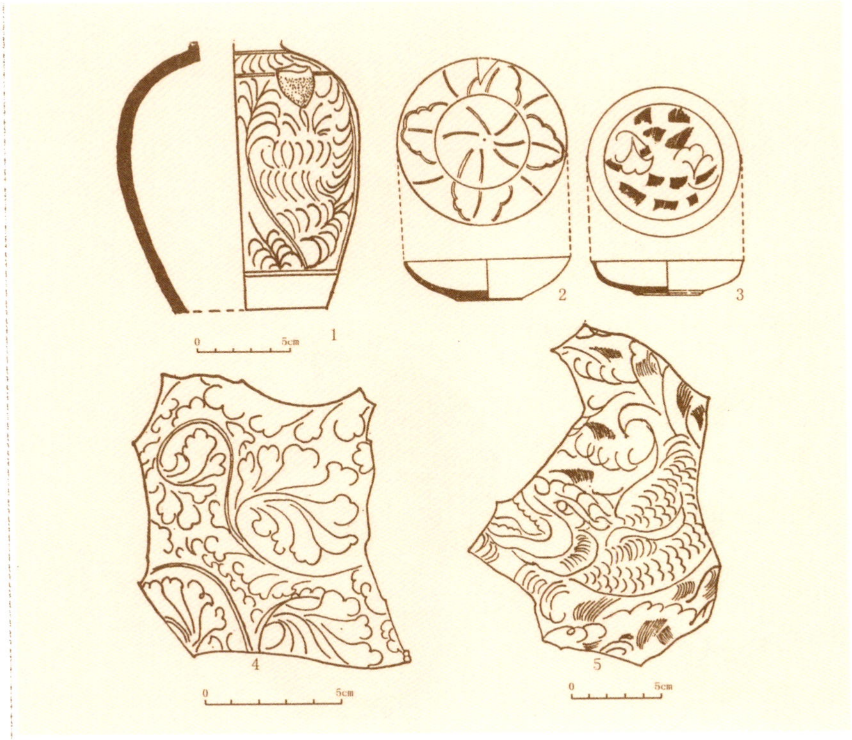

潮州笔架山出土宋代陶瓷

广东宋窑在吸收北方瓷窑经验的基础上，实现较快发展。除青瓷外还生产白瓷，通过上色、雕刻等手法加以美化，颜色从青、酱褐、酱黄等三种发展到白、灰白、灰、灰黄、淡黄、砖红等6种。此外，除满足日常之用外、美术瓷也有了一定数量。广州西村和笔架山窑均生产大量外销瓷。①《萍洲可谈》中言及广州陶瓷出口盛况时说："船舶深阔各数十丈，商人分占贮货，人得数尺许，下以贮货，夜卧其上。货多陶器，大小相套，无少隙地。"②

如第六章所述，宋初，岭南地区普遍开展了棉花的种植，因

① 蒋祖缘、方志钦：《简明广东史》，广东人民出版社第1993年版，第159页。

② （宋）朱彧撰，李伟国校点：《萍洲可谈》卷二《舶船航海法》，上海古籍出版社1989年版，第26页。

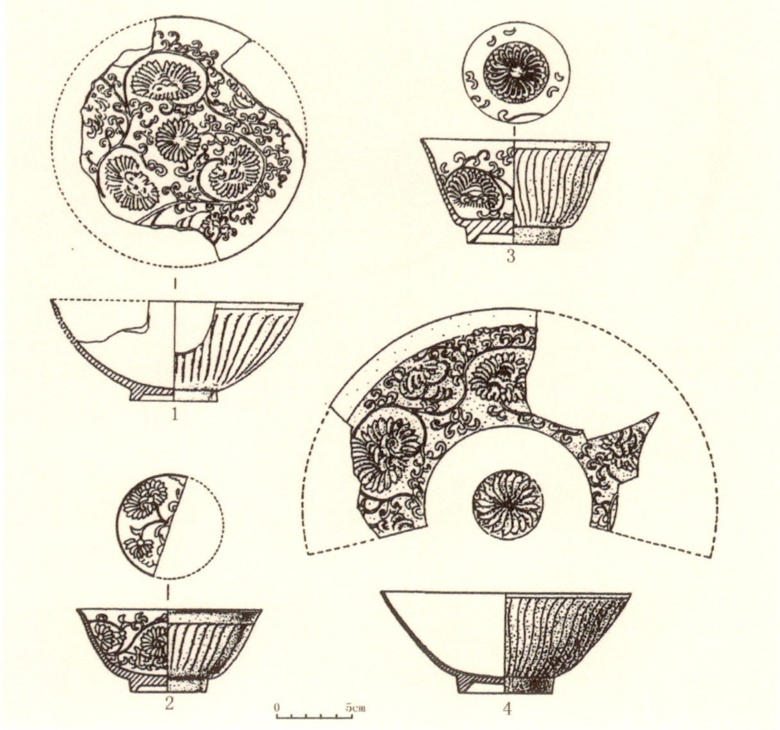

广州西村窑花瓷碗

此形成了最初的棉纺织行业。“吉贝”是岭南地区对草棉的特有称呼。《续墨客挥犀》卷一云：“闽岭以南多木，土人竞植之，有至数千株者，采其花为布，号吉贝布。”[①]方勺《泊宅编》载：“闽广多种木棉……土人摘取去壳，以铁杖桿尽黑子，徐以小弓弹令纷起，然后纺绩为布，名曰吉贝……李琮诗有‘腥味鱼中墨，衣成木上棉’之句”。[②]

雷州、广州等地是广东最早种植棉花的地区，棉纺织技术也以这些地区最为先进，而黎族妇女所织的吉贝布最优。《诸蕃志》说，“黎人……女工纺织，得中国绮彩，拆取色丝，加木棉，挑织为单幕，又纯织木棉吉贝为布”。[③]

① （宋）彭乘撰，孔凡礼点校：《续墨客挥犀》卷一《吉贝布》，中华书局2002年版，第424页。

② （宋）方勺：《泊宅编》卷三，中华书局1983年版，第16页。

③ （宋）赵汝适撰，杨博文校释：《诸蕃志校释》卷下《海南》，中华书局2000年版，第220页。

宋《中兴四将图》人物比例准确，姿态自然，衣饰线描劲健流美，较好地反映了宋代服装的特点。

吉贝布在当时很受欢迎，有的人还把它作为友人相赠的礼物。沈辽诗云："峤南地熟气如烟，木华蒙茸散为绵。使君作紬远相寄，表似夷锦红欲燃。"[①]

韶州也有棉花种植，史载有人为"避江淮寇乱，迁岭南之韶州，隐居棉圃里"。[②]元丰三年（1080年），知广州陈绎，也因其子陈颜辅"役使广州军人织造木棉生活等罪"遭人弹劾。[③]这反映了岭南棉纺业，包括士兵在内的一些人，已经掌握织造棉布的技术并以此谋利。岭南地区妇女，尤其是海南岛的妇女熟谙棉织技术，因此被征去服役织布，长达一年不能回家。[④]这从侧面证明岭南地区棉织技术的发达。

岭南地区纺织棉布，已经能够根据织布的不同要求，研制出用途各异的纺织器械。当时民间已经使用铁杖碾掉棉籽，手握棉茸纺线织布，在弹花、卷棉、积布等方面也采用了不同的手动器械，可以织密度、宽度、质地各异的慢吉贝和粗吉贝。南宋高宗

① （宋）沈辽：《云巢编》卷三《谢蔚宗木绵》，景印文渊阁《四库全书》本。
② 漆侠：《宋代经济史》，上海人民出版社1987年版，第157页。
③ （宋）王明清撰，汪新森、朱菊如校点：《玉照新志》卷一，上海古籍出版社1991年版，第4页。
④ 周宝珠、陈振：《简明宋史》，人民出版社1985年版，第363页。

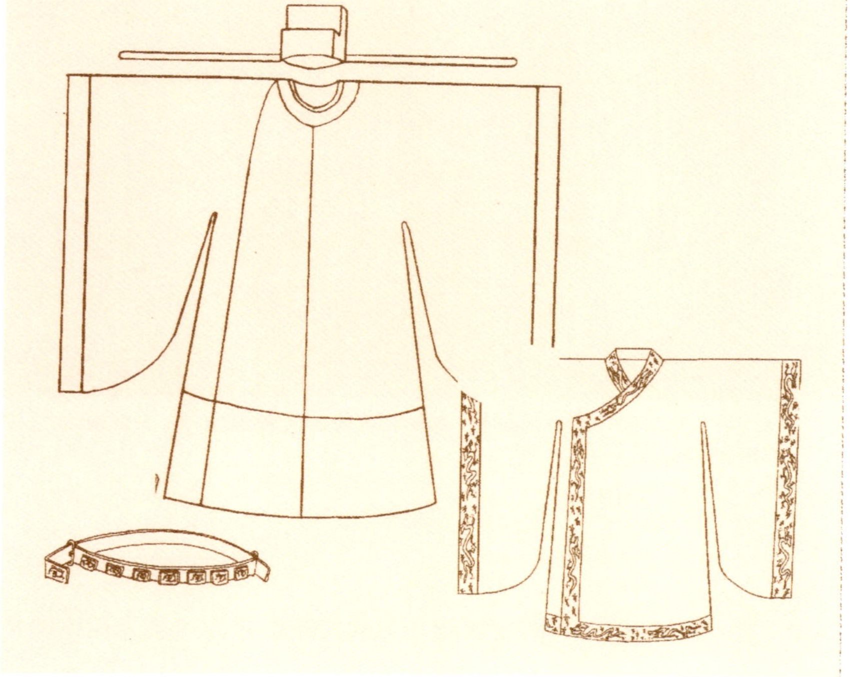
宋代官员服饰

① 漆侠：《求实集》，天津人民出版社1982年版，第113—125页。

② 颜泽贤、黄世瑞：《岭南科学技术史》，广东人民出版社2002年版，第228页。

③ （梁）萧统编，陈天宏等译注：《昭明文选译注》第一册，吉林文史出版社1988年版，第263页。

④ （宋）周去非著，杨武泉校注：《岭外代答校注》卷六《服用门·水紬》，中华书局1999年版，第225页。

时，张俊献给皇帝的礼品中就有木棉二百匹，可见其价值。[①]

广东连州、英州有麻布出产，因量多质好，宋廷允许连州以苎布交纳夏税，甚至可以之代替秋苗、上供银、役钱、丁米等。[②]

广东的丝织业在六朝时就已有发端。左思《吴都赋》云："国税再熟之稻，乡贡八蚕之茧。"[③]但直至宋代仍未大规模推广，盖因当地人未掌握缫丝技术。时人以灰水煮丝引以成缕再以之织绸，"其色虽暗，而特宜于衣"，出品以高州为佳。[④]

此外，宋代广东还用苎麻、黄麻、葛麻、蕉茎、竹子、勾芒木等作原料，生产葛布、麻布、蕉布、竹布等，以制作衣物穿用或做成工艺品。宋代僧人赞宁在《笋谱》中介绍连州用白竹笋织布制鞋的方法："连州抱腹山多生此竹，茎径白节，心少许绿，

宋代百姓日常服饰

福州南宋墓出土的对襟女褐色夹衣

① （宋）赞宁：《笋谱》卷上《白竹笋》，（元）陶宗仪编：《说郛三种》卷一〇五，上海古籍出版社1988年影印本。

南雄三影塔

彼土人出笋之后，落箨撒梢时，采此竹，以灰煮水浸，作竹布鞋。或者槌一节作帚，谓曰竹拂。”用这种竹子制成的“贡布”，一匹只重数两。①

广东许多著名的寺院或为宋代的遗存，或是据宋制加以修葺的，从中不难窥见宋代建筑艺术的风貌和水平。广东省现保存的宋建或宋形制的各种古塔近十座，具有代表性的有连县慧光塔、阳江县城北山石塔、广州六榕花塔等。

连县慧光塔，始建于南朝宋泰始四年（468年），经历代重修，现保存的是宋朝的形制。塔身六角九层，斗拱檐，平座，空心，可以登上顶层，塔高三十五点八四米。每层用砖砌出角柱、椽枋、斗拱、平座和檐面，其中第一层斗拱，用八字形拱承托鸳鸯交手拱。塔层向上递减呈直线收缩，造型优美，很有科学和艺术价值。

阳江北山石塔建于南宋宝祐年间（1253—1258年），塔九层八角，实心。塔脚有基座，每一层的塔檐刻作莲花瓣状。第二层的下端加了一层刻石护墙。全身比一般的塔更显得下广上锐，形状特异。在我国，像这样用花岗石砌筑而成的石塔为数不多。

广州六榕花塔素以华丽庄严著称，现存的形制是宋代元祐（1086—1094年）时重建的定型。另外还有南雄的三影塔、仁化的澌溪寺塔、英德的蓬莱寺塔、曲江的仙人塔等。[①]

宋代广州城的建筑物，也反映出岭南建筑业的技术水平。当时西城建有“共乐楼”，楼高五丈余，“气象雄伟，为南州冠”。城南的海山楼，为市舶司欢宴外商和海员的地方。南宋诗人陈与义登临此楼时有诗咏道：“万航如凫鹭，一水如虚空……海清无蜃气，彼固蓬莱宫。”[②]

① 花城出版社编：《广东风物志》，花城出版社1985年版。

② （宋）陈与义：《简斋集》卷六《登海山楼》，景印文渊阁《四库全书》本。

连州慧光塔

阳江北山石塔

广州六榕花塔

苏东坡手书“六榕”

值得一提的是，宋代广州的一座城门楼，史书称之“双门”。宋哲宗元符间（1098—1100年），经略柯述建，“规模视广古尤壮”。后经风雨震凌，栋宇欹颓，地方官顾虑重修耗费太大，“不复改作”。宋理宗淳祐四年（1244年），知州方大琮撤而新之。城门“广十丈四尺，深四丈四尺，高二丈三尺”。门上建楼七间，旁为两翅。耗时一年多才竣工，花费二万七千缗。“规模宏大，中州未见其比。”刘克庄曾为之记。[①]今天广州北京路的宋代城门和道路遗址，不知与此是否相关？

韶关曲江南华寺保存的宋代木雕罗汉像，反映了广东地区建筑雕刻工艺的高超。1963年先后三次在南华寺发现北宋木雕罗汉像360尊。这些木雕像的造型和手法基本上一致，内有282尊在座上刻有发愿文，字迹大体清晰可辨的尚存168尊，其中有34尊标明“庆历”年号或“大宋国”字样，可以确定为北宋仁宗庆历

① 《永乐大典》卷一一九〇六《广·广州府二·城池》，中华书局1986年影印本。

年间的作品，雕像采用立体圆雕手法，通体用整块木料雕成，罗汉的耳、手、足、履及法器等凸出部分，有些是另外雕好后再用铁钉接上，木质为檀香和柏木两种。在表现人物的线条上是采用虚实结合的手法。[①]余靖在宋仁宗天圣（1023—1032年）中写的《耽石院记》，这样描述这一佛刹的建构：

其相土也，则叠岫宾揖，澄溪带附；其度材也，则百堵云构，四阿翚飞；

其设像也，则金碧睟容，天龙善卫；其据境也，则珍木弥望，佳气袭人。

真崇福之秘宇，绝尘之幽致也。苟非智者创谋，善人协规，孰能与于此哉？

巨石如屏，泉淙于下，可以爽精灵，可以涤尘虑。[②]

此外，宋代广东手工业中还有端州的制砚业；南雄、循州、连州等地的制茶业；[③]番禺的制糖业等。[④]酿酒业主要有生产名酒“瑞露”和桂花酒的博罗等。[⑤]其中，在唐代还不出名的端砚经过宋代的改良，“名满天下，贵倾朝野。”[⑥]据蔡襄记载，仁宗朝的端州崔之才，“家蓄石工百人，岁入砚千数。”[⑦]

① 黄玉质：《记曲江南华寺北宋木雕罗汉像》，《岭南文史》1985年第1期。

② （宋）余靖：《武溪集》卷七《韶州翁源县净源山耽石院记》，《北京图书馆古籍珍本丛刊》第85册，书目文献出版社1998年版。

③ （宋）李心传撰，徐规点校：《建炎以来朝野杂记》甲集卷一四《总论东南茶法》，中华书局2000年版，第303页。

④ （清）徐松辑：《宋会要辑稿·食货》一七，中华书局1957年影印；（宋）王灼：《糖霜谱·原委第一》，景印文渊阁《四库全书》本。

⑤ （清）屈大均：《广东新语》卷一四《食语·酒》，中华书局1985年版，第385页。

⑥ 颜泽贤、黄世瑞：《岭南科学技术史》，广东人民出版社2002年版，第283—284页。

⑦ （宋）蔡襄：《莆阳居士蔡公文集》卷二五《砚记》，《北京图书馆古籍珍本丛刊》第86册，书目文献出版社 1998 年版。

南华寺宋代木雕罗汉像

宋代端石琴式砚

宋代端石抄手砚

总之，宋代广东的手工业，概括而言有以下三个特点。

一是“单项突出”。宋代广东手工业发展最显著的特点是，在总体发展水平处于全国后进地区的大背景下，一些行业的产业规模、从业人数、技术水平却达到了全国领先的地位，如矿冶业、盐业、造船业。

二是地区发展的不平衡。矿冶业主要是在粤北，陶瓷业主要在广州、潮州沿海，造船业主要在广州，等等。各地手工业发展呈现出不同面貌，一定程度上也决定了其经济、政治地位。韶州由于矿冶业的发达，加上是岭南与中原交往的主要交通枢纽，当时虽然广东的路治不在韶州，但提刑司专门设在韶州，足见其地位之重要。余靖在《韶州新修望京楼记》中说：“广之旁郡一十五，韶最大，在楚为边邑，在越为交衢。”①

三是手工业技术的交流空前活跃。广东的手工业吸收了大量中原地区的先进技术，而广东先进的技术也被推广运用到中原和其他地区，这种技术上的互动，极大地推动了宋代手工业整体水

① （宋）余靖：《武溪集》卷五《韶州新修望京楼记》，《北京图书馆古籍珍本丛刊》第85册，书目文献出版社1998年版。

平的提高。岭南地区一些与中原关系较为密切的地方，手工业生产水平比较高，粤北、粤西与中原的接触最多，无论其手工业的产量、质量都较为优良。粤北、粤东的循梅地区，是中原南下移民的集居地，他们带来了中原先进的技术，所以这些地区的开发速度比较快，而且随着他们的继续南移，也就带动了珠江三角洲一带和韩江平原地区手工业生产的发达。广东的棉织业发达，当时游宦岭南的官员从这里学到不少技术，返回北方后，将轧棉、织棉器械及其相关技术逐步向黄河中下游及长江流域地区推广。

四是促进海外贸易的繁荣。宋代广东手工业的发展与广州港

宋代福建德化窑白釉瓷器

龙泉窑青釉刻花盘

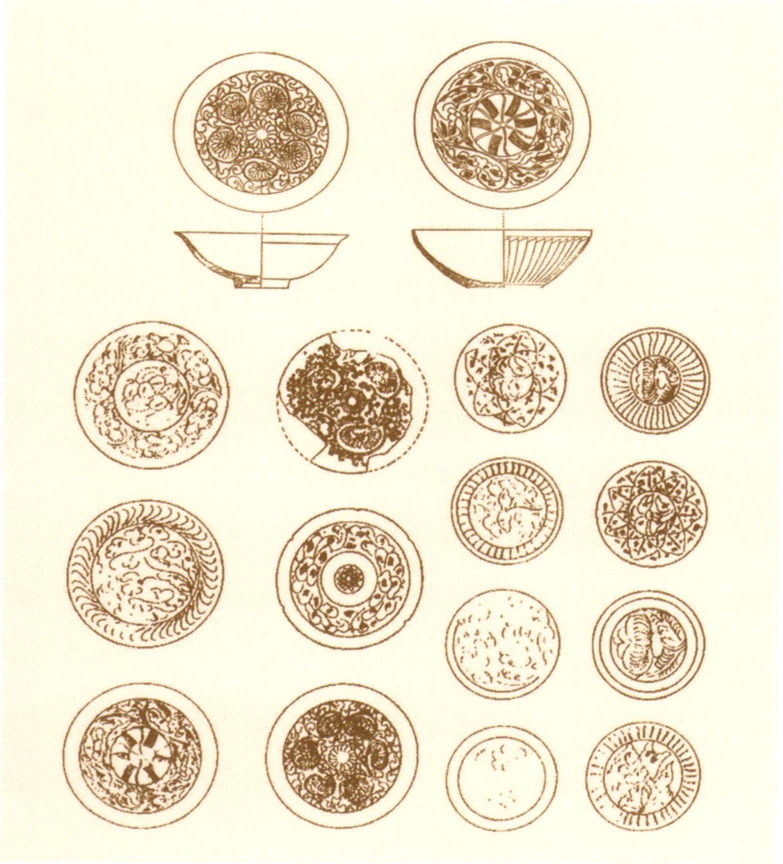
宋代岭南碗图案

宋代福建磁灶窑绿釉荷叶碗

的地位有着密切的联系，甚至产品的动向、行业的兴衰，都与海外市场的需求相同步。以陶瓷业为例。瓷器外销量的激增，要求广州提供更多产品，从中原、江浙各地辗转运到广州外销的瓷器数量有限，且增加成本。这就要求在广州附近就地发展外销瓷生产，或仿名窑产品，或自制产品外销。正是适应这种需求，在广州附近、珠江三角洲以及离广州稍远的沿海地区如惠州、潮州等地，出现了以生产外销瓷为主的瓷器产地。韩槐准对南洋遗留的瓷器进行分类鉴定，认为“广东之广州市西村，南海之和顺乡，潮安之猪头山，亦有古窑址之发现，并有青瓷之烧制，在地理上，均适于输出南洋而贸易”，“其胎土，及技术，未免带有地方性”，“其搜得一白地青花三云龙花卉企凤大盘，当为元代之初期釉内白地青花瓷器，绘法极笨拙，且其青色已近于黑，审足部的技术，应为华南窑出品”，充分说明了宋元时期岭南地区外销瓷在东南亚的地位。[①]

南海Ⅰ号出水外销瓷器（宋代福建德化窑白釉印花双耳罐）

①［新加坡］韩槐准：《南洋遗留的中国古外销陶瓷》，新加坡青年书局1960年版，第13页。

第六章 商贸交通

柳侯风味晚相见，衣袂颇薰荀令香。
桃李能言妙歌舞，樽前一曲断人肠。
洞庭归客有佳句，庾岭梅花如小棠。
乘兴高帆少相待，淮湖秋月要传觞。

——（宋）黄庭坚：《戏赠南安倅柳朝散》

岭海生名粤

庾岭梅花是当地一景。自唐代张九龄开凿大庾岭路后，大庾岭不仅是文人骚客竞相登临的胜地，也是中原陆路与岭南海路相接的咽喉。大庾岭路的开通，仿佛静水中投入石子，在涟漪荡漾的历史画面中，珍宝、象牙、香料等，经过驿道南调北运，出现“商贾如云，货物如雨；万足践履，冬无寒土”的驿道繁忙景象。因为交通发达，广州一跃成为对外贸易大港，阿拉伯、波斯、印度等的商队蜂拥而至，丝绸、瓷器、茶叶、海盐等，经过港口出海，宋朝盛时广州活跃着外商10万人。

再往前追溯700年，秦汉古船正在徐闻古港往来出入。而自港口向北延伸，是五岭山间、北江之畔的驴背马驮，2000年的驿路繁忙。

岭南交通的发展与中原对岭南加强政治统治、进行军事斗争的需要是分不开的。随着整个中国经济、社会重心的逐渐南移，入宋之后，岭南交通承担的政治、军事职能也渐渐被经济职能所取代。

广东的水陆两路交通驿道好似活力奔腾的动脉，源源不断地将物流、人流、文化在其中往来输送。由港口而内地，由内地而岭南，由岭南而海外，周而复始，生生不息，不仅推动岭南社会的发展，更促进了中外文明的交流与融合。

梅关古道

壹

北上交通路线

广州是宋代岭南地区交通枢纽。以广州为中心，沿北江北上经韶州后，分两条路线北上：一是经南雄州过梅关越大庾岭到江南西路，沿赣江北上。一是经乐昌越骑田岭，入湖南路，沿湘江北上。两条北上路线中，过梅关进入江西的交通路线较由乐昌入湖南的路线更为重要。这也是官员赴任广东最常走的路途。多数官员来广东赴任，先是利用运河、长江和赣水，可“全家坐而致万里”，过大庾岭后，“峤南虽三道，下真水者十七八焉。”

中山大学曹家齐先生认为，两宋时期，南北交通干线虽仍袭唐代之大势，但也随客观条件的变化而有所变迁，其态势就是重心东移，长江南北均呈此态势。表现有三：一是大庾岭路起到越来越重要的作用。其二，润州经苏州、杭州至福建、岭南道成为连接中原和江南、福建、岭南最主要的陆路通道。其三，从两浙经福建至岭南的陆路在南宋时成为中央联系岭南的重要通道。[①]根据曹家齐先生的观点，岭南交通在我国古代南北交通重心东移过程中的地位是相当重要的。

宋代广北上交通线路

① 曹家齐：《唐宋时期南方交通地区研究》，华夏文化艺术出版社2005年版，第71—72页。

农家一角

宋代的广州是岭南地区的政治中心和商业中心，还是重要的交通枢纽。以广州为中心，沿北江北上经韶州后，分两条路线北上。

一是经南雄州过梅关越大庾岭到江南西路，沿赣江北上。这也是官员赴任广东最常走的路途。多数官员来广东赴任，先是利用运河、长江和赣水，可“全家坐而致万里”，过大庾岭后，“峤南虽三道，下真水者十七八焉。”[①]

一是经乐昌越骑田岭，入湖南路，沿湘江北上。

宋代两条北上路线中，过梅关进入江西的交通路线较由乐昌入湖南的路线更为重要。这是宋代政治、经济中心向珠三角地区迁移所致。[②]

从广州出发，沿东江可达循州（今龙川）、梅州以至潮州，从广州出发到粤东地区的交通路线，因宋朝政权的南迁，地位亦显重要。

① （宋）余靖：《武溪集》卷五《韶州真水馆记》，《北京图书馆古籍珍本丛刊》第85册，书目文献出版社1998年版。真水即浈水。

② 参见蔡良军：《唐宋岭南联系内地交通路线的变迁与该地区经济重心的转移》，《中国社会经济史研究》1992年第3期。曹家齐：《宋代南方陆路交通干线沿革述考》，载张其凡、范立舟主编：《宋代历史文化研究（续编）》，人民出版社2003年版，第184—198页。

南岭风光

另外，从广州出发沿西江西行，经广南西路的梧州，南下可达雷州，由徐闻越海可达琼州（海南岛），这条交通路线也有悠久的历史，并且为后代沿袭。

由广州沿北江北上，到达内地的交通路线，是宋代广东一条重要的商品运输路线。《宋史》言：“广南金银、香药、犀象、百货，陆运至虔州（后称赣州，今江西赣州市）而后水运。”[①]《宋史》所言的商品运输路线，即由广州沿北江北上，经韶州、南雄州，度梅关越大庾岭进入江西的路线。

《岭外代答》曾记载该条路线，“自江西之南安，逾大庾入南雄”[②]。这条交通路线有着悠久的历史，《直隶南雄州志》记载：“大庾岭在府城北九十里，《南康记》曰：秦始皇略定扬越，谪戍五万，南守五岭第一塞，上岭即南康大庾岭”。[③]秦时所修关塞，在秦末战争中被毁，故后世只称梅岭，而无关名。

秦代这条交通路线尚属草创，唐代有过一次较大规模的改修。唐代开元年间（713—741年），张九龄重新开辟了这条交通路线，为广州输入内地的进口商品和由内地运往广州出口的商品，提供了运输上的便利，极大方便了岭南地区与内地的交流。

宋代也曾多次改修这条交通要道。宋太祖（960—976年在位）时，凌策曾主持改修这条交通路线，“广、英路自吉河趣板步二百里，当盛夏时瘴起，行旅死者十八九。策请由英州大源洞伐山开道，直抵曲江，人以为便”。[④]宋仁宗朝（1023—1063年在位），荣諲又一次对此条路线的南端作了改建：“广有板步古河路绝险，林箐瘴毒。諲开真阳峡，至洸口古径，作栈道七十间抵清远，趋广州，遂为夷涂”。[⑤]宋仁宗嘉祐年间（1056—1063

① （元）脱脱：《宋史》卷一七五《食货上三》，中华书局1977年版，第4251页。

② （宋）周去非著，杨武泉校注：《岭外代答校注》卷一《地理门·五岭》，中华书局1999年版，第11页。

③ （清）余保纯等修，黄其勤纂，戴锡伦续修：《直隶南雄州志》卷一〇《山川略·山·大庾岭》，《中国地方志集成·广东府县志辑》第10册，上海书店出版社2003年影印本。

④ （元）脱脱：《宋史》卷三〇七《凌策传》，中华书局1977年版，第10128页。

⑤ （元）脱脱：《宋史》卷三三三《荣諲传》，中华书局1977年版，第10707页。

年），蔡抗、蔡挺兄弟又一次改善了道路交通状况。蔡挺知南安军、提点江西刑狱时，“自大庾岭下南至广，驿路荒远，室庐稀疏，往来无所庇。挺兄抗时为广东转运使，乃相与谋，课民植松夹道，以休行者”。[①]关于此次修路还有更详细的记载：

庾岭险绝闻天下。蔡子直为广东宪，其弟子正为江西宪，相与协议以砖甃其道，自下而上，自上而下，南北三十里，若行堂宇间。每数里，置亭以憩客，左右通渠流泉，涓涓不绝，红白梅夹道，行者忘劳。予尝至岭上，仰视青天如一线；然既过岭，即青松夹道，以达南雄州。太平久矣，遐迩同风，非有前世南北之异。[②]

蔡氏兄弟改修此道以后，才有梅关之称：“宋嘉祐癸卯八年（1063年），广南东路转运使蔡抗漕广，兄挺刑江西，陶甓各甃其境，署其表曰梅关。”[③]

这条交通路线在唐宋两代的数次修建，主要的动因就是广州在全国中外贸易中的地位逐步上升，从广州输入的大量商品需要北运。据《宋史》记载，北宋初年，刘蒙正曾规划过从广州经由此途运输进口商品，“岭南陆运香药入京，诏蒙正往规画。蒙正请自广韶江泝流至南雄；由大庾岭步运至南安军，凡三铺，铺给卒三十人；复由水路输送”。[④]宋代运输由广州北上进口香料曾经动用过上万人，“先是岭南输香药以邮，置卒万人，分铺二百，负担抵京师。”耗费大量人力物力，朝廷觉得烦扰过甚，诏户部判官凌策与诸路转运使重新规划路线。“（凌）策请陆运至南安军即泛舟而北，止役卒八百，大省转送之费。”[⑤]

① （元）脱脱：《宋史》卷三二八《蔡挺传》，中华书局1977年版，第10575页。

② （宋）王巩：《闻见近录》，《知不足斋丛书》第2册，中华书局1991年影印本。

③ （清）余保纯等修，黄其勤纂，戴锡伦续修：《直隶南雄州志》卷一〇《山川略·山·大庾岭路》，《中国地方志集成·广东府县志辑》第10册，上海书店出版社2003年影印。其中，“蔡抗”作“蔡沆”，“挺”作“挺祥”，恐误，参见《宋史》卷三二八《蔡挺传》、《蔡挺传附兄抗传》，中华书局1977年版，第10575—10578页。

④ （元）脱脱：《宋史》卷二六三《刘熙古传附子蒙正传》，中华书局1977年版，第9101页。

⑤ （宋）李焘：《续资治通鉴长编》卷五二，咸平五年七月乙巳，中华书局2004年版，第1143页。

在此路线的开拓完善过程中，广东付出了极为巨大的努力，克服了难以想象的险阻，其中开辟英州之峡山栈路，其艰辛程度堪与唐代张九龄开凿大庾岭相若。[①]

南宋末年，文天祥被俘后，被元军从广州押往大都（今北京），也是行经这条路线。他在《指南后录》中，曾有这样的几首诗：《出广州第一宿》、《英德道中》、《越王台》、《南华山》、《虎头山》、《赣州》等[②]。另外，他在《集杜诗》第七十八《至南安军》的序文中言："予四月二十二日，离五羊，五月四日出梅岭。至南安军，钥置舟中，予不食，拟至庐陵得瞑目，庶几首丘之义云。"[③]由此可知，他被押解北上所经行的路线，是由广州经梅关入江西。

宋代关于这条路线没有留下更详细的记载，元代所修《析津志》中记载有元代沿这条路线所设的各驿站名称："南安（正南偏东八十，过梅岭即度关，自此分）江广、南雄（即广东界）结口、苏渡、韶州、英德、清远、巴由（正西南）广州"。另外还记有"南雄水路：（正南微西）结口、苏渡、韶州、英德"。[④]

无论陆路、水路，南下的终点都是广州城。元代所修广州方志在《旧志馆驿·递铺》中有"来归馆在冲霄门外"，"来远驿在蕃巷"的记载，都在广州城。元代在清远仍设有横石矶水、马站和横石铺。[⑤]

从《永乐大典》所录之《南雄路志》的记载中，依稀可以感受到南雄州交通的繁盛。"凌江驿，在城南。……凌江，二广咽喉之地，往来憧憧于此憩息，舍舟而途，越岭而江，必盘泊信宿而后行。州城内有八使行衙、寄梅驿，市南有凌江馆、近水楼，

《文天祥全集》书影

① 区坚刚主编：《英德市文物志》，英德市博物馆2004年版，第98—99页。

② （宋）文天祥：《文天祥全集》卷一四《指南后录卷》，中国书店1985年版，第351、352页。

③ （宋）文天祥：《文天祥全集》卷一六《集杜诗·至南安军》，中国书店1985年版，第416页。

④ （元）熊梦祥，北京图书馆辑：《析津志辑佚》之《大都东西馆马步站·天下站名》，北京古籍出版社1983年版，第132页。

⑤ （元）陈大震等纂修：《元大德南海志残本》卷一〇《旧志馆驿递铺》，广东人民出版社1991年版，第87、88页。冲霄门，在当时广州子城东南隅，见《永乐大典》卷一一九〇六《广·广州府二·城池》，中华书局1986年影印本。

《析津志辑佚》书影

距城之东有沙水、怀德二驿直至梅峤……至于送迎则有邮亭、津亭……宾至称便。”其中，八使行衙，在郡城内南隅，距郡治百余步，规模壮伟，屋宇高敞。淳熙八年（1181年）郡守韦能重修，他州莫及。寄梅驿，在郡城之南；沙水驿，在城二十五里；凌江馆，在南市，濒江。“凌江驿，端平甲午元年（1234年）郡侯张友亦一新之，行衙驿遂成鼎立，士夫于于而来者皆如归焉。”[①]

由广州北上，除经南雄梅关越大庾岭进入江西的交通路线以外，还有经乐昌到宜章进入湖南的交通路线，另外由广东的连州也可进入湖南。广东的商品通过以上路径皆可进入内地交换。

在刘蒙正规划广州香药北上经南雄入江西以前，由广州进口的商品是经由湖南北运的[②]。在香药改道以后，很多广东商人运输商品仍然经由此道。《续资治通鉴长编》中记有这样一个案例：

先是（任）颛知潭州，会广州大商道死，籍其财，得真珠八十两，以无引漏税没入官。颛与本路转运判官李章及其僚佐贱市之，其后死商之子讼于三司，遂置狱湖南。案未上，三司使王拱辰悉以进内，御史赵抃弹奏拱辰，以章为宰相陈执中婿，阴有附结，请并劾拱辰，以戒中外。至是，夺颛职，徙章监当，余悉坐追停。[③]

① 《永乐大典》卷六六六五《雄·南雄府二·馆驿》，中华书局1986年影印本。

② 参见曹家齐：《宋代南方陆路交通干线沿革述考》，张其凡、范立舟主编：《宋代历史文化研究（续编）》，人民出版社2003年版，第184—198页。

③ （宋）李焘：《续资治通鉴长编》卷一八〇，至和二年七月己未，中华书局2004年版，第4356页。

贰

省内交通路线

广州至粤东的潮州驿路，一是经循州、梅州，然后沿韩江到潮州；一是沿海岸线北行，经海丰到潮州。宋代在潮惠沿海交通线上创造性地设“庵”代驿，由僧人长住维护，为经行的客旅提供了极大的方便，还在道旁凿井，以优惠条件迁徙人户于道旁并设置路堠。从广州出发到粤西的交通路线也有悠久的历史，其走向大体是沿西江西行经广西的梧州、滕州，南行至容州的北流、陆川，然后南下雷州，渡海到琼州。

本书作者（前右一）调研潮州古驿道

广州至粤东的潮州，在宋代就已经修建有驿路，一是经循州、梅州，然后沿韩江到潮州；一是沿海岸线北行，经海丰到潮州。在南宋绍兴二十九年（1159年）以前，广州和潮州之间就有上下两条道路，只是这两条道路的路况多不尽如人意，经林安宅主持修缮后，其下路，即沿海东北行的驿路状况大为改观。关于绍兴二十九年修缮广州至潮州交通道路的详细情况，林安宅作有《潮惠下路修驿植木记》，摘录如下：

绍兴戊寅，予蒙恩将漕东广。至潮问途趋番禺。父老谓予曰："直北而西，由梅及循，谓之上路；南自潮阳，历惠之海丰，谓之下路。绵亘俱八百余里。上路重冈复岭，峻险难登，林木蓊翳，瘴疠袭人，行者惮焉。下路坦夷，烟岚稀远，行人多喜由之，然犹有不便者四。自有下路以来，役保甲为亭驿子。亭驿距保甲之家且远，客至则扶老携幼，具荐席，给薪水，朝夕执役如公家之吏，不敢须臾离焉，俟其行乃去。客未至则尉之弓手，巡检之士兵，预以符来，需求百出。客或他之，则计薪刍，尽锱铢，取资直而去。民以为苦，此其不便一也。官兵旁午鱼肉百姓，编氓远徙，不敢作舍道傍，行人无所叩阍以求水火。长堤旷野，绝无荫樾，炎天烈日，顶踵如焚，莫可休息；渴则饮恶溪之水，其不病者鲜。此其不便二也。驿可宿，亭不可宿；日行止于

潮州饶平古驿道

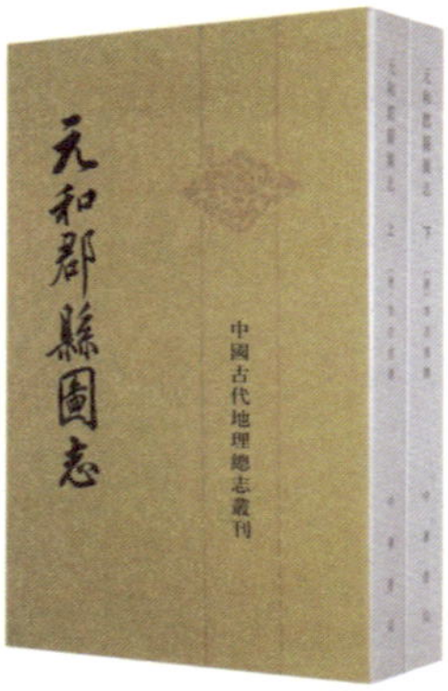

《元和郡县图志》书影

三四十里，过是则投夜无所。桥道颓毁，积水不泄，春霖秋潦，横流暴涨，行人病涉，往往多露宿以待涸而后进。此其不便三也。沙汀弥望，杳无人烟，盗贼乘之，白昼剽窃，呼号莫闻，受御者不一，而州县莫之知。此其不便四也。”予闻之，不觉失声叹息之不已。乃移檄州县官，既同王事，安可坐视？而潮惠之守令皆欣然相从，与其佐同心协力，创盖铺驿，增培水窟，夹道植木，跨河为梁。诱劝乡民，移居边道。而海丰令陈光，又唱增置铺兵之说于予；而潮、惠二守深以为然。每亭驿各差兵士以供执役之劳；而百姓之为亭驿子者，率皆罢去。俾得仰事俯育，不复有追呼之扰。予又刷上路驿铺之冗兵，以益下路。依闽中温陵上下路各置铺例，闻于朝庭。于是铺兵与居民相为依倚。道旁列肆为酒食，以待行人。来者如归，略无前日之患。[①]

① 陈香白：《潮州三阳志辑稿》卷一二《碑刻》，中山大学出版社1989年版，第76—77页。

由林安宅的记述可知，在北宋时期，广州至潮州的递铺设于经由循、梅到潮州的上路。自绍兴二十九年（1159年）以后，才依据温陵上下路均设递铺的先例，设置了广州经由海丰到潮州的下路递铺。下路递铺的设立，便于广州至潮州，进而经福建到南宋政治中心临安的联系。这也适应了宋政权南迁后，政治中心迁往东南的变化。应该说，此后广州至潮州的上下两条交通路线基本稳定下来，而下路的重要性则超过了上路。

自南宋改善广州至潮州的下路以后，潮州以及潮州至广州沿途的驿馆便时常修缮。为了使驿馆有较长的使用期，宋代在潮

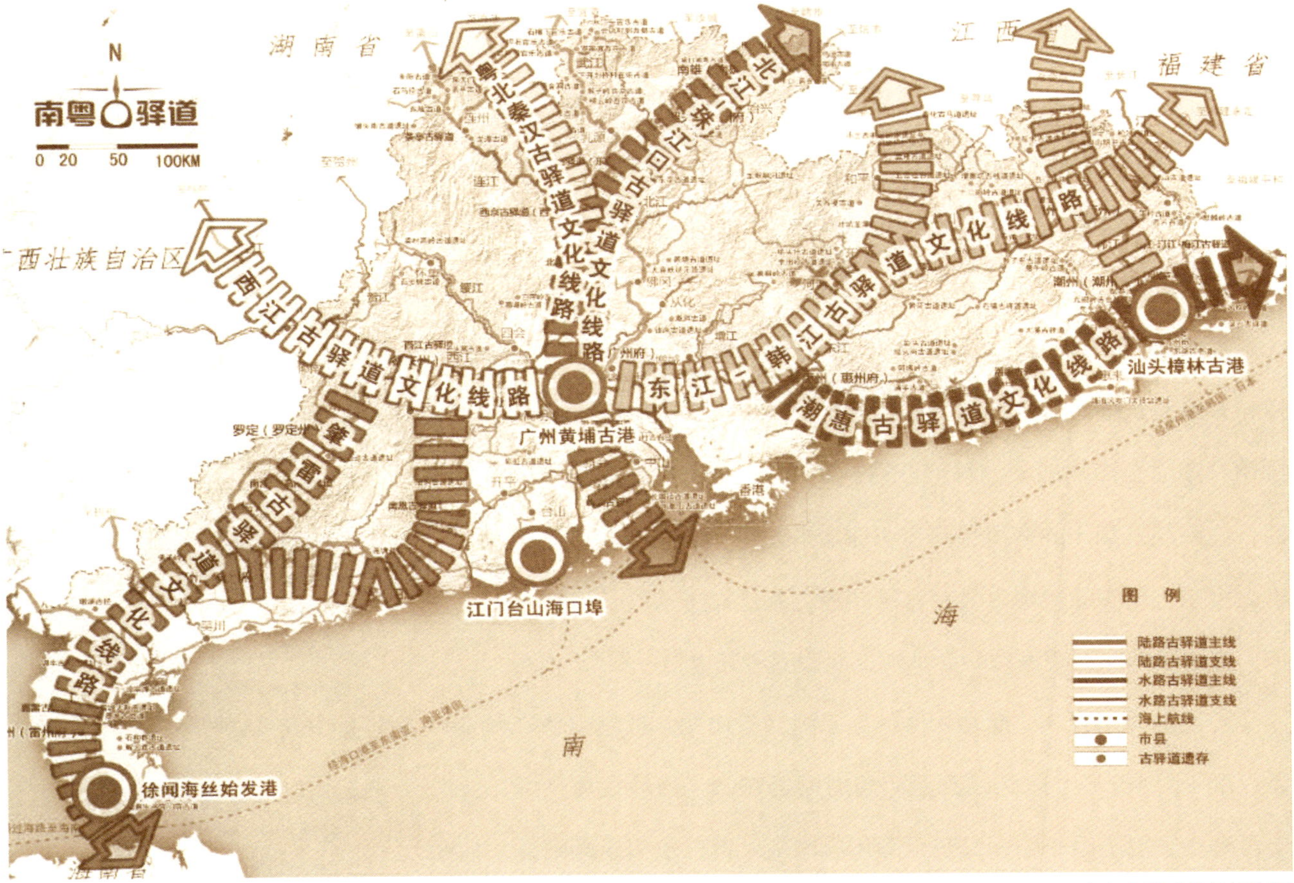

南粤古驿道保护规划图

汕头古驿道新兴街

惠沿海交通线上创造性地设“庵”代驿，由僧人长住维护，为经行的客旅提供了极大的方便。并且“庵”因有僧人的精心维护，“故庵逮今犹始创也”，既延长了使用寿命，又大大节省了驿馆的修缮费用。宋代在潮惠驿路上创造性设“庵”，应该说是匠心独运之笔。

潮州虽然在广东的最东边，但也是一个重要的对外贸易港口，并且是从福建南下广东的必经之地。对此，唐代便有记载，潮州“东北至漳州取漳浦县路四百八十里”。[①]自宋政权南迁以后，往来经过潮州的官员和商客明显增多。宋人有谓：“潮居广府之极东，与闽岭比壤。凡游官于广者，闽士居十八九。自闽之广，必达于潮。故潮虽为岭海小郡，而假道者无虚日。”[②]

元代也有记载：“潮之为郡，介乎闽、广之冲，凡趋闽趋广者，靡不经焉。”[③]这条路直至明清时期仍在，“自岭东惠州海丰县南八十里出甲子门，又东至潮州府城南一百五十里出潮阳，

① （唐）李吉甫：《元和郡县图志》卷三四《岭南道一》，中华书局1983年版，第895页。

② 陈香白：《潮州三阳志辑稿》卷一二《碑刻》录（宋）郑厚：《风水驿记》，中山大学出版社1989年版，第79页。

③ 陈香白：《潮州三阳志辑稿》卷一二《碑刻》录（元）梁佑《仰韩阁记》，中山大学出版社1989年，第95页。

《临汀志》书影

东北可抵闽越。”[①]

尤其在南宋，福建成为中央联系广东的重要陆路通道。建炎四年（1130年）五月，广西路左右两江峒丁公事李域言：“措置收买战马，发赴行在。探报江西路各有贼马，道路阻节。今踏逐得广东有便路，经自福建入两浙，赴行在。欲起马纲，自广东径路前去。”[②]这说明两浙经福建通广东，至迟在南宋初已发挥作用。

宋代潮州还设有通往福建汀州的驿路，《永乐大典》中引宋代所修方志《临汀志》[③]记载，长汀县在东、东南、南、西四个方向均设有递铺。成功驿、温泉驿、双溪驿、上洪驿（下注“今废”）。这些驿站的方位在长汀县治的南方；“古城铺在县西四十五里”，下注“旧有驿”。

长汀驿在县东，岩头铺在县东南，长潭铺在县西南。

宁化县宝祐六年（1258年）在县城设宁阳驿，并且有长乐驿和鳞源驿标明“今废”。

宁化县的递铺中“露溪铺在县北一百里”，下注“旧有驿”，应该是长乐驿和鳞源驿中的一个。

清流县有嵩溪铺，“在县东五十里，旧有驿。郡守陈公轩秩满抵驿，有寄清流宰赵通直诗”。“陈轩，字元兴，富沙人。宋元丰六年（1083年）知州事，治尚简静。暇日与郡卒郭祥正登山临水，觞咏酬酢百余篇，邦人至今以为美谈”。[④]上杭县有“刘奢铺，在县南九十里”，下注“旧有驿”。[⑤]

如果将这些注明“今废”的驿站或下注有“旧有驿”的递铺连接起来，就会发现一条大致南北走向的驿路，即由刘奢沿鄞江

① （清）顾炎武：《天下郡国利病书》（不分卷）《广东上》，《续修四库全书》第597册，上海古籍出版社2002年版。

② （清）徐松辑：《宋会要辑稿·兵》二四之三二，中华书局1957年影印本。

③ 《永乐大典》中收录的《临汀志》为宋宝祐年间所修，见《永乐大典》卷七八九五《汀·汀州府·题咏》所引胡太初序和赵兴跋，中华书局1986年影印本。

④ 《永乐大典》卷七八九四《汀·汀州府·名宦·陈轩》引《临汀志》，中华书局1986年影印本。

⑤ 驿站均见之《永乐大典》卷七八九二《汀·汀州府·邮驿》，中华书局1986年影印本。

经上杭、长汀到宁化的路线。另外从长汀还可以向西经古城铺进入江西。这些驿站在宋代宝祐以前就已经废弃不用，但交通道路不会因官府取消了驿站而废弃。

在长汀通往潮州的道路上，宋代设有递铺。《临汀志》记载长汀县以南有樟木铺，在县南三十里；朱溪铺，在县南六十里；杉木铺，在县南九十里。①这条路线在明代仍设有递铺。明代嘉靖年间（1522—1566年）所修《汀州府志》中记有通往潮州方向的急递铺：大田铺、水口铺、车田铺、长桥铺、畲心铺、张屋铺，“以上六铺在府城南通上杭之潮州路”。②《临汀志》载上杭县南设有语口铺、语源铺、刘奢铺、横坑铺。③这些显然是通往潮州的递铺。

宋代梅州程乡也有道路直达福建汀州。据载，程乡“东北由陆路，至松源都一百三十里，接福建上杭县界”。④五代后梁龙德二年（922年）四月，“汉主岩用术者言，游梅口镇避灾，其地近闽之西鄙，闽将王延美将兵袭之，未至数十里，侦者告之，岩遁逃仅免”。⑤按《元丰九域志·广南路》记载，梅口镇，宋时隶属梅州程乡县。由程乡到上杭，然后直通福建汀州。即使程乡地区附近的一些边远山区，也有道路可以到达福建。如大埔县，“天门岭，县南二十里，两峰杰峙，中有径通福建平和县。”⑥

长汀通往潮州的道路，为潮州与内地的商品交流提供了便利。宋代的汀州“寰匮繁复，不减江浙中州”。⑦潮州的盐可沿江北上，运销上杭等地。从潮州运盐似乎是民运官销的方式，促进了民间商业的繁荣，实际私自贩卖居多。“上杭县旧运漳盐，

① 《永乐大典》卷七八九二《汀·汀州府·邮驿·长汀县》引《临汀志》，中华书局1986年影印本。

② （明）邵有道等纂修：《（嘉靖）汀州府志》卷六《县治·长汀县·县属·铺舍》，《天一阁藏明代方志选刊续编》第39册，上海书店1990年影印本。

③ 《永乐大典》卷七八九二《汀·汀州府·邮驿·上杭县》引《临汀志》，中华书局1986年影印本。

④ 程志远等整理：《程乡县志》卷一《舆地志》，广东中山图书馆1993年版，第10页。

⑤ （宋）司马光编纂，（元）胡三省音注：《资治通鉴》卷二七一《后梁纪六》，中华书局1976年版，第8876页。

⑥ （清）顾祖禹：《读史方舆纪要》卷一〇三《广东四》，中华书局1955年版，第4729页。

⑦ 《永乐大典》卷七八九〇《汀·汀州府·坊里墟市》引《临汀志》，中华书局1986年影印本。

绍定间，郡守李公华申请改运潮盐，杭与潮接，私贩旁午，艰于发买，逐年只就潭口场撮买三中纲。”[①]

宋代政权南迁以后，由潮州北去交通路线的重要性显著增加。宋宁宗嘉定六年（1213年）五月，监登闻鼓院张镐上言论及文书传递，由福建至潮州更为便利，但“惟是福建路递铺官兵与潮州不相统属，故每每有沉匿之患”，希望部门之间加强协作。[②]

虽然经循州、梅州到潮州还有水路驿路，沿龙川江到龙川后经长乐到兴宁县又可以沿水路到潮州，但是龙川船站也仅设有站船三只；长乐县船站设有站船二只；旧县船站设有站船二只；梅州在城船站配置站船稍多，设站船八只，但是梅溪站也仅设站船四只。[③]与梅州水驿相连的潮州三河站，站船也仅为三只；产溪船站，设站船三只。[④]由此可见，自南宋以后，广州至潮州的下

雪中梅岭

① 《永乐大典》卷七八九〇《汀·汀州府·税赋》引《临汀志》，中华书局1986年影印本。

② （清）徐松辑：《宋会要辑稿·方域》一一之三八，中华书局1957年影印本。

③ 以上各站运力配置参见《永乐大典》卷一九四二三《站·站赤八·江西等处》引《经世大典》载惠州路、循州路、梅州所辖各站赤，中华书局1986年影印本。

④ 陈香白：《潮州三阳志辑稿》卷九《公署·铺驿》，中山大学出版社1989年版，第46页。

江门台山海口埠梅家大院骑楼

路较上路重要，到元代也没有大的改变。

元代广州至潮州的驿路仍然遵循宋代的上下两路。但是两路的站马设置稍有轻重，经由循州、梅州的站马数量相对较少。宋代广东人非常注意保护马，“蛮人马鞍，与中国鞍不相远，但不用韂，唯有桥、镫、贴腿耳。桥朱黑相漆，如犀毗纹。镫如半靴，藏足指其中。盖猺人路险，马行荆棘，惧伤足也。贴腿以皮包，下亦用毡以傅马脊。后鞦镟木，为大钱数十枚，珠贯而系之，如骡驴然。鞍皆大，宜于马脊，但前桥差低耳。”[①]

为了方便行人，还在道旁凿井，以优惠条件迁徙人户于道旁，并设置路堠。北宋时，广东潮州、惠州之间的一百三十多里道路沿线，沙土弥望，四居无人，行人“以冒暑得疾者且半”。丹徒县令蒋圆在境内道路两旁开凿九十二眼井泉，“人赖其惠，号蒋公泉”。[②]

①（宋）周去非著，杨武泉校注：《岭外代答校注》卷六《蛮鞍》，中华书局1999年版，第209页。

②（宋）张守：《毘陵集》卷一二《蒋公墓志铭》，影印文渊阁四库全书本。

本书作者考察雷州石狗文化

从广州出发到粤西的交通路线也有悠久的历史，其走向大体是沿西江西行经广西的梧州、滕州，南行至容州的北流、陆川然后南下雷州，渡海直到海南岛的琼州。宋代已有这方面的记录。

雍熙三年，“儋州上言，占城人蒲罗遏为交州所逼，率其族百口来附。四年秋，广州上言，雷、恩州关送占城夷人斯当李娘并其族一百五十人来归，分隶南海、清远县。端拱元年，广州又言，占城夷人忽宣等族三百一人求附。”[①]又，“乾道癸巳，闽人有以西班到选，得官吉阳军都监者，泛海之官，飘至占城，见其国（占城）与真腊，乘象以战，无大胜负，乃说王以骑战之利，教之弓弩骑射。占城王大悦，具舟送至吉阳，厚赍。随以买马，得数十匹，以战则克，次年复来，人徒甚盛。吉阳军因却以

① （元）脱脱：《宋史》卷四八九《外国五》，中华书局1977年版，第14080页。

江门台山海口埠

无马，乃转之琼管，琼管不受，遂怒而归，后不复至也。”[①]

颜广文先生在《元代粤西驿道驿站考略》[②]中，结合元代以后各朝代记载，对于广东境内由广州通往粤西唐宋时期驿道交通路线有详细的论述。

元代《析津志》记载有梧州沿西江到肇庆的驿站以及梧州西南水路，“开建，梧州也，州门、龙江、府口、庆德、辛村（其西）封州（正南）德庆、肇庆、新州（海）”，“梧州（西南水路）：金鸡、双镜（胜地也）月良、北流山、北流（东岸容州也）”。由北流路行合于宾州陆路，经陆川县大洞站[③]、永宁站、三合站、“桐油、城月、雷州（东南）将军、英利、沓磊”，即渡琼州海峡到海南岛。

从广州出发沿西江西行，到梧州后南行直到雷州半岛南端的交通路线。在元代所设各站的具体位置，前辈学者已有详细的考订。此条驿路在宋代大体与元代相同。

广州吕田镇莲麻村千年古官道

① （宋）周去非著，杨武泉校注：《岭外代答校注》卷二《占城国》，中华书局1999年版，第77页。

② 颜广文：《元代粤西驿道驿站考略》，《中国边疆史地研究》1996年第1期。

③ 王颋、祝培坤：《元湖广行省站道考略》，《历史地理》第3辑，1983年11月。

除了道路的修整开拓外，宋代还重视道路绿化。宋天禧年间，许申为韶州太守，“栽官道松榕数万株，至今行者感其德。”[①]榕树，易生易长，是做道旁树的佳种。“先是宋延祐间，有仓振者知新州，夹道植榕，其后高芝复植松。于是行旅歌之曰：仓榕高松，平泽重重；高松仓榕，夹道荫浓。”[②]

交通的发达，人口的流动，带来了地方社会、经济、文化的全面发展。如连州，“连之为郡，旧号小桂，昔为湖南胜地，今著名南越，湟川山水佳丽为岭南十四州之冠，人物富庶，商贾阜通”。[③]南宋英州，“其地文通经史，武便弓弩，婚嫁礼仪，颇同中原，地接南海，舟楫所通，有鱼盐之利，故富家乐商贩。”[④]要知道，英州北宋时期还有“人间生地狱”之称。

① （宋）祝穆撰、祝洙增订，施和金点校：《方舆胜览》卷三五《韶州》，中华书局2003年版，第639页。

② （清）屈大均：《广东新语》卷二五，中华书局1985年版，第617页。

③ （宋）王象之：《舆地纪胜》卷九二《连州·风俗形势》，中华书局1992年版。

④ （宋）王象之：《舆地纪胜》卷九五《英德府·风俗形势》，中华书局1992年版。

叁

国内商业贸易

将海外贩运来的商品，运到各地销售的任务，多由国内商人完成。宋徽宗崇宁三年（1104年）以前，外国客商只能在市舶司所在的州郡，向国内商人出售；崇宁三年以后，经市舶司批准可以到其他地方出售。南宋时期曾经一度取消了蕃客到其他地方出售商品的权利，淳熙二年（1175年）后，允许其在市舶司所在的路出售商品。可见当时外国客商在宋境内从事商业贸易受到不少限制，加之语言文化的差异，其在宋朝境内商品流通中起的作用应该是相当有限的。

交通条件的改善，大大带动贸易发展。通过海上输入广州的进口商品，经市舶司抽解、博买以后，客商即可自己出售货物，如朱彧所言："抽外官市各有差，然后商人得为己物"[①]。市舶司抽解博买的物货，除了运往京师或行在以外，相当部分是在市舶司所在地出售。尤其是一些体积大且较沉重的物货，或是价值不大的。另外，当官府手中掌握的进口商品数量较充足时，也要求将抽解博买的物货在当地出售。

将海外贩运来的商品，运到各地销售的任务，多由国内商人完成。宋徽宗崇宁三年（1104年）以前，外国客商只能在市舶司所在的州郡，向国内商人出售；崇宁三年以后，经市舶司批准可以到其他地方出售。南宋时期曾经一度取消了蕃客到其他地方出售商品的权利，淳熙二年（1175年）后，允许其在市舶司所在的路出售商品。可见当时外国客商在宋境内从事商业贸易受到不少限制，加之语言文化的差异，其在宋朝境内商品流通中起的作用应该是相当有限的。

北宋时期以及南宋初期，广州是最重要的贸易口岸，进口的珍宝香药除官府抽解、博买以外，其剩余商品的经销，因为有较大的利润，所以吸引了各色人等云集广州，从事进口商品的国内运销。蕃货行销东京（汴梁）、四川等地，主要还是沿北江北上，越大庾岭入江西，或越骑田岭进入湖南。但是陆路商品流

历史小知识

市舶司

官署名，较低者称市舶务。掌海外贸易征税、管理外商及收购舶来货物，及发放中国商人出海贸易的官券等。始于唐，盛于宋。两宋先后于广州、泉州、明州（今宁波）、杭州、温州、秀州华亭县（今上海松江）、江阴军（今江苏江阴）、密州板桥镇（今山东胶州）等地设市舶司或市舶务。长官为市舶使，另有市舶通判、监市舶使臣或管勾使臣等。

① （宋）朱彧撰，李伟国校点：《萍洲可谈》卷二《广州市舶司泊货抽解官市法》，上海古籍出版社1989年版，第25页。

通成本较大，而海运成本相对较低，故宋代沿海商品运销非常发达。宋神宗元丰六年（1084年），密州知州范锷曾言及沿海贸易情况：

辖下板桥镇隶高密县，正居大海之滨，其人烟市井交易繁夥，商贾所聚，东则二广、福建、淮、浙之人，西则京东、河北三路之众，络绎往来。然海商至者，类不过数月即谋还归，而其物货间有未售，则富家大姓往往乘其急而以贱价买之，在海商者十止得其四五之直，而富姓乃居积，俟时以邀倍称之利。欲乞于本州置市舶司，于板桥镇置抽解务，笼贾人专利之权以归之公上。[①]

《清明上河图》（局部）

①（宋）李焘：《续资治通鉴长编》卷341，元丰六年十月戊午，中华书局2004年版，第8199页。

《清明上河图》（局部）

当然，密州知州目的是为了在该地设置市舶司，其所言或许有一些夸张的成分，但是宋代近海商品运销已经很常见，则是没有疑问的。宋哲宗元祐三年（1088年），改板桥为胶西县，置市舶司。[①]

在宋代广东繁荣的对外商贸促使下，国内、区内的商品流通也较以前朝代有了长足的发展。

据上文考察已知，宋代广东地区农业生产大发展，成为重要的粮食输出区，各地出产的粮食多运往广州后，再由海路销往福建、江浙、海南等地。广州因此成为粮食贸易的中转地。《岭外代答》言广西的米“舳舻衔尾，运之番禺”，不是因其米多了，而是“生齿不蕃，食谷不多”，商人正好低价购入，运往广州牟利。

广东宋代沿海商业运输航线不仅由珠江口北上，南下海南岛的商人也相当多。

朱崖军，在琼州之南十有六程，地窄人少，税米不足。旧年拨昌化军丁税米输之，不惟地远，兼在路为黎人抄截，每年吏人先以钱往籴纳，每斗算钱三四百，民甚苦之。然闻朱崖军颇有生熟黎峒米，并海北客舟载米，及军人等坐仓皆可收籴……客人所来州郡物货贵贱不同，自泉、福、两浙、湖、广来者，一色载金

① （宋）李焘：《续资治通鉴长编》卷409，元祐三年三月乙丑，中华书局2004年版，第9957页。

银、匹帛所直或及万余贯；自高、化来者，惟载米包、瓦器、牛畜之类，所直或不过一二百贯。[1]

广州沿海生产食盐，除了官府的运销以外，私盐贩运也很普遍，私人贩盐多销往粤北以及江西、福建等地。“巨产之家，得米则南下于广，粜买钞盐以取赢。”[2]私贩食盐很多都以武力为后盾，“每岁秋冬，田事才毕，恒数十百为群，持甲兵旗鼓，往来虔、汀、漳、潮、循、梅、惠、广八州之地。”[3]私人贩盐虽为非法经商行为，但在一定程度上也促进了商品流通。

两广的牛畜在宋代也大量输往北方。北宋前期的杨亿写过一首《民牛多疫死》的诗，诗题下有小注曰：“水牛多自湘、广，商人驱至，民间贵市之以给用。”[4]南宋时，赣南农民每到农闲季节，用土布等自家手工制品，来广东购买自己需要的牛畜，甚至成批北运以求牟利。“然赣、吉之民，每遇农毕，即相约入南贩牛，谓之‘作冬’。”有时候实际上就是明抢。“初，

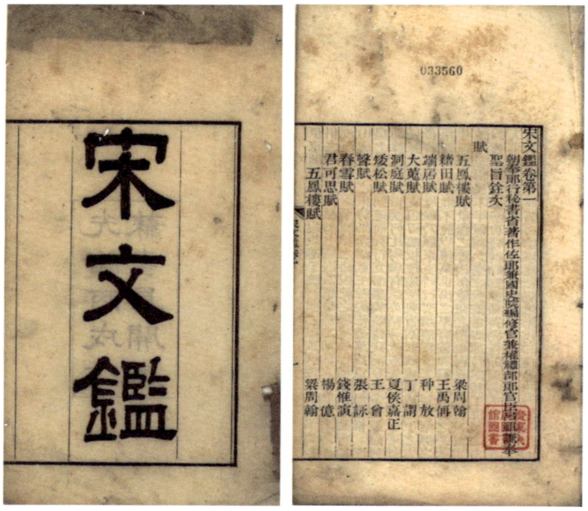

《宋文鉴》书影

① （宋）李焘：《续资治通鉴长编》卷三一〇，元丰三年十二月庚申，中华书局2004年版，第7521—7522页。

② （宋）王象之：《舆地纪胜》卷九五《英德府·风俗形胜》，中华书局1992年版。

③ （元）脱脱：《宋史》卷一八二《食货下四》，中华书局1977年版，第4441页。

④ （宋）吕祖谦编，齐治平点校：《宋文鉴》卷二四，中华书局1992年版，第359页。

亦将些小土布前去博买，乃至买得数牛，聚得百十人，则所过人牛，尽驱入队”。加上贩牛又要交税，“二广州郡，收贩牛税其来久矣”，更是“贩牛者少，因而行劫者多”。经常引发两地的群殴，以至“近到广西，多言湖南、北人来广西贩牛为害”。[①]《宋会要辑稿》亦载：“雷化等州，牛多且贱。”[②]

在宋代广东便利的交通条件下，各种经济作物和日常用品、生产工具也开始了市场化的历程。当然，此时只是一粒种子在萌芽。

①（清）徐松辑：《宋会要辑稿·食货》一八之二六，中华书局1957年影印本。

②（清）徐松辑：《宋会要辑稿·食货》三之一〇，中华书局1957年影印本。

海不揚波

第七章 海丝扬帆

天公分付水生涯，从小教他蹈浪花。
煮蟹当粮那识米，缉蕉为布不须纱。
夜来春涨吞沙觜，急遣儿童斸荻芽。
自笑平生老行路，银山堆里正浮家。

——（宋）杨万里：《蜑户》

杨万里笔下的疍户，是千年来以舟为室、浮生江海的水上居民，又称疍民。疍户的生活，可没有文人笔下和现代人想象中的浪漫，而是充满了艰辛与被歧视。疍户不准上岸定居，不准与陆上人通婚，不准入学读书和参加科举考试，他们过着“四海漂泊无定处，终年劳累终年愁”的生活。

北宋时，传统的陆上“丝绸之路”，因西夏等少数民族政权占据河西走廊一带而时断时续，不甚畅通，海上贸易之路遂日渐繁盛。及至南宋，背海立国，西北丝路不在辖境，贸易更以海上为主。

中山大学教授黄伟宗曾到广东怀集、广西贺州梧州等地，从出土文物、古建遗址、民风民俗、语言以及当地文献作了多方面的实地考察，提出“怀集县是广东海陆丝绸之路衔接点”[①]的观点，并获广泛认同。在宋代，以广州为中心的广东地区极大程度地参与了中西海上交通与贸易，成为当时广东经济的一个亮点。

① 详见郑君、谭扬汉、吴志东：《天后宫藏身山区引出热点课题，中大黄伟宗教授提出中国海陆丝绸之路交接在怀集》，《南方日报》2004年1月2日。

壹

广州通海夷道的拓展

据说古代西方人最喜欢中国的两样东西，一是瓷器，一是丝绸，而后者更是被德国著名地理学家李希霍芬用以冠名西域商路，即人们熟悉的“丝绸之路”（1877年首次提出，后为世人所公认）。据《新唐书》记载，当时东南沿海有一条通往东南亚、印度洋北部诸国、红海沿岸、东北非和波斯湾诸国的海上航道，即所谓“广州通海夷道”，这大概是“海上丝绸之路”的最早叫法。一般认为“海上丝绸之路”形成于秦汉时期，发展于隋唐时期。具体而言，有东海航线和南海航线两条主线路。东海航线指中日海路。南海航线则以广州为起点，以南海为中心，其间途经百余国，全长共两万八千里。是当时世界上最长的国际航线。当时的广州港，“连天浪静长鲸息，映日帆多宝舶来”。

广东是一个海洋大省，自古以来“海”味浓郁。据著名学者王庚武的研究，广东的海外贸易应在秦汉时期渐有规模。[①]但最早完整描述南海航路的，则是《汉书·地理志》所记载的通往黄支之路。[②]黄支之路必须走一程跨越中南半岛的陆路。随着航海技术与船舶建造技术的不断进步，船只远离大陆的航行能力不断增强。

晋代法显记录的南海航路，可以通过巽他海峡直趋广州。[③]

唐时，由于大食的崛起而使传统丝路受阻，南海航路得到了较大发展。唐德宗贞元年间（785—805年），贾耽记录了从广州经过南中国海、印度洋至波斯湾的“广州通海夷道”[④]。此道得到了阿拉伯地理学家伊本·胡尔达兹比赫的佐证。[⑤]

北宋地图

① 参见王赓武著，姚楠编译：《南海贸易与南洋华人》，中华书局香港分局1988年版。

② （东汉）班固：《汉书》卷二八《地理志下》，中华书局1962年版，第1671页。

③ （东晋）法显撰，章巽校注：《法显传校注》，上海古籍出版社1985年版，第148页。

④ （宋）欧阳修、宋祁：《新唐书》卷四三《地理志七下》，中华书局1975年版，第1143页。

⑤ 参见[阿拉伯]伊本·胡尔达兹比赫著，宋岘译注：《道里邦国志》，中华书局1991年版，第63—74页。

南宋地图

北宋时期，“广州通海夷道”仍是承载南海贸易的主航路。即商船从广州起航，向南至珠江口的屯门港，然后折向西南方，过海南岛东北角附近的七洲洋，经越南东南部海面，越过马来半岛湄公河口，再通过新加坡海峡到苏门答腊岛，向东南行驶往爪哇，西出马六甲海峡，横越印度洋抵达斯里兰卡和印度半岛的南端，再从印度西海洋至波斯湾的奥巴拉港和巴士拉港。如果换乘小船，沿着幼发拉底河航行一段时间，就可以到达阿拉伯帝国首都，即今天的巴格达。[①]

《岭外代答》记载，三佛齐是当时中国与海外交通的中转站，从三佛齐到广州、泉州的航路，是大食、阇婆、故临等国北入南中国海的主要航线。[②]可是，周去非并没有详细罗列具体的航路。宋真宗大中祥符八年（1015年），注辇国贡使娑里三文入宋朝贡，其行程刚好补足了这一块内容：

① 《唐朝广州为“通海夷道”起点》，《晶报》2014年3月2日A12版。

② （宋）周去非著，杨武泉校注：《岭外代答校注》卷三《外国门下·航海外夷》，中华书局1999年版，第126页。

三文离本国，舟行七十七昼夜，历郍勿丹山、婆里西兰山至占宾国。又行六十一昼夜，历伊麻罗里山至古罗国。国有古罗山，因名焉。又行七十一昼夜，历加八山、占不牢山、舟宝龙山至三佛齐国。又行十八昼夜，度蛮山水口，历天竺山，至宾头狼山，望东西王母塚，距舟所将百里。又行二十昼夜，度羊山、九星山至广州之琵琶洲。①

关于这条线路的几个地点，学界多有考证，见仁见智。总体而言，其大致位置与贾耽所述基本一致。

综合史籍记载：宋时，从广州、泉州出发，逆娑里三文的行

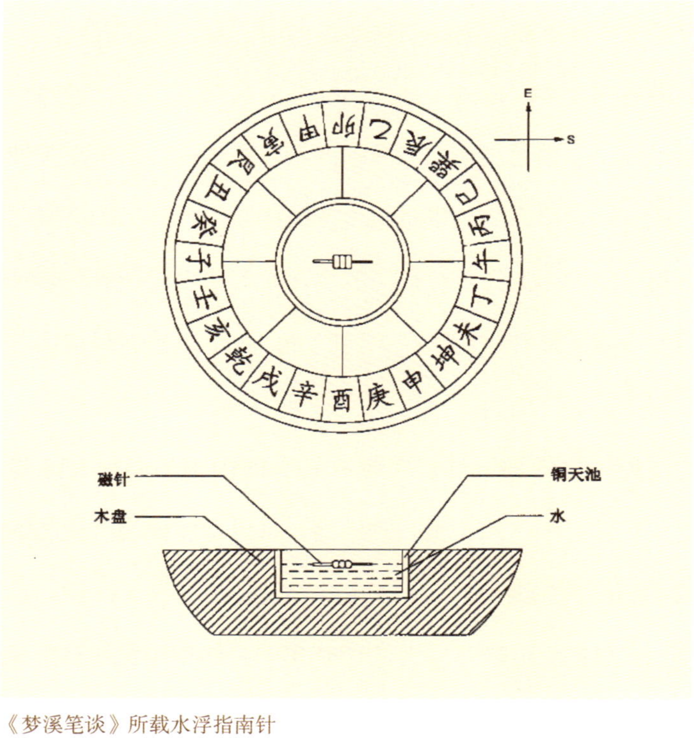

《梦溪笔谈》所载水浮指南针

① （元）脱脱：《宋史》卷四八九《外国五》，中华书局1977年版，第14098页。

程，至三佛齐，并延伸至印度、阿拉伯甚至是东非海岸，形成了比“广州通海夷道”更为完整、更为广域的海上交通航路。这是宋人对海交史的一项贡献。

这种成就应该和宋代航海技术的进步是分不开的，尤其是指南针的发明和航海地图的出现。咸平六年（1003年），知广州凌策向朝廷献海外诸蕃地理图；[①]宣和五年（1123年），徐兢奉使高丽时，曾因“神舟所经岛洲苫屿而为之图”。[②]南宋时赵汝适亦曾“阅诸蕃图”。[③]

另外，我国历史上很早就有海船乘潮航行和关于潮汐运动的论述，到了宋代，对潮汐的研究有了更显著的进步。天圣三年（1023年），余靖写出了《海潮图序》[④]，进一步阐明了潮汐与四季及朔望的关系。至和三年（1056年），吕昌明编制潮汐表，宋政府将此表公布于码头，供航海使用。此表后来收印在《淳祐临安志》中，名为《四时潮候图》，比英国伦敦的潮汐表早150年。[⑤]

另外，沈括还对潮汐的“港口常规时差”作了明确的定义。[⑥]指南针的发明、航海地图的绘制和对潮汐的熟练掌握，都标志着宋代航海技术的进步。因此，与唐代船只通常只能沿海岸或是近海航行相比，宋代船舶的续航、跨海能力已不可同日而语。

需要指出的是，东南亚诸国在宋代去往中国的航线，应该是在越南中南部沿海航行，然后东北行，直到海南岛东南角，再沿海南岛东岸航行到海南岛东北角，东北行至屯门，入内河，抵广州。一般不沿今越南北部海岸航行，经琼州海峡到达广州。

周去非《岭外代答》中曾言钦廉沿海航行的艰难，“尝

① （宋）李焘：《续资治通鉴长编》卷五四，咸平六年五月乙卯，中华书局2004年版，第1195页。

② （宋）徐兢：《宣和奉使高丽图经》卷三四，朝鲜史料汇编（一），国家图书馆文献缩微复制中心2004年版。

③ （宋）赵汝适撰，杨博文校释：《诸蕃志校释》赵汝适序，中华书局2000年版，第1页。

④ （宋）余靖：《武溪集》卷三《海潮图序》，《北京图书馆古籍珍本丛刊》第85册，书目文献出版社1998年版。

⑤ 转引曹家齐：《唐宋时期南方地区交通研究》，华夏文化艺术出版社2005年版。

⑥ （宋）沈括：《梦溪笔谈·补笔谈》卷二《象数》，江苏古籍出版社1999年影印本。

闻之舶商曰：‘自广州而东，其海易行；自广州而西，其海难行；自钦廉而西，则尤为难行’……若广西海岸皆砂土，无多港澳，暴风卒起，无所逃匿。至于钦廉之西南，海多巨石，尤为难行”[①]。

宋代广东还通过沿海航线与福建、江浙地区交往，这些航线早在唐朝便已存在。唐宋时期的恩州（后改为南恩州），“颇有广陵、会稽贾人船循海东南而至，故吴越之物不乏于斯。”[②]雷州，“东至海岸二十里，渡小海抵化州界地，名硇州，泛海通恩等州，并淮、浙、福建等。”[③]前文提到的宋代广东输米入福建也是走海路。

从东南亚海域沉船打捞出的宋代青黄釉碗

① （宋）周去非著，杨武泉校注：《岭外代答校注》卷一《象鼻砂》，中华书局1999年版，第37—38页。

② （宋）乐史：《太平寰宇记》卷一五八《岭南道二》，文海出版社1980年影印本。

③ （宋）乐史：《太平寰宇记》卷一六九《岭南道十三》，文海出版社1980年影印本。

贰

海外贸易目的地增加

宋朝以后，由于游牧民族不断肆虐南下，北方商路完全断绝，而正因为如此，海上商路变得愈为重要。宋代，随着造船业的进一步发展，指南针的发明和宋王朝对外贸的格外重视，这一时期与广东通商的国家、地区数量比唐代30余个多了不少。依据《岭外代答》《诸蕃志》的记载，共有50多个。据有关史料的统计，两宋时期广州进口商品种类急剧增加，由北宋时的七八十种，增至南宋的330多种。其中，进口商品以香药、珍珠、犀角、象牙等最为著名。出口商品以手工业品为主，主要有金银、缗钱、铅锡、杂色帛、瓷器。

在我国古代对外贸易中，广州长期居于极其重要的地位，自汉代以来，广州一直是历代王朝对外贸易的重要港埠。

《汉书》载，广州“处近海，多犀、象、毒冒、珠玑、银、铜、果布之凑，中国往商贾者多取富焉。番禺其一都会也”。[①]到唐代，广州已经成为最大的对外贸易港口，“广州地处要会，俗号殷繁，交易之徒，素所奔凑”。[②]与之通商的国家、地区，日本真人元开在《唐大和上东征传》中记载玄宗天宝年间，广州北面的西江，“江中有婆罗门、波斯、昆仑等舶不知其数，……其船深六七丈，狮子国、大石国、骨唐国、白蛮、赤蛮等往来居住，种类极多”；[③]《新唐书》云：“罗越者，……岁乘舶至广州，州必以闻”。[④]综合《册府元龟》《旧唐书》《新唐书》等史籍的记载，与广州通商的国家、地区还有真腊、古逻、室利佛逝、堕婆登、大食、阇婆、林邑、郎伽戍、单单、盘盘、哥哥、拘蒌密等。

宋代，随着造船业的进一步发展，指南针的发明和宋王朝对外贸的格外重视，这一时期与广东通商的国家、地区数量比唐代30余个多了不少。依据《岭外代答》《诸蕃志》的记载，共有50多个。

位于东南亚的有：交阯、占城、宾瞳龙、真腊、登流眉、蒲甘、罗斛、单马令、加罗希、凌牙斯加、佛罗安、吉兰丹、登牙

① （东汉）班固：《汉书》卷二八《地理志下》，中华书局1962年版，第1670页。

② （唐）陆贽：《唐陆宣公翰苑集》卷一八《论岭南请于安南置市舶中使状》，四部丛刊初编本。

③ [日]真人元开著，汪向荣校注：《唐大和上东征传》，中华书局2004年版，第74页。

④ （宋）欧阳修、宋祁：《新唐书》卷二二二《南蛮传下》，中华书局1975年版，第6303页。

乳香

降真香

依、蓬丰、三佛齐、凌牙门、监篦、蓝无、宾国、蒲哩噜、麻逸、麻啰奴、丹戎武罗、什庙、西龙宫、日丽、加卢曼头、沙华公国、勿奴孤、平牙夷、阇婆、新托、白草原、禧宁、戎牙路、莆家龙、打网、琶离、麻离，以三佛齐、阇婆为都会。

位于南亚的有：南毗无离巴国、细兰、都奴何、麻啰华、故临、胡茶立東、注辇、鹏茄罗、南尼华罗、天竺等，以天竺为都会。

龙涎香

位于西亚与东非的有：大秦、大食诸国。《诸蕃志》列出大食有20多个国家，其中不少有专条描述：密徐离、勿拔、施曷、奴发、亚四包闲、罗施美、木俱兰、伽力吉、毗啫耶、伊禄、白达、思莲、积吉、甘眉、蒲花罗、层拔、弼琶罗、瓮蛮、记施、麻嘉、弼斯罗、吉兹尼、忽斯离、中理、芦眉、木兰皮、遏根陀。

唐代，中国商人输出丝织品、布、瓷器、金银、铜器、铁器等。对外贸易的发展，造成这些商品大量外流，有时还遭到唐政府禁止。《唐律疏议》规定：“锦、绫、罗、縠、绸、绵、绢、布、牦牛尾、珍珠、金、银、铁，并不得度西边诸关及至缘边诸州兴贸”。[①]说明由于过度的物资外运，危及到了唐政府的经济安全。

外国商人输入唐朝的商品主要有四类：一类是珍珠、宝石、火珠、宝玉；二类是乳香、苏木、龙脑、沉香、青黛、郁金香、胡椒、肉桂、椰油等香药；三类是

玛瑙

① （唐）长孙无忌等撰，刘俊文点校：《唐律疏议》卷八《齎禁物私度关》，中华书局1983年版，第176—177页。1975年版，第6303页。

犀角、象牙、犬猿、鹦鹉等奇珍异禽；四类是波稜菜、酢菜、胡芹、浑提葱、菩提树等。此外，有朝霞布、火烷布、文甲、猛火油、白氎、花氎、玻璃制品，甚至奴隶。外商输入唐朝的商品数量也是很大的，韩愈说："外国之货日至，珠、香、象犀、玳瑁，奇物溢于中国，不可胜用。"[①]《唐大和上东征传》也说，外国舶船在广州"不知其数，并载香药、珍宝，积载如山……种类极多"。[②]

据有关史料的统计，两宋时期广州进口商品种类急剧增加，由北宋时的七八十种，增至南宋的330多种。

其中，进口商品以香药、珍珠、犀角、象牙等最为著名。出口商品以手工业品为主，主要有金银、缗钱、铅锡、杂色帛、瓷器。由于贸易商品种类繁多、数量巨大，利益甚厚，宋朝政府设置专门机构进行管理。《宋史》明载："置市舶司于广州，后又于杭、明州置司。凡大食、古逻、阇婆、占城、勃泥、麻逸、三佛齐诸蕃并通货易，以金银、缗钱、铅锡、杂色帛、瓷器，市

珍珠

香药

① （唐）韩愈著，阎琦校注：《韩昌黎文集注释》卷四《送郑尚书序》，三秦出版社2004年版，第430页。

② [日]真人元开著，汪向荣校注：《唐大和上东征传》，中华书局2004年版，第74页。

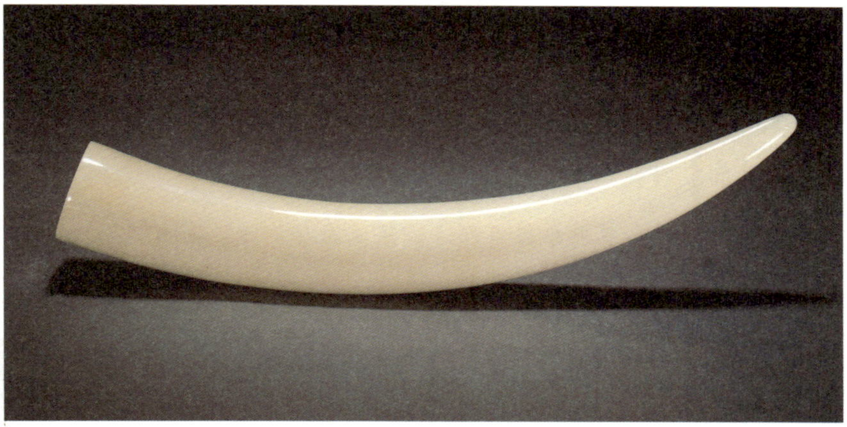

象牙

香药、犀象、珊瑚、琥珀、珠琲、镔铁、鼊皮、瑇瑁、玛瑙、车渠、水精、蕃布、乌樠、苏木等物。”①

进口的奢侈性消费商品，起初由官府专卖，后来改为部分专卖。“（宋）太宗时，置榷署于京师，诏诸蕃香药宝货至广州、交阯、两浙、泉州，非出官库者，无得私相贸易。其后乃诏：‘自今惟珠贝、玳瑁、犀象、镔铁、鼊皮、珊瑚、玛瑙、乳香禁榷外，他药官市之余，听市于民’”。②

官方通过和买和抽解，汇集大量宝货香药，经市舶司分套编估，分纲运到京师汴梁或行在杭州，贮于香料库或其他机构，如果不是禁榷的商品，可以由这些机构分送京师榷易务，及各地杂买场出售，因是垄断经营，所以获利甚丰。

出口商品主要是金银铜器、日杂用品等手工业产品。如宋神宗元丰五年（1082年）十月：

犀角

① （元）脱脱：《宋史》卷一八六《食货下八》，中华书局1977年版，第4558页。（清）徐松辑：《宋会要辑稿·职官》四四之一有相近的内容，中华书局1957年影印。

② （元）脱脱：《宋史》卷一八六《食货下八》，中华书局1977年版，第4559页。又见（清）徐松辑：《宋会要辑稿·职官》四四之一，中华书局1957年影印本。

广东转运副使兼提举市舶司孙迥言："南蕃纲首持三佛齐詹卑国主及管勾国事国主之女唐字书，寄臣熟龙脑二百二十七两，布十三段。臣昨奉差委推行市舶法，臣以海舶法敝，商旅轻于冒禁，每召贾胡示以条约，晓以来之之意。今幸刑戮不加，而来者相继，前件书物，臣不敢受领，乞估直入官，委本库买彩帛等物，候冬舶回报谢之。所贵通异域之情，来海外之货。"从之。[①]

又如宋高宗绍兴四年（1134年）七月六日，

广南东路提刑司言："大食国进奉使人蒲亚里将进贡回赐到钱置大银六百锭及金银器物匹帛，被贼数十人持刃上船，杀死蕃牧四人，损伤亚里，尽数劫夺金银前去。"[②]

"南海Ⅰ号"出水"金手镯"

上述两则材料指明，出口主要是丝织品和金银铜器，其他还有数目不菲的陶瓷制品。其中尤以铜的外流，对广东经济影响巨大。一方面加重了"钱荒"，影响了国内商业的正常运作，另一方面间接刺激了粤北冶金业和铸币业的发展。

北宋中期大臣张方平即指出：夫铸钱禁铜之法旧矣，令敕具载，而自熙宁七年颁行新敕删去旧条，削除钱禁，以此边关重车而出，海舶饱载而回。[③]"海舶饱载而回"，即指铜钱出口，流往南海诸国。宋室南渡后，铜钱的鼓铸大不如北宋，铜器、铜钱外流却较北宋严重。

① （宋）李焘：《续资治通鉴长编》卷三三〇，元丰五年十月甲子，中华书局2004年版，第7954页。

② （清）徐松辑：《宋会要辑稿·蕃夷》四之九三，中华书局1957年影印本。

③ （宋）张方平著，郑涵点校：《张方平集》卷二六《论钱禁铜法事》，中州古籍出版社1992年版，第410—411页；（明）黄淮、杨士奇编：《历代名臣奏议》卷二六九（宋）张方平上疏，上海古籍出版社1989年影印本。

历史小知识

铜钱外泄

宋代实行铜本位币制，铜钱铸造规模非常庞大，但一直闹“钱荒”，即钱重物轻，流通手段不足。个中原因很多，宋人认为“铜钱外泄”“散诸四夷”是一个重要原因。一方面，宋代铜钱不断流入辽、夏、金辖区，实际上成为当时各并立政权的通用货币。另一方面，大量铜钱流入东亚的高丽、日本，东南亚的交趾等国，甚至更遥远的印度半岛、阿拉伯半岛等地区。因此，宋朝政府屡申铜钱出塞、出海之禁，但禁而不绝。也正是由于“钱荒”，促使了铁钱的铸造和历史上最早的纸币“交子”的诞生，推动了金融创新。

三路舶司岁入固不少，然金银铜铁，海舶飞运，所失良多，而铜钱之泄尤甚。法禁虽严，奸巧愈密，商人贪利而贸迁，黠吏受赇而纵释，其弊卒不可禁。[①]

其中，海外各国珍视交易得来的铜钱是原因之一。宋宁宗嘉定十五年（1222年）十月十一日臣僚言：“蕃夷得中国钱，分库藏贮，以为镇国之宝。”[②]在新加坡就发现过宋代的“治平通宝”、“熙宁通宝”等制钱。[③]铜钱的外流，加剧南宋的通货紧缩，影响百姓生活水平。但从另一个角度来看，宋代铜钱在东亚一带，具有硬通货地位，相当于今天的美元。正如葛金芳先生所言：“若从货币角度看问题，则宋辽夏金俨然处在一个货币体系之中，北宋所铸的巨额铜钱为这个货币体系构筑了坚实的基础。”[④]

“南海Ⅰ号”出水鎏金腰带

① （元）脱脱：《宋史》卷一八六《食货下八》，中华书局1977年版，第4566页。
② （清）徐松辑：《宋会要辑稿·刑法》二之一四四，中华书局1957年影印本。
③ 孙仲文：《“南方丝绸之路”货币初探》，《南洋问题研究》1993年第1期。
④ 葛金芳《宋辽夏金经济研析》，武汉出版社1991年版，第458页。

叁

管理机构广州市舶司

宋代广州城南有海山楼，为市舶司欢宴外商和海员的地方。南宋诗人陈与义登临此楼时有诗咏道：“万航如凫鹭，一水如虚空……海清无蜃气，彼固蓬莱宫。”

广州市舶司的最高行政长官初由路级官员或知广州兼任，这种体制大体维持到元丰官制改革。元丰改制对于市舶司的改革并不彻底，仍然经常有路级官员或知广州兼任市舶司的情况。宋徽宗崇宁二年（1103年），才在名义上使市舶司摆脱了地方行政官员的控制，提举市舶主要由朝廷委派的专职官员担任。

宋代专门管理对外贸易的机构是市舶司。学界一般认为，市舶制度唐代设使，宋代有司，即唐代有市舶使之设而无市舶司之正式名称，而是别有他名。唐代市舶使的设置只有两处：广州和安南（交州）。唐代市舶使的职能有三项：（一）“进奉”，或称“供进备物”，即向宫廷进献海外珍品异物；（二）“纳船脚”，即收税入官；（三）“禁珍异”，即限制外商私自贩卖珍奇异物。居首职能就是“进奉”，向宫廷进献海外珍品异物。[①]唐代岭南节度经略使奏：“近日舶船多往安南市易。进奉事大，实惧阙供。臣今欲差判官就安南收市。”[②]

这和宋代市舶司侧重的职能有根本的区别。吕思勉先生曾指出：“市舶之职，盛于宋实始于唐。然唐代之市舶使，似非如宋为征榷之要司也。”[③]吕先生一语中的，不仅点出了市舶职位先有“使”后有“司”，而且指明宋时的市舶司是为“征榷之要司”。

作为广州对外贸易的管理机构，市舶司的设立时间，据《续资治通鉴长编》卷一二记载，是在开宝四年（971年）六月壬申（八日）。《宋会要辑稿》所记与此相同。[④]在宋朝政权平定南汉，控制广州才几个月之时，便着手设立管理对外贸易的市舶司机构，任命当时广州的最高行政长官管理市舶司，可见对此事的重视。

① 参见宁志新：《唐代市舶使设置地区考辨》，《海交史研究》1996年第6期。

② （唐）陆贽：《唐陆宣公翰苑集》卷一八《论岭南请于安南置市舶中使状》，四部丛刊初编本。

③ 吕思勉：《吕思勉读史札记》丁帙，上海古籍出版社1982年版，第999页。

④ （清）徐松辑：《宋会要辑稿·职官》四四之一，中华书局1957年影印本。

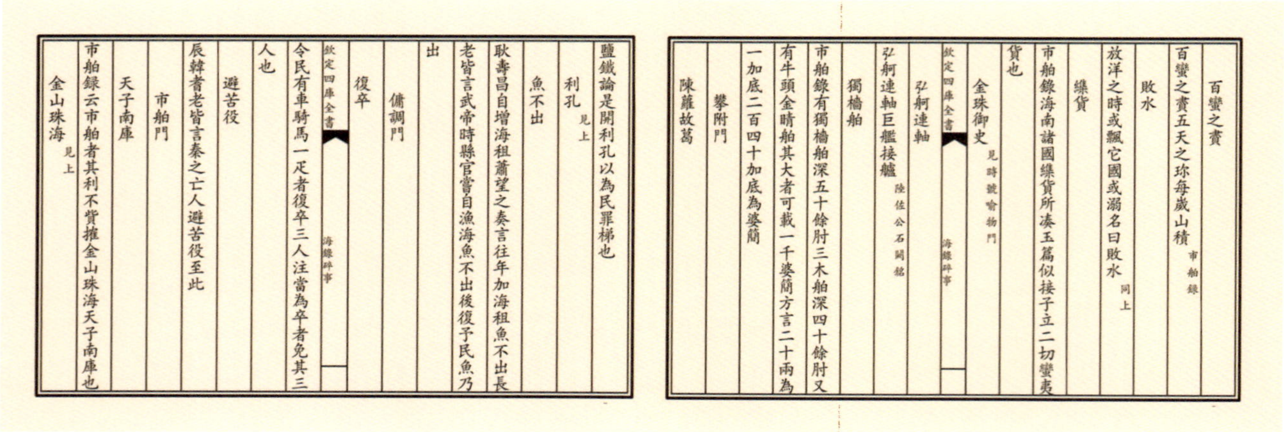
百蠻之賫
百蠻之賫五天之珎每歲山積 市舶錄
敗水
放洋之時或飄它國或溺名曰敗水 同上
絭貨
市舶錄海南諸國絭貨所湊玉篇似接子立二切蠻夷
貨也
金珠御史 見時號喻物門
欽定四庫全書 海錄碎事
弘舸連軸
弘舸連軸巨艦接艫 陸佐公石闕銘
獨檣舶
市舶錄有獨檣舶深五十餘肘三木舶深四十餘肘又
有牛頭金睛舶其大者可載一千婆蘭方言二十兩為
一加底二百四十加底為婆蘭
攀附門
陳蘿故葛

鹽鐵論是開利孔以為民罪梯也
利孔 見上
魚不出
耿壽昌自增海租蕭望之奏言往年加海租魚不出長
老皆言武帝時縣官嘗自漁海魚不出後復予民魚乃
出
傭調門
復卒
欽定四庫全書 海錄碎事
令民有車騎馬一疋者復卒三人注當為卒者免其三
人也
避苦役
辰韓耆老皆言秦之亡人避苦役至此
市舶門
天子南庫
市舶録云市舶者其利不貲搉金山珠海天子南庫也
金山珠海 見上

《海录碎事》书影

宋朝历代君臣曾经多次说过：“市舶者，其利不赀，榷金山珠海，天子南库也，诸蛮之宝，五天之珍，每岁山积。”[①]绍兴二十一年（1152年）李庄出任福建提举，宋高宗当面提醒他，“提举市舶司，委寄非轻”。[②]

宋代设于广州的市舶司，终宋一朝，沿袭不废。但在两宋三百余年的统治过程中，对于广东市舶司的管理体制却屡有变动。广州市舶司自潘美以转运使兼提点市舶司之后，相当长的一段时间内保持了这种“转运使掌其事”[③]的惯例。如宋太祖朝的王明，开宝八年（975年）任转运副使兼之；宋太宗朝的边珝，太平兴国二年（977年）正月知广州兼广南转运使；宋真宗朝的张鉴，咸平元年（998年）十一月知广州兼之，等等。[④]当时广州知州多兼转运（副）使，所以把“转运使掌其事”看作“知州掌其事”也无妨。[⑤]在转运使兼市舶提举时，朝廷还遣京朝官、三班、内侍介入。“及转运使掌其事，又遣京朝官、三班、内侍三人专领之”，“其后二州知州领使（市舶使）如劝农之制，通判

① （宋）叶廷珪著，李之亮点校：《海录碎事》卷一二《市舶门》，中华书局2002年版，第681页。

② （宋）祝穆、（元）富大用辑：《新编古今事文类聚》外集卷九《提举·提举市舶》，书目文献出版社1991年影印本。

③ （清）徐松辑：《宋会要辑稿·职官》四四之一，中华书局1957年影印本。

④ 详细的情形可参看后文“宋代历任广州市舶使官员简表”。

⑤ 杨文新：《宋代市舶使研究》厦门大学出版社2013年12月版，依据《续资治通鉴长编》卷三〇七，元丰三年八月丁巳、《宋会要辑稿·职官》四四之六的记载：“中书言：‘广州市舶条已修定，乞专委官推行。’诏：‘广东以转运副使孙迥、广西以转运使陈倩、两浙以转运副使周直孺、福建以转运判官王子京。迥、直孺兼提举推行，倩、子京兼觉察拘阑，其广南东路安抚使，更不带市舶使。’”而认为自元丰三年（1080年）八月二十七日起，朝廷改由转运副使兼市舶提举，知州兼市舶使现象结束。其结论尚可商榷，不惟该史料中有“广西以转运使陈倩”句，且元丰三年后知州兼转运使兼市舶的亦不在少数。

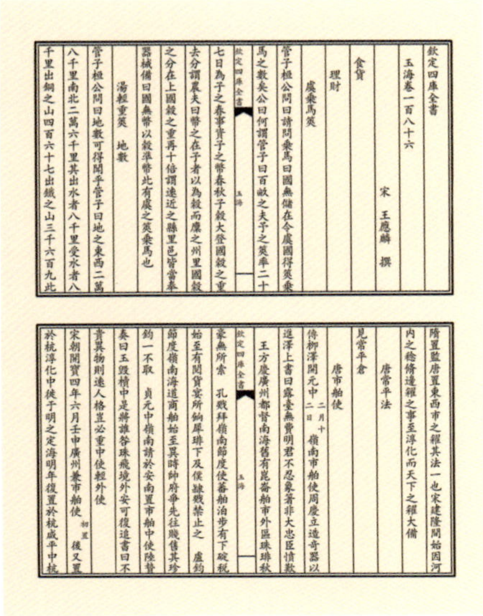

欽定四庫全書
玉海卷一百八十六
宋 王應麟 撰
食貨
理財
虞乘馬筴
管子桓公問曰請問乘馬曰國無儲在令虞國得筴乘
馬之數矣公曰何謂管子曰百畝之夫予之筴率二十
欽定四庫全書　玉海
七日為子之春事資子之幣春秋子穀大登國穀之重
去分謂農夫曰幣之在子者以為穀而廩之州里國穀
之分在上國穀之重再十倍謂遠近之縣里邑皆當奉
器械備曰國無幣以穀準幣此有虞之筴乘馬也
湯輕重筴　地數
管子桓公問曰地數可得聞乎管子曰地之東西二萬
八千里南北二萬六千里其出水者八千里受水者八
千里出銅之山四百六十七出鐵之山三千六百九此

隋置監唐置東西市之糴其法一也宋建隆間始因河
內之稔脩邊糴之事至淳化而天下之糴大備
唐常平法
見常平倉
唐市舶使
侍柳澤開元中二月十二日嶺南市舶使周慶立造奇器以
進澤上書曰露臺無費明君不忍象箸非大忠臣憤歎
王方慶廣州都督南海舊有崑崙舶市外區珠琲秋
欽定四庫全書　玉海
豪無所索　孔戣拜嶺南節度使蕃舶泊步有下碇稅
始至有閱貨宴所餉犀琲下及僕隸戣禁止之　盧鈞
節度嶺南海道商舶始至異時帥府爭先往賤售其珍
鈞一不取　貞元中嶺南請於安南置市舶中使陸贄
奏曰玉毀櫝中是將誰咎珠飛境外安可復追書曰不
貴異物則遠人格豈必重中使輕外使
宋朝開寶四年六月壬申廣州兼市舶使初置後又置
於杭淳化中徙于明之定海明年復置於杭咸平中杭

《玉海》书影

兼监，而罢判官之名。每岁止三班、内侍专掌，转运使亦总领其事”。[①]这种安排大概也是为了权力制衡的需要。

市舶使是个肥差，也许正是出于吏治方面的考虑，宋神宗元丰七年（1085年），曾计划将市舶司归市易务。由于发生市易务勾当公事吕邈擅入市舶司拘拦蕃商物货的事情而作罢。[②]但对于市舶司制度的探索并没有停止，尤其是对于广州市舶司的管理。宋徽宗崇宁二年（1103年）八月甲子（十八日），专置提举广南路市舶官。[③]随后可能罢之，宋徽宗大观元年（1107年）三月十七日，广东、两浙和福建又“复置提举官”。[④]其后又有反复。绍兴二年（1132年）八月罢广南提举官，“已而复置”。[⑤]绍兴十年（1140年）闰六月二日，晁公迈就是以广东提举茶盐公事权市舶，因为“贪利，为大食进奉使蒲亚里所讼”。[⑥]另外，在南宋时期仍然出现过知州兼提举的现象。如淳熙年间周自强知广州“两兼市舶，清誉尤著”。[⑦]宋高宗建炎元年（1127年），还将两浙福建市舶司归转运使，但是广州的市舶司依旧存设。[⑧]

从上述广州市舶司的管理体制的变更历程，可以看出：广州市舶司的最高行政长官初由路级官员或知广州兼任，这种体制大

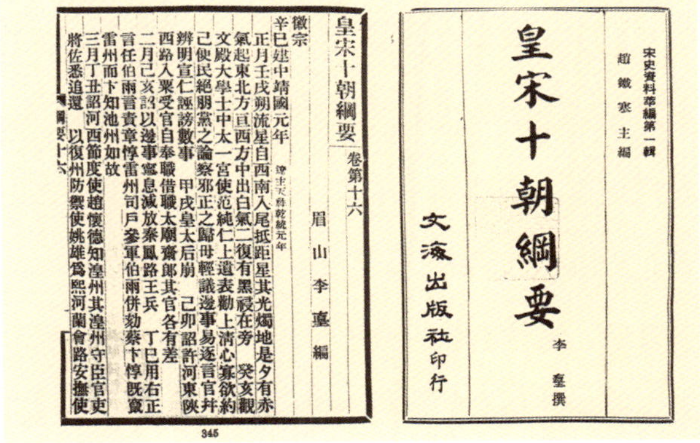

皇宋十朝綱要　卷第十六
眉山李𡌴編
徽宗
辛巳建中靖國元年　遼主天祚乾統元年
正月壬戌朔流星自西南入尾抵距星其光燭地是夕有赤
氣起東北方亘西方中出白氣二復有黑祲在旁　癸亥觀
文殿大學士中太一宮使范純仁上遺表勸上清心寡欲約
己便民絕朋黨之論察邪正之歸毋輕議邊事易逐言官并
辨明宣仁誣謗數事　甲戌皇太后崩　己卯詔許河東陝
西路入粟受官自奉職借職太廟齋郎其官各有差
二月己亥詔以邊事寧息減放秦鳳路王兵　丁巳用右正
言任伯雨言責章惇雷州司戶參軍伯雨併劾蔡卞惇既竄
雷州而卞知池州如故
三月丁丑詔河西節度使趙懷德知湟州其湟州守臣官吏
將佐悉追還　以復州防禦使姚雄爲熙河蘭會路安撫使
345

宋史資料萃編第一輯
趙鐵寒　主編
皇宋十朝綱要
李𡌴撰
文海出版社印行

《皇宋十朝纲要》书影

① （清）徐松辑：《宋会要辑稿·职官》四四之一，中华书局1957年影印本。

② 参见（清）徐松辑：《宋会要辑稿·职官》四四之七、八，中华书局1957年影印。

③ （宋）李埴：《皇宋十朝纲要》卷一六，崇宁二年八月甲子，台北文海出版社1970年影印。

④ （清）徐松辑：《宋会要辑稿·职官》四四之九，中华书局1957年影印；（宋）李埴：《皇宋十朝纲要》卷一七，大观元年三月癸卯，台北文海出版社1970年影印，同。

⑤ （宋）王应麟：《玉海》卷一八六《食货·理财·唐市舶使》，江苏古籍出版社1987年影印；（宋）李心传撰，徐规点校：《建炎以来朝野杂记》卷一五《财赋二》，中华书局2000年版，第330页，同。

⑥ （宋）李心传：《建炎以来系年要录》卷一三六，绍兴十年闰六月癸酉朔，上海古籍出版社1992年影印。

⑦ （宋）韩元吉：《南涧甲乙稿》卷二二《龙图阁待制知建宁府周公墓志铭》，上海商务印书馆1935年影印。

⑧ （宋）王象之：《舆地纪胜》卷八九《广南东路·监司沿革》，中华书局1992年版。

体维持到元丰官制改革。元丰改制对于市舶司的改革并不彻底，仍然经常有路级官员或知广州兼任市舶司的情况（可参见后文“历任市舶司的官员”）。宋徽宗崇宁二年（1103年），才在名义上使市舶司摆脱了地方行政官员的控制，提举市舶主要由朝廷委派的专职官员担任。

市舶司从属关系的变化，从制度层面考虑，可以更好地对市舶司官员进行监督。更重要的是使中央对外贸、对地方的控制得到加强，[①]而市舶司则成为与地方经济利益关系不大、只归属中央管理的机构，朝廷直接操控对外贸易。当然，这种制度执行并不坚决，往往会因为形势变化而恢复地方长官兼领的惯例。

设置在广州的广南东路市舶司的职权范围有些时候并不局限于本路之内。福建路的泉州也曾属于广州市舶司的管辖之下。“熙宁中始变市舶法，往复必使东谒广，不者没其货。”[②]《萍州可谈》也提到，“朝廷尝并泉州船舶会就广，商人或不便之。”[③]

关于市舶司的职责，宋代广州市舶司管理的法律规定“市舶条例”已经不存，下面依据有关文献记载和学者们已有的研究成果，对于宋代广州市舶司的主要职责，作一大体的梳理。

招徕蕃商是市舶司的首要任务。宋太宗雍熙四年（987年）五月，“遣内侍八人，赍敕书金帛，分四纲，各往海南诸蕃国，勾招进奉，博买香药、犀牙、真珠、龙脑。每纲赍空名诏书三道，于所至处赐之”。[④]仁宗天圣六年（1028年），对外贸易萧条以后，也曾诏令招徕蕃商，“广州近来蕃舶罕至，令本州与转运司招诱安存之”。[⑤]负责招徕蕃商的官员一般是兼任市舶司长

① 参见黄启臣：《广东海上丝绸之路史》，广东经济出版社2003年版，第268—273页。

② 《永乐大典》卷三一四一《陈·陈偁》，中华书局1986年影印。

③ （宋）朱彧撰，李伟国校点：《萍洲可谈》卷二《广泉明杭州皆设市舶司》，上海古籍出版社1989年版，第25页。

④ （清）徐松辑：《宋会要辑稿·职官》四四之二，中华书局1957年影印。

⑤ （清）徐松辑：《宋会要辑稿·职官》四四之四、五，中华书局1957年影印。

官的知州和转运使，或者是担任市舶司实际管理的三班、内侍。蕃商回航时，市舶司要设宴送行，还送上盘缠。[①]

可见为出洋贸易的商船或回航蕃船饯行，实行怀柔政策，正是宋代市舶司促使海外贸易发展的一项措施。不过也有市舶司官员反对这种做法，认为“每年宴犒，诸州所费，不下三千余贯，委是枉费”，当时宋金交战，财政枯竭，于是从宋高宗建炎二年（1128年）到绍兴二年（1132年）五年里，宋廷采纳了吴说的意见。[②]绍兴二年（1132年）在广东市舶司的强烈要求下，政策得到了恢复。

外商到广州后，一般要住来远驿。来远驿，属鸿胪寺。“绍兴六年（1136年）十月二十四日戊午，以广州奉真观为来远驿，从舶司之请，以备招徕诸国贡使”。[③]《元大德南海志》中也记有“来远驿在蕃巷”。[④]

① （清）徐松辑：《宋会要辑稿·职官》四四之一四、一五，中华书局1957年影印本。
② （清）徐松辑：《宋会要辑稿·职官》四四之一五，中华书局1957年影印本。
③ （清）徐松辑：《宋会要辑稿·方域》一〇之一一，中华书局1957年影印本。
④ （元）陈大震等纂修：《元大德南海志残本》卷一〇《旧志馆驿递铺》，广东人民出版社1991年版，第87页。

广州南海神庙

古代的对外贸易往往以朝贡和回赐的形式出现，国外贡使到岸后，接待机构为市舶司。市舶司负责接收各国贡使的表章、贡物，然后上奏听候处理。

据广南市舶司奏，近据大食故临国进奉人使蒲亚里等状申，奉本国蕃首，遣赍表章、真珠、犀牙、乳香、龙涎、珊瑚、栀子、玻璃等物前来进奉。七月十六日，三省枢密院奉圣旨，真珠等物令市舶司估价回答，其龙涎、珊瑚、栀子、玻璃津发赴行在，札付本部施行。[①]

绍兴元年（1131年）十一月二十六日，提举广南路市舶张书言上言：契勘大食人遣使蒲亚里进贡大象牙二百九株、大犀三十五株，见收管广州市舶库。[②]

由于蕃商云集，广州专门划定区域，建设蕃坊，作为蕃商的居住地。蕃商经营海外贸易，利润丰厚，居所规模宏大，极尽奢华，“商户巨富服饰皆金珠罗绮，器用皆金银器皿”，[③]成为

① （宋）张守：《毘陵集》卷六《论大食故临国进奉札子》，景印文渊阁《四库全书》本。

② （清）徐松辑：《宋会要辑稿·蕃夷》四之九三，中华书局1957年影印。

③ 黄佛颐：《广州城坊志》卷一《南、番二县都鄙市廛》引（清）阮元《道光广东通志》，广东人民出版社1994年版，第30页。

广州怀圣光塔寺

广州清真先贤古墓园

宋代广州最豪华的住宅区。岳飞之孙岳珂在《桯史》卷一一《番禺海獠》中留下了当时蕃商和蕃坊的记载："绍熙壬子，先君帅广，余年甫十岁，尝游焉。今尚识其故处，层楼杰观，晃荡绵亘，不能悉举矣"，"且以其非吾国人，不之问，故其宏丽奇伟，益张而大，富盛甲一时"。[①]也有不少蕃商去世后长眠广东，留下了集中的墓葬群，"在城西十里，累累数千，皆南首西向"，方信孺《蕃人冢》诗言：

鲸波仅免葬吞舟，狐死犹能效首邱。
目断苍茫三万里，千金虽在此生休。[②]

二是舶船出入的检查与抽解博买。为了防止进出口岸的船只夹带违禁物品，船只进出港，要由市舶司检查，同时抽解博买。

外舶在出入珠江口之际，即有弓兵迎送。"广州自小海至溽洲七百里，溽洲有望舶巡检司，谓之一望；稍北又有第二、第三望，过溽洲则沧溟矣。商船去时，至溽洲少需以诀，然后解去，谓之'放洋'。还至溽洲，则相庆贺，寨兵有酒肉之馈，并防护赴广州"。然后，由巡检司差兵监视。"既至，泊船市舶亭下，五洲巡检司差兵监视，谓之'编栏'。"市舶亭在小海，小海在广州府城外西南一里珠江北岸，"广州市舶亭，枕水有海山楼，正对五洲，其下谓之小海。"[③]

待船抵达市舶亭，市舶司的官员便上商船验货。[④]宋神宗元丰三年（1080年）设市舶司提举后，则出现安抚使、转运使与市舶司官员一同上船验货，同时进行抽解和博买。

① （宋）岳珂：《桯史》卷一一《番禺海獠》，中华书局1981年版，第125页。
② （南宋）方信孺《南海百咏》，扬州广陵书社2003年影印本，第40页。
③ （宋）朱彧撰，李伟国校点：《萍洲可谈》卷二《舶船蓄水就风法》，上海古籍出版社1989年版，第26页。
④ （元）脱脱：《宋史》卷四四六《苏缄传》，中华书局1977年版，第13156页。

广绣

凡舶至，帅、漕与市舶监官莅阅其货而征之，谓之抽解。以十分为率，真珠、龙脑凡细色抽一分；玳瑁、苏木凡粗色，抽三分。抽外官市各有差。然后商人得为己物。[①]

抽解税率在宋代虽说多数时间大体维持在十分之一，但是因为国家财政丰裕程度不同以及其他原因，前后也有过一些变化。“（宋太宗）淳化二年（991年），始立抽解二分，然利殊薄。”[②]“（宋高宗）绍兴十四年（1144年），一时措置，抽解四分。”蕃商便陈诉抽解太重。[③]博买，又名和买、官市，即官府在抽解以后，官府往往选择其中的部分物货和买。一般和买的货物分为禁榷物品，包括官府必须的物品和军用物品；利润丰厚的物货官府也大量和买。禁榷物品及军用物品，抽解部分作为关税，其余部分官府全部收购。[④]非禁榷物品，官府择其良者，博买其中的部分，但是博买的比例大大高于抽解比例。

① （宋）朱彧撰，李伟国校点：《萍洲可谈》卷二《广州市舶司泊货抽解官市法》，上海古籍出版社1989年版，第25页。

② （元）马端临：《文献通考》卷二〇《市糴考一·市舶互市》，浙江古籍出版社2000年影印。

③ （清）徐松辑：《宋会要辑稿·职官》四四之二五，中华书局1957年影印。

④ （宋）朱彧撰，李伟国校点：《萍洲可谈》卷二中言：“象牙重及三十斤并乳香，抽外尽官市，盖榷货也。”上海古籍出版社1989年版，第25页。

（宋孝宗）隆兴二年（1164年），臣僚言：熙宁初，立市舶以通物货，旧法抽解有定数，而取之不苛，输税宽其期，而使之待价，怀远之意实寓焉。迩来抽解既多，又迫使之输，致货滞而价减，择其良者，如犀角、象齿十分抽二，又博买四分；珠十分抽一，又博买六分。舶户惧抽买数多，止买粗色杂货，若象齿、珠犀比他货至重，乞十分抽一，更不博买。[①]

抽解和博买得来的物货，北宋初年全部运往京师，以后只是部分运往京师，余下便由市舶司出售。“闽、广市舶，旧法置场抽解，分为粗细二色般运入京，其余粗重难起发之物，本州打套出卖。”运纳京师的物货，初由使臣押运，“（宋仁宗天圣）五年（1027年）九月，自今遇有舶船到广州，博买香药，及得一两纲，旋具闻奏，乞差使臣管押”。[②]后押运任务归转运司负责，宋徽宗崇宁以后市舶司置专任提举官，纲运事务也归市舶司掌管。史载宋高宗建炎四年（1130年）正月十三日，“命福建市舶司悉载所储金帛见钱，自海道赴行在。”[③]

进口船只在到达广州市舶司前即被保护，主要目的应是防止外商携带非法人、物入境，进行私下交易以及保护海外珍宝货物的安全。宋神宗元丰三年（1080年）设市舶司提举后，帅、漕、市舶司官员三方同时莅船，则是为了互相牵制，防止官员在验货过程中进行敲诈勒索。[④]

商船出海同样要经过严格检查，防止其携带违禁物品出境，如战马、铜钱之类有可能危害国家政治、经济、军事安全的

① （元）脱脱：《宋史》卷一八六《食货下八》，中华书局1977年版，第4566页。

② （清）徐松辑：《宋会要辑稿·职官》四四之四，中华书局1957年影印。

③ （宋）李心传：《建炎以来系年要录》卷三一，建炎四年正月丙辰，上海古籍书店1992年影印。

④ 黎虎：《唐代市舶使与市舶管理》，《历史研究》1998年第3期。

物资。

铜钱、铜器、熟铁、战马、书籍等物品都是严禁出口的。严禁铜钱、铜器出口是为防止“钱荒”进一步加剧；严禁熟铁、战马出口是为了防止其资敌；书籍（除十三经注疏外）严禁出口也有防止军情外泄之意。而有无夹带铜钱、铜器是检查的重点，“所委点检官（覆视官同）容纵夹带铜钱出中国界首者，依知情引领、停藏、负载人法（失觉察者减三等），即覆视官不候其船放洋而辄回者，徒一年”。①另外防止奸细之人，也是检查的一项内容。②

宋代除广南东路舶司外，还先后设立了两浙路市舶司、福建路市舶司、京东路市舶司，但“受益”最大的，无疑是广南东路市舶司。

宋神宗熙宁九年（1076年），杭、明、广三司市舶，收钱、粮、银、香、药等五十四万一百七十三缗、匹、斤、两、段、条、个、颗、脐、只、粒，支二十三万八千五十六缗、匹、斤、两、段、条、个、颗、脐、只、粒。毋庸置疑，其中的绝大部分是来自广州的，因为这年九月，就有官员提出罢免杭、明州市舶。③

到南宋时，广州优势更加明显。宋高宗绍兴二年（1132年）六月二十一日，广南东路经略安抚、提举市舶司言：“广州自祖宗以来兴置市舶，收课入倍于他路。”④

三是蕃货的销售及出口贸易的管理。进口的货物经抽解和博买后，可由商人自己出售，但是宋徽宗崇宁以前只许在市舶司所在的州界销售，后因蕃商申请允许其贩入其他州郡。⑤

①（清）徐松辑：《宋会要辑稿·职官》四四之二三，中华书局1957年影印本。

②（清）徐松辑：《宋会要辑稿·职官》四四之八，中华书局1957年影印。（元）脱脱：《宋史》卷一八六《食货下八》，中华书局1977年版，第4561页，记载：“（崇宁）三年（1104年），令蕃商欲往他郡者，从舶司给卷，毋杂禁物、奸人。”

③（元）脱脱：《宋史》卷一八六《食货下八》，中华书局1977年版，第4560页。

④（清）徐松辑：《宋会要辑稿·职官》四四之四、五，中华书局1957年影印。

⑤（清）徐松辑：《宋会要辑稿·职官》四四之九，中华书局1957年影印。

蕃客抽解后到其他州郡贸易须有市舶司发给凭证，即贸易许可证，“其有奇零不及数者，则随其多寡，填给公据，许得贸易”。[①]当时对此的称谓没有统一，有时候叫“券”，有时候又叫“引”、“公引”、“公凭”等。宋徽宗崇宁三年（1104年）五月二十八日诏：“应蕃国及土生蕃客，愿往他州或东京贩易物货者，仰经提举市舶司陈状，本司勘验诣实，给与公凭。”[②]

南宋时期蕃商前往其他州郡贸易一度被禁止，虽然后来开禁，但也仅限于市舶司所在的路。

（宋孝宗淳熙）二年（1175年）十二月五日，提举福建路市舶苏岘言：近降旨挥，蕃商止许于市舶置司贸易，不得出境。此令一下，其徒有失所之忧。乞自今诸蕃物货，既经征榷之后，有往他者，召保经舶司陈状，疏其名件，给据付之，许令就福建路州军兴贩。从之。[③]

国内商人经销抽解后的进口商品也需要有市舶司发给的凭证。宋神宗熙宁七年（1074年）正月一日诏：“……诸客人买到抽解下物货，并于市舶司请公凭引目，许往外州货卖。如不出引目，许人告依偷税法。”[④]

蕃商回航时所携带的商品自然归市舶司检查，国内商人去往海外贸易也需要市舶司的许可。宋神宗元丰二年（1079年），“贾人入高丽，赀及五千缗者，明州籍其名，岁责保给引发船，无引者如盗贩法”。[⑤]大文豪苏轼，却是海上贸易的反对者。苏轼在《乞禁商旅过外国状》中表示：

① （宋）周行己撰，周梦江笺校：《周行己集》卷一《上皇帝书》（二），上海社会科学院出版社2002版，第8页。

② （清）徐松辑：《宋会要辑稿·职官》四四之八，中华书局1957年影印。

③ （清）徐松辑：《宋会要辑稿·职官》四四之三〇，中华书局1957年影印。

④ （清）徐松辑：《宋会要辑稿·职官》四四之五、六，中华书局1957年影印。

⑤ （元）脱脱：《宋史》卷一八六《食货下八》，中华书局1977年版，第4566页。

“诸非广州市舶司，辄发过南蕃纲舶船；非明州市舶司，而发过日本、高丽者，以违制论，不以赦降去官原减。”以及《元祐编敕》：“诸商贾许由海道往外蕃兴贩，并具人船物货名数、所诣去处，申所在州。仍召本土有物力户三人，委保物货内不夹带兵器。若违禁及堪造军器物，并不越过所禁地分，州为验实牒送，愿发舶州置簿抄上，仍给公据。方听候回日，许于合发舶州住舶，公据纳市舶司。即不请公据而擅行，或乘船自海道入界河，及往新罗，登、莱州界者，徒二年，五百里编管。”[①]

去往海外贸易的商船，回国时必须到出发的口岸，这种制度曾经有过改变，但是时间不长就又恢复了。[②]到南宋时期海外回舶又恢复到必须到出发地抽解。当然，国内商人海外贸易归来时，也应该按照外蕃商客的条例抽解博买。“宋孝宗乾道三年（1167年），诏广南、两浙市舶司，所发舟还，因风水不便、船破樯坏者，即不得抽解。”[③]

四是打击走私及其他事务的管理。宋代虽然鼓励海外贸易，但是因为北方先后有辽、金并峙，所以严禁蕃商及国内商人到北方沿海贸易，严禁军品及军需物资出口，以防资敌，就是去往高丽、日本也比去往南海各国有更严格的要求。另外，宋代中国的铜钱，在国外广为流通，铜钱外流严重影响国内经济，所以铜钱、铜器严禁出口。

宋代去往南海贸易的商船，每人允许携带五百文。[④]宋神宗熙宁七年（1074年）颁行新敕，削除钱禁，导致外流加重，宋哲

① （宋）苏轼：《苏轼文集》卷三一《乞禁商旅过外国状》，中华书局1986年版，第890页。

② （清）徐松辑：《宋会要辑稿·职官》四四之九，中华书局1957年影印。

③ （元）脱脱：《宋史》卷一八六《食货下八》，中华书局1977年版，第4566页；同见（清）徐松辑：《宋会要辑稿·职官》四四之二九，中华书局1957年影印。

④ （宋）张方平撰，郑涵点校：《张方平集》卷二六《论钱禁铜法事》附《嘉祐编敕》，中州古籍出版社1992年版，第412页。

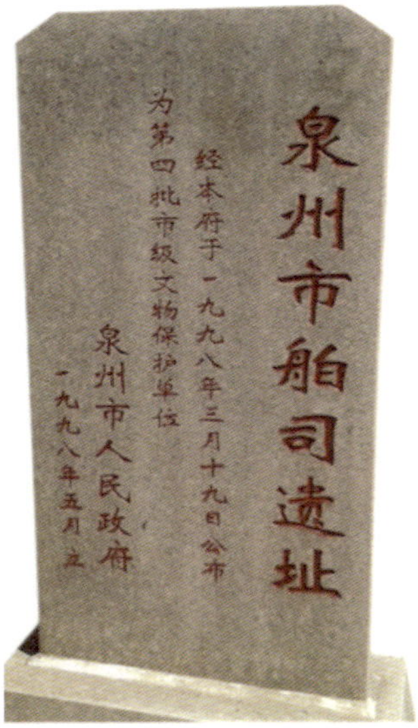

泉州市舶司遗址碑

宗元祐六年（1091年）又恢复了钱禁。宋代铜钱及铜之禁令曾经发布22次[①]。市舶司对于蕃商回航船只以及本国商人从事出口贸易船只的严格检查，目的之一就是为了防止铜钱、铜器的外流。

如果未经市舶司的许可，而从事对外贸易，即相当于现今的“走私”。对于私贩的缉防也是市舶司的一项重要的职责。宋代严禁官员从事海外贸易。宋太宗至道元年（995年）三月，诏广州市舶司：

“朝廷绥抚远俗，禁止末游。比来食禄之家，不许与民争利。如官吏罔顾宪章，苟徇货财，潜通交易，阑出徼外，私市掌握之珍，公行道中，靡虞薏苡之谤，永言贪冒深蠹弊伦。自今宜令诸路转运司，指挥部内州县，专切纠察。内外文武官僚，敢遣亲信于化外贩鬻者，所在以姓名闻。”[②]

泉州市舶司遗址

① 参见石文济：《宋代市舶司的职权》，宋史座谈会编：《宋史研究集》第7集，中华丛书编审委员会1979年版，第523—529页。

② （清）徐松辑：《宋会要辑稿·职官》四四之二、三，中华书局1957年影印本。

直接管理对外贸易的市舶司如果从事蕃商货物的买卖将受到更加严厉的处罚，“诏市舶司监官及知州通判等，今后不得收买蕃商杂货，及违禁物色。如违，当重置之法”。[①]但实际上是禁而不止。

五是对留居通商港口的外国商人进行管理。当时在市舶司下属，还设一蕃长，“熙宁中，番使辛押陀罗授怀化将军，乞统察番长司公事”。[②]蕃长管理蕃商之间的日常事务，协调解决纠纷，行使部分司法权，罪行重的则由地方政府执行。

“广州蕃坊，海外诸国人聚居，置蕃长一人，管勾蕃坊公事，专切招邀蕃商入贡，用蕃官为之，巾袍履笏如华人。蕃人有罪，诣广州鞫实，送蕃坊行遣。缚之木梯上，以藤杖挞之，自踵至顶，每藤杖三下折大杖一下，盖蕃人不衣裈袴，喜地坐，以杖臀为苦，反不畏杖脊。徒以上罪则广州决断。”[③]

庆历间（1041—1048年），张昷之任广南东路转运使兼提点市舶，“广之夷落有罪，任其酋以夷刑，夷刑残酷，公请以律令。”。[④]“蕃客杀奴，市舶使据旧比，止送其长杖笞，涣之不可，论如法。”[⑤]可见，蕃商犯罪，先经广州市舶司审理，作出初步的处理决定，然后送广州决断，决定权在广州地方长官手中，如前例“蕃客杀奴”的处理，“论如法”。

宋代广州市舶司作为管理机构一直存而未废，但是任广州市舶使的官员并不被《宋史·职官志》收录，就是《广东通志》所收录的缺漏也很多。现依据《宋会要辑稿》、《宋史》、雍正

① （清）徐松辑：《宋会要辑稿·职官》四四之三，中华书局1957年影印。

② （清）郝玉麟等监修，鲁曾煜等编纂：《雍正广东通志》卷五七《岭蛮志·杂蛮》，景印文渊阁《四库全书》本。

③ （宋）朱彧撰，李伟国校点：《萍洲可谈》卷二《蕃坊蕃商》，上海古籍出版社1989年版，第27页。

④ （宋）蔡襄：《莆阳居士蔡公文集》卷三六《光禄卿致仕张公墓志铭》，《北京图书馆古籍珍本丛刊》第86册，书目文献出版社1998年版。

⑤ （元）脱脱：《宋史》卷三四七《王汉之附弟涣之传》，中华书局1977年版，第11001页。

《广东通志》、道光《广东通志》以及陕西师范大学杨文新的博士论文《宋代市舶司研究》等文献资料，对两宋任职广东市舶司的官员列出简表（见下页至242页）：

此外，还有几人任期不详：萧汝谐[①]、朱思[②]、留洪[③]、徐林杨、王巩[④]。

宋代还曾在市舶司设立“监舶务”和“干办公事”等官员，作为具体管理市舶事务的官员，限于资料篇幅，这里不再赘述。

从以下广州市舶司官员任职情况来看，各官员任期都比较短，多者三年，少则数月。宋代对于掌握广州对外贸易的官员，施行了频繁的人事调动、调整，一来是市舶司官员通常不能廉洁自律，二来也是为了防止市舶司官员贪污。[⑤]廉正的官员，任期还是会很长的，如北宋程师孟便提举广州市舶司四年多，“师孟累领剧镇，为政简而严，罪非死者不以属吏。发隐擿伏如神，得豪恶不逞跌宕者必痛惩艾之，至劓绝乃已，所部肃然。洪、福、广、越为立生祠”。[⑥]

而那些不能尽忠职守，甚至贪赃枉法的官员则受到了惩处。

① （清）于成龙等修，杜果等纂：《康熙江西通志》卷三六《人物·吉安府》，记载萧汝谐“庆历进士，监广州市舶，单车往返，清白之誉播于远尔，岁入增百万”，台北成文出版社有限公司1989年影印。

② （明）王鏊：《正德姑苏志》卷三四《塚墓》，《天一阁藏明代方志选刊续编》第11册，上海书店1990年影印。记载“中奉大夫提举广南市舶朱思墓在支硎山”。

③ （宋）李俊甫：《莆阳比事》卷二《列郡帅守宋诸路监司》，宛委别藏第50册，台湾商务印书馆1981年版。记载，出任广东的监司者有：“陈淬、林孝泽、留洪、宋煜、叶元潾、陈叔度（建炎以前未详）。”

④ 谭棣华等编：《广东碑刻集》，广东高等教育出版社2001年版，第91页，现存南华寺六祖殿前西壁的《南华寺宋碑》中有云“经略转运提刑提举常平茶盐市舶司，窃见韶州南华禅寺。六祖大鉴师道场……”，落款为“淳熙九年六月□日徐林杨 王巩”。以此推测，徐林杨、王巩二人亦当曾担任市舶司。

⑤ 杨文新：《宋代市舶司研究》指出，“广南东路市舶司官员任期可考者128人。127人为市舶使（提举），1人监舶务。其中任期不到1年的8人；1年的37人；2年的67人；3年的9人；4年的7人。任期最短的是郎简，不到1个月”的观点可参考。陕西师范大学博士论文，未刊稿，第80页。

⑥ （元）脱脱：《宋史》卷426《程师孟传》，中华书局1977年版，第12705页。

宋代历任市舶司官员（市舶使、提举市舶）简表

朝代	序号	姓名	任职时间	任　职	任职评价
宋太祖朝	1	潘　美	开宝四年至七年（971—974年）六月任	知广州、转运使兼市舶使（《宋会要·职官》、《宋史·潘美传》）	
	2	尹崇珂	开宝四年至六年（971—973年）六月任	任转运使兼市舶使（《宋会要·职官》、《宋史·尹崇珂传》）	“斤斤谨厚……岭峤廓清之劳，至于瘁事”
	3	张廷范	开宝四年（971年）10月任	知广州兼［《续资治通鉴长编》（下称《长编》）、《（康熙）新修广州府志》（以下简称《广州志》）］	“纵私奴三辈于部下受贿”
	4	王　明	开宝八年至太平兴国元年（975—976年）任	任岭南道转运副使（《宋史·王明传》、雍正《广东通志》（以下简称《广东志》））	“以清干称”
宋太宗朝	5	边　玥	太平兴国二年（977年）正月任	知广州兼广南转运使（《宋史·边玥传》）	“以清干称”
	6	李鹏举	太平兴国二年（977年）正月任	充广南市舶使（《宋会要·职官》）	
	7	李　符	太平兴国二年（977年）正月任	知广州兼转运使（《宋史·李符传》）	“在任有善政，民为立生祠”
	8	杨允恭	太平兴国中任	以殿直掌广州市舶（《宋史·杨允恭传》）	“有胆干”
	9	杨克让	太平兴国四年至五年（979—980年）任	知广州兼转运市舶使（《宋史·杨克让传》、《宋会要·食货》）	“廉谨干局，所至有声”“以清干称”
	10	李　恽	太平兴国六年（981年）任	知广州兼（《广东志》、《宋史·李恽传》）	“颇事持重”
	11	徐休复	太平兴国九年（984年）任	知广州兼（《宋史·徐休复传》）	“无他能……履行不见称于缙绅”
	12	陆　坦	太平兴国九年至雍熙三年（982—986年）任	“掌市舶”（《宋史·王延范传》）	以谋不轨及诸不法事被诛
	13	李昌龄	雍熙二年（985年）十月任	知广州兼（《宋史·李昌龄传》、《广州志》）	“党邪徇货，遂贻终身之玷，良可丑也”
	14	雷有终	淳化二年（991年）任	知广州兼（《宋史·雷德骧传附子有终》）	“家法不谨”而去官
	15	向敏中	淳化三年（992年）任	知广州兼市舶（《宋史·向敏中传》）	“预避市舶嫌，以全其廉”
	16	李惟清	淳化四年（993年）任	知广州兼（《广州志》、《宋史·李惟清传》）	“廉平”

朝代	序号	姓名	任职时间	任　职	任职评价
	17	刘昌言	淳化五年（994年）任	知广州兼（《宋史·刘昌言传》）	“有吏干”
	18	李　管	至道二年（996年）七月任	知广州兼（《广州志》、《宋史·王廷范传》）	
	19	董　俨	至道二年（996年）十月任	知广州兼（《广州志》、《宋史·董俨传》）	“不学无操行，所至厚纳货赂”
宋真宗朝	20	张　鉴	咸平元年至二年（998—999年）任	知广州兼（《宋史·张鉴传》、《广州志》）	“民条其政绩，上请刻石”
	21	索　湘	咸平三年至四年（1000—1001年）任	知广州兼（《宋史·索湘传》）	“以能干闻”
	22	卢之翰	咸平四年至五年（1001—1002年）任	知广州兼（《宋史·卢之翰传》、《广州志》、《长编》）	“无廉称”
	23	凌　策	咸平六年（1003年）五月任	知广州兼（《宋史·凌策传》、《广州志》）	“有干名”“为时名臣”
	24	高　绅	景德二年（1005年）十二月任	知广州兼（《广州志》、《长编》）	“谨微……非岭守之才”
	25	凌　震	景德三年（1006年）任	知广州兼（雍正《浙江通志》、《广东志》）	
	26	马　亮	景德四年（1007年）十月始任；大中祥符三年（1010年）二月再任	知广州兼（《宋史·马亮传》、《长编》）	“饶才智而寡廉称”
	27	杨　覃	大中祥符四年（1011年）八月任	知广州兼（《广州志》、《宋史·杨覃传》）	“以廉著，远人便之”
	28	邵　晔	大中祥符四年至六年（1011—1013年）任	知广州兼（《宋史·邵晔传》、《东都事略》、文莹《玉壶清话》）	“邵父陈母，除我二害”
	29	陈世卿	大中祥符六年至九年（1013—1016年）任	知广州兼（《宋史·陈世卿传》、《东都事略》）	“邵父陈母，除我二害”
	30	李应机	大中祥符九年至天禧元年（1016—1017年）任	知广州兼（《长编》）	“为政峻急”
	31	段　晔	天禧四年（1020年）二月任	知广州兼（《广州志》）	
	32	周　实	乾兴元年（1022年）	知广州兼（《广东志》）	
宋仁宗朝	33	陈从易	天圣三年（1025年）二月任	知广州兼（《广东志》、《宋史·陈从易传》）	“在广三年，以清德闻”
	34	苏惟甫	天圣六年（1028年）	知广州兼（《广东志》）	
	35	狄　棐	天圣八年（1030年）正月任	知广州兼（《宋会要·选举》、《宋史·狄棐传》）	“不以南海物自随，人称其廉”
	36	郎　简	明道元年（1032年）十一月任	知广州兼（《广州志》、《宋史·郎简传》）	“在广州无廉称”

朝代	序号	姓名	任职时间	任　职	任职评价
	37	刘　赓	景祐四年（1037年）十月任	知广州兼（《宋会要·选举》）	
	38	徐　起	景祐五年（1038年）任	知广州兼（《宋会要·职官》、《宋史·徐起传》）	
	39	张昷之	宝元元年（1038年）四月任	任广东转运使（《宋史·张昷之传》）	"所至有声"
	40	任中师	宝元元年（1038年）九月任	知广州兼（《宋史·任中师传》、《宋会要·职官》）	
	41	贾昌龄	康定元年（1040年）六月任	知广州兼（《宋会要·选举》）	
	42	段少连	康定元年（1040年）八月任	知广州兼（《宋史·段少连传》）	"通敏有才……不为权势所屈"
	43	方慎言	康定二年（1041年）四月任	知广州兼（《广州志》）	
	44	刘　夔	庆历二年（1042年）三月任	知广州兼（《广州志》、《宋史·刘夔传》、张方平《张方平集》）	"冲退处易，安和有守"
	45	马　寻	庆历二年至三年（1042—1043年）任	转运使兼（《宋史·陈太素传附马寻》、《广东志》）	"理官之良"
	46	魏　瓘	庆历六年至七年（1046—1047年）任	知广州兼（《宋史·魏瓘传》、《长编》）	
	47	王　丝	庆历七年（1047年）正月任	转运使兼提举市舶司（《范仲淹全集》）	"苦志清节，不渝于素称"
	48	王居白	庆历七年（1047年）七月任	知广州兼（韩琦《安阳集》、《长编》）	
	49	田　瑜	皇祐元年至三年（1049—1051年）任	知广州兼（《宋史·田瑜传》）	"谨厚少文，而于吏事颇尽心，然御下急，无廉称"
	50	仲　简	皇祐四年（1052年）五月任	知广州兼（《宋史·仲简传》、《宋会要·职官》、《涑水记闻》）	"性愚且狠""小才，所谓斗筲之器也"
	51	元　绛	皇祐四年至至和元年（1052—1054年）任；熙宁元年（1068年）四月再任	任广东转运使兼；知广州兼（道光《广东通志》、《宋史·元绛传》）	"所至有威名，而无特操，少仪矩"
	52	刘　湜	至和二年（1055年）二月任	知广州兼（《宋史·刘湜传》、《长编》、余靖《武溪集》）	"立朝有謇正之风，临民简易"
	53	李　兑	嘉祐二年（1057年）二月任	知广州兼（《广州志》、《宋史·李兑传》、王安石《临川集》）	"宽和静深……焯有绩效见于事"
	54	魏　琰	嘉祐四年（1059年）四月任	知广州兼（《广州志》、《宋史·魏瓘传附魏琰》）	

朝代	序号	姓名	任职时间	任　职	任职评价
	55	萧　固	嘉祐五年（1060年）七月任	知广州兼（《广州志》、《长编》、王安石《临川集》）	“所至皆有善状”
	56	余　靖	嘉祐六年（1061年）五月任	知广州兼（《广东志》、《宋史·余靖传》、《欧阳永叔集》）	“所至有惠爱”
宋英宗朝	57	卢士宏	治平元年（1064年）三月任	知广州兼（《广州志》、《宋史·卢士宏传》）	“所至著清名”
	58	吕居简	治平四年（1067年）三月任	知广州兼（《广州志》、《宋史·吕蒙正传附》）	
宋神宗朝	59	张　田	熙宁元年（1068年）四月任	知广州兼（《宋史·张田传》、苏颂《苏魏公文集》）	“临政以清”“著称五岭”
	60	王　靖	熙宁三年（1070年）任	知广州兼（《宋史·王素传附从子靖》）	
	61	程师孟	熙宁四年至八年（1071—1075年）任	知广州兼（《宋史·程师孟传》、《宋会要·职官》、《广东志》）	“洪、福、广、越四州，皆为立生祠”
	62	陈　侗	熙宁间任	知广州兼（《广州志》，《广东志》作“熙宁六年任”，误）	
	63	苏　寀	熙宁八年（1075）四月；熙宁九年二月再任	知广州兼（《广州志》、《宋史·苏寀传》、《长编》、《临川集》）	“长于刑名”“强敏谨洁”
	64	刘　瑾	熙宁九年（1076年）正月十三日知，二月十三日离任	知广州兼（《宋会要·选举》、《宋史·刘瑾传》）	“素有操尚，所莅以能称，然御下苛严，少纵舍，好面折人短”
	65	曾　布	熙宁十年至元丰元年（1077—1078年）任	知广州兼（《宋史·曾布传》、《长编》）	
	66	陈　绎	元丰元年（1078年）十一月任	知广州兼（《宋史·陈绎传》、《宋会要·职官》、韩维《南阳集》）	“敏于事”“私用市舶乳香三十斤买羊”
	67	孙　迥	元丰三年至七年（1080—1084年）任	任广东转运副使兼提举（《宋会要·职官》、《长编》）	因“受求嘱”而降一官
宋哲宗朝	68	张公痒	元祐元年（1086年）六月八日任	广东转运副使兼提举（《长编》、《东坡全集》）	“为事刻薄，不近人情”
	69	盛南仲	元祐元年（1086年）六月二十八日任	广东转运副使兼提举（《长编》）	“庸暗无耻”
	70	高　镈	元祐元年（1086年）十月一日任	广东转运副使兼提举（《广州志》、《长编》、《宋会要》）	“倾险”
	71	吴　荀	元祐二年（1087年）任	广东转运副使兼提举（《广东志》、《长编》）	
	72	范　镗	元祐八年（1092年）八月任	广东转运副使兼提举（《广州志》）	

朝代	序号	姓名	任职时间	任　职	任职评价
	73	傅　燮	绍圣二年八月至四年九月（1095—1097年）八月任	广东转运副使兼提举（《广州志》）	
	74	周　绅	绍圣五年（1098年）五月任	广东转运副使兼提举（《广州志》）	
	75	王　史	元符三年（1100年）四月任	广东转运副使兼提举（《广州志》）	
宋徽宗朝	76	萧世京	建中靖国元年（1101年）十二月任	广东转运副使兼提举（《广州志》、《广东志》）	
	77	陈　廓	崇宁元年（1102年）任	广东转运副使兼提举（《广州志》、乾隆《江南通志》）	
	78	赵　滂	崇宁三年（1104年）任	提举市舶（《广州志》）	
	79	陈　淬	大观元年（1107年）任	提举市舶（《广州志》）	
	80	徐　惕	政和四年至六年（1114—1116年）任	转运副使兼（《广州志》、《宋史》、孙觌《鸿庆居士集》）	“奸偷犯法，交通权幸，莫敢谁何”
	81	燕　瑛	政和七年（1117年）；宣和三年（1121年）再任	转运副使兼（《宋史·燕肃传附孙燕瑛》、《宋会要·选举》）	“职事修老，应奉有劳”
	82	黄叔敖	政和七年（1117年）三月任	转运副使兼（《广东志》、嘉靖《广东通志初稿》）	
	83	张　挺	政和八年（1118年）三月任	转运副使兼（《广东志》）	
	84	张书言	宣和元年（1119年）五月任；建炎四年（1130年）至绍兴二年（1132年）提举市舶	转运副使兼（《广东志》、《广州志》）	“制验收法，番人便之”
	85	孙　端	宣和三年（1121年）八月任	转运副使兼（《广东志》、《广州志》）	
	86	折彦质	宣和六年（1124年）七月任；绍兴二十六年（1156年）正月知广州	转运副使兼（《广州志》、《系年要录》）	
	87	黄国镇	宣和七年（1125年）四月任	转运副使兼（《广东志》）	
	88	李　訦	宣和间任；建炎元年（1127年）七月再任	转运副使兼（雍正《浙江通志》、《广州志》、张扩《东窗集》）	“顷使岭南，清节尤著”
宋钦宗　朝			缺		
宋高宗朝	89	李　则	建炎二年（1128年）任	转运副使兼（《广州志》、《系年要录》）	
	90	宗　颖	绍兴三年（1133年）三月二十七日；绍兴六年（1136年）四月再任	提举市舶（《系年要录》、《广州志》）	

朝代	序号	姓名	任职时间	任　职	任职评价
	91	姚　焯	绍兴三年八月二十五日至五年三月（1133—1135年）任	提举市舶（《宋会要·职官》、《系年要录》、张守《毘陵集》）	“温厚廉靖，强敏疏通”
	92	林仲堪	绍兴三年（1133年）十二月前任	提举市舶（《系年要录》）	“贪鄙不廉”
	93	林　保	绍兴七年（1137年）二月任	提举市舶（《系年要录》）	
	94	王　勋	绍兴七年（1137年）七月始任	提举市舶（《系年要录》、楼钥《攻媿集》）	
	95	黄大名	绍兴七年（1137年）闰十月二十九日前任	提举市舶（《宋会要·职官》）	
	96	章　蔺	绍兴七年（1137）闰十月二十九日始任	提举市舶（《宋会要·职官》）	
	97	晁公迈	绍兴十年（1140年）闰六月二日前任	广东提举茶盐公事权市舶（《系年要录》）	“贪利”
	98	楼　璹	绍兴十年（1140年）九月任	提举市舶（《广州志》）	“尽削前弊” “诸蕃咸服”
	99	赵师雄	绍兴十一年（1141年）任	提举市舶（《广东志》）	
	100	袁复一	绍兴十二年至十五年（1142—1145年）	提举市舶（《广州志》、《宋会要·职官》）	“亏损蕃商物价”
	101	冯由义	绍兴十五年（1145年）任	提举市舶（《广东志》、《系年要录》）	
	102	路　采	绍兴十六年（1046年）七月任	提举市舶（《广东志》）	
	103	韩　进	绍兴十九年（1149年）六月任	提举市舶（《广东志》）	
	104	胡　浩	绍兴二十二年（1152年）正月任	提举市舶（《广东志》）	
	105	张子华	绍兴二十二年（1152年）八月三日任	提举市舶（《广州志》、《系年要录》）	“贪污之声传于化外”
	106	劭及之	绍兴二十五年十月至二十六年八月（1155—1156年）任	提举市舶（《广东志》、《系年要录》）	“沮抑蕃国入贡”
	107	王　传	绍兴二十六年（1156年）八月十七日任	提举市舶（《系年要录》）	
	108	邓　深	绍兴二十九年（1159年）四月任	提举市舶（《广东志》、《系年要录》）	“思济斯民”
	109	林孝泽	绍兴三十年（1160年）八月任	提举市舶（《诚斋集》、《莆阳比事》、《系年要录》）	“居官所至，以廉平称”

朝代	序号	姓名	任职时间	任职	任职评价
宋孝宗朝	110	朱圮	隆兴元年（1163年）二月任	提举市舶（《广州志》）	
	111	刘景	乾道元年四月至二年正月（1165—1166年）任	提举市舶（《广州志》、《宋会要·职官》）	“结托蕃商”
	112	陶定	乾道二年（1166年）三月任	提举市舶（《广州志》、周必大《周文忠公文集》）	廉介公勤，临事不苟
	113	黄洧	乾道四年（1168年）六月任	提举市舶（《广州志》）	
	114	陈禾	乾道六年七月至八年（1170—1172年）任	提举市舶（《广州志》）	
	115	黄良心	乾道八年十一月至九年七月（1172—1173年）	提举市舶（《广州志》）	
	116	陈丰	淳熙元年（1174年）二月任	提举市舶（《广州志》）	
	117	周自强	淳熙二年（1175年）	知广州兼市舶（韩元吉《南涧甲乙稿》）	“持己严洁，两兼市舶，清誉尤著”
	118	薛伯宣	淳熙四年（1177年）十一月任	提举市舶（《广州志》）	
	119	苏总龟	淳熙六年（1179年）十一月二十一日前任	提举市舶（《宋会要·职官》）	“素若昏瞶，瞻视不明”
	120	张靖	淳熙六年（1179年）十一月任	提举市舶（《广州志》）	
	121	徐锐	淳熙八年（1181年）闰三月任	提举市舶（《广州志》）	
	122	林大节	淳熙十年（1183年）	提举市舶（《广州志》）	
	123	郭定	淳熙十二年（1185年）六月任	提举市舶（《广州志》）	
	124	江文叔	淳熙十三年（1186年）任	提举市舶（《广州志》、周必大《周文忠公文集》）	“在官三年，未尝私市一物”
	125	汪椲	淳熙十六年十二月至绍熙二年十一月（1189—1191年）任	提举市舶（《广州志》）	
宋光宗朝	126	宋煜	绍熙三年（1192）十二月任	提举市舶（《广州志》）	
	127	唐弼	绍熙五年三月至庆元冬（1194—1195年）任	提举市舶（《广州志》、《广东志》、《宋会要·职官》）	“巧计取官，贪谋致富”
宋宁宗朝	128	张用成	庆元二年（1196年）六月任	提举市舶（《广州志》）	
	129	叶元潾	庆元二年（1196年）闰六月任	提举市舶（《广州志》）	

朝代	序号	姓名	任职时间	任　职	任职评价
	130	林叔度	庆元五年（1199年）六月任	提举市舶（《广州志》）	
	131	赵公绍	庆元五年（1199年）十一月十九日前任	提举市舶（《宋会要·职官》）	“肆奸贪略无忌惮”
	132	曾　烝	嘉泰元年（1201年）正月二十三日前任	提举市舶（《宋会要·职官》74之9）	“其于贪鄙，尤不可言”
	133	任文茂	嘉泰元年（1201年）任	提举市舶（《广州志》）	
	134	张惠卿	嘉泰三年（1203年）八月任	提举市舶（《广州志》、《宋会要·职官》）	“昏老贪饕”
	135	陈　寔	开禧元年（1205年）闰八月前任	提举市舶（《宋会要·职官》）	“庸暗巽懦”
	136	陈　升	开禧元年（1205年）十一月任	提举市舶（《广州志》）	
	137	梁克俊	开禧三年（1207）九月任	提举市舶（《广东志》）	
	138	聂周臣	嘉定二年（1209年）十月任	提举市舶（《广州志》）	
	139	周　章	嘉定四年（1211年）十一月任	提举市舶（《广州志》、《宋会要·职官》）	“昏缪贪婪”
	140	高　禾	嘉定六年（1213年）十月任	提举市舶（《广东志》、《广州志》）	
	141	林　迪	嘉定八年（1215年）三月二十八日前任	提举市舶（《宋会要·职官》）	“权臣贪相用事，迪为奔走”
	142	林士谦	嘉定八年（1215年）九月任	提举市舶（《广州志》）	
	143	赵伯凤	嘉定九年（1216年）正月任	提举市舶（《广东志》、《宋会要·职官》）	“一意聚敛，不恤民意”
	144	陈　颖	嘉定九年十二月至十年（1216—1217年）任	提举市舶（《广东志》、《宋会要·职官》）	“赋性贪婪，老而益甚”
	145	常御孙	嘉定十年（1217年）四月任	提举市舶（《广州志》、《宋会要·职官》）	“侵欺官钱，不恤荒政”
	146	吴季真	嘉定十一年（1218年）四月任	提举市舶（《广东志》）	“百端椎剥，嗜利无厌”
	147	赵汝儆	嘉定十四年（1221年）正月任	提举市舶（《广州志》）	
	148	杨　遵	嘉定十四年（1221年）十二月任	提举市舶（《广东志》、《广州志》）	
	149	李　约	宝庆二年（1226年）七月任	提举市舶（《广州志》、晁说之《景迂生集》）	“人皆贪舶货，我独惜青钱”

朝代	序号	姓名	任职时间	任职	任职评价
宋理宗朝	150	赵师楷	绍定元年（1228年）七月任	提举市舶（《广州志》、凌迪知《万姓统谱》）	“革无名和买之需”
	151	黄孟光	绍定四年（1231年）八月任	提举市舶（《广州志》）	
	152	俞　垓	端平元年（1234年）四月前任	提举市舶（《广州志》、许应龙《东涧集》）	“总司舶市，人服其清”
	153	管　瀛	端平二年（1235年）二月任	提举市舶（《广州志》）	
	154	邱迪嘉	端平三年（1236年）十二月任	提举市舶兼常平（《广州志》、《广东志》、刘克庄《后村先生大全集》）	“以方严，为人所惮”
	155	吴　理	嘉熙元年（1237年）十月任	提举市舶（《广州志》）	
	156	汤　诜	嘉熙二年（1238年）八月任	提举市舶（《广州志》、《广东志》）	
	157	黄非熊	嘉熙四年（1240年）五月任	提举市舶（《广州志》）	
	158	赵汝诠	淳祐元年（1241年）十二月任	提举市舶（《广州志》）	
	159	谢　蘧	淳祐四年（1244年）任	提举市舶（《广州志》）	
	160	孙叔谐	淳祐八年（1248年）二月任	提举市舶（《广州志》、李昴英《文溪存稿》）	“万宝集登天子库”
	161	叶彦昞	淳祐九年（1249年）九月任	提举市舶（《广州志》、《后村先生大全集》）	“有例库易点污人，公一扫去，老胡相率祠公”
	162	尤　煓	淳祐十年（1250年）十一月任	提举市舶（《广州志》）	
	163	陆　镇	淳祐十二年（1252年）十二月任	提举市舶（《广州志》）	
	164	周　申	宝祐二年（1254年）七月任	提举市舶（《广州志》）	
	165	赵师光	宝祐五年（1257年）任	提举市舶（《广州志》、《广东志》）	
	166	谢子强	开庆元年（1259年）八月任	知广州兼提举市舶（《南宋馆阁录续录》、《宋史翼》）	“广人歌颂德政”
	167	卓梦卿	景定二年四月至三年（1261—1262年）任	提举市舶（《广州志》）	
	168	陈　炜	景定四年（1263年）十月任	提举市舶（《广州志》）	
宋度宗朝	缺				

肆

市舶之利唯广东最盛

为增加舶税收入，鼓励、招引舶舟来华，宋廷专门设置巡海水师营垒，派遣水师巡察附近海域，在东起香港附近，西至海南岛的南海广大区域加强海域巡逻，其目的是保证越来越多到海口港中转、补给、避风货船的安全。由于广东在市舶贸易中的特殊地位，北宋时期其对外贸易的收入在全国各市舶司、市舶务中独占鳌头。宋徽宗崇宁初（1102年），“三路（广东、福建、两浙）各置提举市舶司。三方唯广最盛。”宋高宗曾言：“市舶之利最厚，若措置合宜，所得动以百万计，岂不胜取之于民，朕所以留意于此，庶几可以少宽民力尔”。

唐政府所设置广州市舶使的职责之一，[1]就是为朝廷抽取商税。随着对外贸易日盛，30％关税的市舶之利，遂成为国家财政的一大收入。[2]据《两唐书》记载，得知黄巢起义军攻占广州后，唐王朝大为恐慌，左仆射于琮说："南海有市舶之利，岁贡珠玑，如令妖贼所有，国藏渐当废竭。"[3]

宋代的外贸基本处于出超状态，但财政收入不降反升。主要是因为进口的宝货香药等商品，政府通过禁榷专卖，获取了大量利润。这些利润弥补了宋代官府财政亏空，维持了冗兵、冗官的钱粮和俸钞开支。"海舶岁入，象犀珠玉香药之类，皇祐中（1049—1053年）五十三万有余，治平中（1064—1067年）增十万，中兴岁入二百万缗。"[4]

广东在市舶贸易中地位特殊，北宋时期对外贸易收入在全国各市舶司、市舶务中独占鳌头。宋仁宗天圣年间（1023—1032年），海外贸易所入宝货"充牣府库，尝斥其余以易金帛、刍粟，县官用度实有助焉"。[5]宋神宗熙宁十年（1077年）"明、杭、广州市舶司博到乳香，计三十五万四千四百四十九斤"，"其内明州所收惟四千七百三十九斤，杭州所收惟六百三十七斤，而广州所收者则有三十四万八千六百七十三斤。是虽三处置司，实只广州最盛也"。[6]宋徽宗崇宁初（1102年），"三路（广东、福建、两浙）各置提举市舶司。三方唯广最盛。"[7]

① （清）徐松辑：《宋会要辑稿·职官》四十四之二〇。中华书局1957年影印本。

② ［阿拉伯］苏莱曼等著，穆根来等译：《中国印度闻见录》，中华书局1983年版，第15页。

③ （后晋）刘昫：《旧唐书》卷一七八《郑畋传》，中华书局1975年版，第4633页。（宋）欧阳修、宋祁：《新唐书》卷一八五《郑畋传》，中华书局1975年版，第5399页，有相近的内容记载。

④ （宋）王应麟：《玉海》卷一八六《食货·理财·唐市舶使》，江苏古籍出版社1987年影印。

⑤ （元）脱脱：《宋史》卷一八六《食货下八》，中华书局1977年版，第4559页。

⑥ （清）梁廷枏总纂：《粤海关志》卷三《前代事实上》，广东人民出版社2002年版，第36—37页，引宋代毕仲衍《中书备对》。

⑦ （宋）朱彧撰，李伟国校点：《萍洲可谈》卷二《广泉明杭州皆设市舶司》，上海古籍出版社1989年版，第25页。

六侯之记碑

宋绍兴乙丑年（1145年）立，原置于南海神庙内。碑高1.77米、宽0.82米。碑文记载了达奚司空、杜公司空、巡海曹将军、巡海提点使、王子一郎、王子二郎等6人，因功被封侯、陪祀南海神的事迹。其中达奚司空来自印度，却成为南海神陪祀神灵，反映了广州对舶来文化的接受。

宋神宗曾对条例司官员说："东南利国之大，舶商亦居其一焉。昔钱、刘窃据浙、广，内足自富，外足抗中国者，亦有笼海商得术也。卿宜创法讲求，不惟岁获厚利，兼使外蕃辅辏中国，亦壮观一事也。"[①]正是宋廷的鼓励政策，繁荣了广东的海外贸易，促进了农业生产，活跃了商品经济，海内外人员的交流也更为频繁[②]，推动了不同文明、文化的交流。宋代广东对外敞开胸怀，推动了整个经济社会的发展。但是，由于受到政府的强力控制以及官僚私营贸易的干扰，海外贸易发展并不那么顺利。伴之而起的是贵族、官僚、大商人、大地主的奢侈腐化，从而又加剧了社会矛盾，影响人们的正常生活和贸易。不过"这是由于宋代的官僚专制主义制度造成的，与海外正常贸易活动并无必然的联系。"[③]

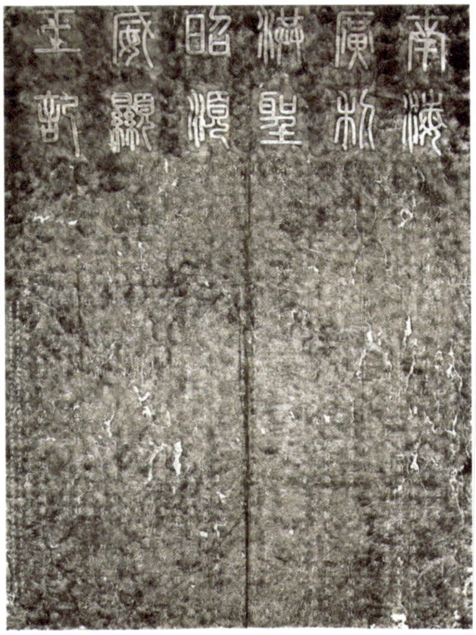

"南海广利洪圣昭顺威显王记" 碑

南宋乾道元年（1165年）刻，立于南海神庙。1963年移置于广州博物馆。碑高1.88米、宽 1.3 米。碑文记载了自唐天宝十年起，历代帝王给南海神加上封号的史实。文中有广州"夷舶往来，百货丰盛"等语，反映了当时广州中外贸易的盛况。

① （宋）杨仲良：《续资治通鉴长编纪事本末》卷六六《三司条例司·熙宁三年九月戊子》，北京图书馆出版社2003年版。
② （宋）朱彧撰，李伟国校点：《萍洲可谈》卷二《住蕃住唐》说：宋代"北人过海外，是岁不还者，谓之住蕃；诸国人至广州，是岁不还者，谓之住唐"，上海古籍出版社1989年版，第27页。
③ 关履权：《宋代广州的海外贸易》，广东人民出版社1994年版，第205页。

第八章

流人贡献

岭海名粤

鹤骨霜髯心已灰，青松合抱手亲栽。

问翁大庾岭头住，曾见南迁几个回？

——（宋）苏轼：《赠岭上老人》

“他不是被贬官，就是奔波在被贬官的路上。”公元1100年，从儋州奉旨北返的苏东坡，在大庾岭上通过《赠岭上老人》这首诗抒发自己劫后余生的喜悦和庆幸。其实，苏轼被贬经过大庾岭，只是初唐时期诗人宋之问之后的又一名后来者而已。早于苏轼三百多年前，宋之问因宫廷政变受牵连而获罪，他被贬钦州（今广西钦州市）途经大庾岭。

广东作为政府安置流人谪宦的主要场所，始于唐宋时期。据统计，宋代广东的流人，仅见于史籍者，即有300多人次，湮没无考者，则更是不计其数。因此北宋学者陈瓘戏言：“岭南之人见逐客不问官高卑，皆呼为相公，想是见相公常来也。”[①]

如果时间可以倒退，从大庾岭拾阶而上，总能与历史上一个个迁客骚人不期而遇。他们在广东留下的足迹与诗篇，不仅让古代广东文化实现跨越式发展，在中国文化史上留下了浓墨重彩的一笔，更是通过他们的筚路蓝缕和垂范引领，或革新农具，或改进农耕，直接推动宋代广东经济发展。

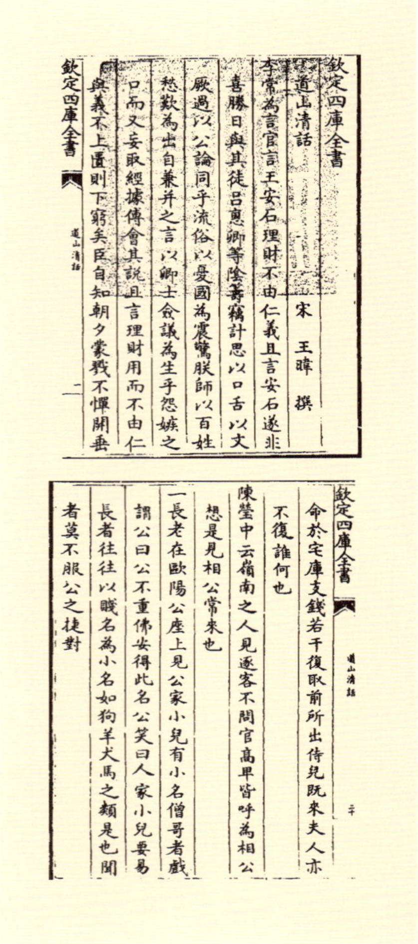
欽定四庫全書
道山清話　宋　王暐　撰
李常為言官言王安石理財不由仁義且言安石遂非
喜勝日與其徒吕惠卿等陰籌竊計思以口舌以文
厥過以公論同乎流俗以憂國為震驚朕師以百姓
愁歎為出自兼并之言以卿士僉議為生乎怨嫉之
口而又妄取經據傳會其説且言理財用而不由仁
與義不上匱則下窮矣臣自知朝夕蒙戮不憚開垂
欽定四庫全書　道山清話　二

欽定四庫全書　道山清話　二十
命於宅庫支錢若干復取前所出侍兒既來夫人亦
不復誰何也
陳瑩中云嶺南之人見逐客不問官高卑皆呼為相公
想是見相公常來也
一長老在歐陽公座上見公家小兒有小名僧哥者戲
謂公曰公不重佛安得此名公笑曰人家小兒要易
長者往往以賤名為小名如狗羊犬馬之類是也聞
者莫不服公之捷對

《道山清话》书影

①（宋）王暐：《道山清话》（不分卷），景印文渊阁《四库全书》本。

壹

寓公轮棹踵相接

宋代广东各州基本上都有流人，粤北的连州、韶州、南雄州和英州，粤东的潮州、惠州、循州和梅州，粤西的新州、雷州、高州和化州人数尤其多。南恩、新、循、梅、高、雷、化等州是当时政府所规定的远恶州。英州虽然没有在远恶州之列，却有“人间生地狱”之称，所以也有很多获罪官员被责该地。刘挚卒后，其家属徙英州，凡三年，死于瘴者十人。与刘挚命运相同的流人贬官，在两宋可谓络绎于途，包括寇准、苏东坡、苏辙、黄庭坚等，多达数百人。

流放是中国古代的主要刑罚之一，是中国古代专制制度下的产物。秦始皇建立了中国历史上第一个中央集权的君主专制国家，正式把流刑列入刑罚。[①]

宋代的流放制度较之于前代，出现了一些新的内容，其中之一就是把中唐以来的决杖配流和后晋的刺面之法结合在一起，创立了刺配法，该法杖、黥、流、徒四刑并用，是一个针对社会各阶层、行用非常广泛的新刑种；其二就是专门针对“犯官”而设置了“居住”、“安置”、“编管”、“羁管”等新刑罚。

考之史籍，两宋广东著名流人有以下这些：

宋真宗咸平初（998年），开封府推官陈尧佐坐言事忤旨，贬为潮州通判。

景德三年（1006年）十月甲午，两浙转运使姚铉坐不法，除名，为连州文学。

乾兴元年（1022年）二月戊辰，宰相寇准贬为雷州司户参军。有《寇忠愍集》。

宋真宗朝，吴保金贬谪化州，为高凉参军。

宋仁宗时，内侍任守忠坐交通请谒，监英州酒税。

皇祐三年（1051年）十月，御史唐介坐言文彦博，贬为英州别驾。

宋神宗熙宁八年（1075年）正月，河南军巡判官郑侠因擅

历史小知识

谪宦

谪宦即贬官。宋朝有“不杀士大夫”的祖训，从而使贬谪成为对获罪官员的主要惩罚手段，并呈现出一些新的制度特点。在行政上贬黜降职的同时，宋代针对获罪官员还有编管羁管、安置、居住等惩罚。其中编管和羁管都是将谪宦遣送到远处并进行监督管制和人身自由上的限制，只是程度有轻重之别，羁管稍重，编管次之。编管羁管者多除名，也叫追毁出身以来文字。安置和居住是针对官员专门设置的刑罚，适用的主体规格较高。安置者一般不除名，多授散官，还有一定的俸禄。居住是惩罚谪宦的最轻手段，仍然享有优厚的俸禄和很大的人身自由。

① 本节内容，基本依据金强博士的研究成果，详参金强：《宋代岭南谪宦》，广东人民出版社2009年版。

苏辙

秦观

发马递，上《流民图》，指责王安石变法，编管英州。有《西塘集》。

宋哲宗元祐四年（1089年）五月丁亥，前宰相蔡确因“车盖亭诗案”，贬为英州别驾，安置新州。

绍圣元年（1094年）四月壬子，苏轼贬知英州；六月甲戌，贬宁远军节度副使，惠州安置；绍圣四年闰二月甲辰，责授琼州别驾，移昌化军安置。有《寓惠集》。

绍圣三年（1096年）八月二十三日，范祖禹自永州移贺州安置；四年闰二月甲辰，移宾州安置；元符元年（1098年）七月庚午，移化州。有《范太史集》。

绍圣三年（1096年）八月二十三日，刘安世责英州安置；四年闰二月甲辰，移高州；元符元年（1098年）七月庚午，又移梅州。

绍圣四年（1097年）二月癸未，苏辙贬化州别驾，雷州安置，后徙循州。有《栾城集》。

绍圣四年二月癸未，前尚书右臣梁焘贬雷州别驾，化州安置，十一月丁丑，卒于化州。

绍圣四年二月癸未，前宰相刘挚贬鼎州团练副使，新州安置，十二月癸未，卒于新州。有《忠肃集》。

绍圣四年二月二十八日，秦观责横州编管；元符元年（1098年）九月庚戌，移雷州。有《淮海集》。

绍圣四年二月二十八日，前给事中吴安诗责濮州团练副使，安置连州。

元符二年（1099年）五月庚申，知韶州孔平仲以元丰末诋讪

李璆

先朝政事，责惠州别驾，英州安置。

元符二年九月甲子，言官邹浩除名勒停，羁管新州。有《道乡集》。

宋徽宗建中靖国元年（1101年）二月丁巳，前宰相章惇责雷州司户参军。

崇宁二年（1103年）八月一日，前御史陈次升以极论蔡京、蔡卞，除名、编管循州。

大观四年（1110年）九月十五日，京畿路提举常平唐庚坐与张商英交通，惠州安置。有《眉山先生文集》。

宣和三年（1121年），知房州李璆以反对取燕云之地，责监英州清溪镇。有《瘴疟论》。

宋高宗绍兴八年（1138年）十一月壬子，枢密院编修胡铨以上书直谏，斥和议，责监广州都盐仓。绍兴十二年七月壬辰朔，

张浚石刻（在今连州中学校园内）

复编管新州，十八年十一月己亥（十五日）移吉阳军。有《澹庵文集》。

绍兴十年（1140年）闰六月，赵鼎安置潮州。在潮五年，后移吉阳军。有《忠正德文集》。

绍兴十一年（1141年）十一月丁未，中书舍人朱翌坐附李光，责令居住韶州。有《潜山集》。

绍兴十五年（1145年）七月辛亥，陈鹏飞以指斥秦桧父子，除名，编管惠州。有《罗浮集》。

绍兴十六年（1146年）七月壬申，张浚落节钺，提举江州太平兴国宫，责令连州居住。

绍兴十七年（1147年）五月己巳，洪皓坐忤秦桧，编管英州。

绍兴十九年（1149年）三月甲辰，郑刚中坐与秦桧有隙，安置封州。有《北山集》。

绍兴二十年（1150年）三月壬寅，胡寅因忤秦桧，责果州团练副使，安置新州。有《斐然集》。

宋宁宗庆元元年（1195年）四月丁巳，太府寺丞吕祖俭坐上疏留赵汝愚及论不当黜朱熹、彭龟年等，忤韩侂胄，安置韶州。

宋理宗景定元年（1260年）十月壬戌，吴潜因忤贾似道，窜潮州；景定二年，责化州团练副使，循州安置。

宋恭宗德祐元年（1275年）七月庚寅，贾似道以擅权误国，责高州团练副使，循州安置。

以上只是宋代广东流人中名声、事迹较显者，并非全部。下面，把文献中所见的广东流人按各州顺序分列于下，从中可见当时流人规模。

广州：唐垌、胡铨（以上并监当官）；杜嵩、杜巖（以上并居住）；姚古、郭仲荀（以上并安置）；王庭臣、巨师古、蔡德、都飞虎、江海、郭胜（以上并编管）；李谨言、李廓、严九龄、董元亨（以上并配广州衙前）；林坚、黄贵、何致、高铸（以上并配广州牢城）。

端州（肇庆府）：冯拯（左降）；卢宗原、辛永宗（以上并编管）。

韶州：赵永忠（监当官）；莫俦、张思正、朱翌（以上并居住）；钟传、范坦、邓之纲、朱勔、蔡京（未到贬所）、宇文虚中、吴幵、吕祖俭、苏师旦、陈自强、刘昌祖、张端义（以上并安置）；王道（羁管）；马士宗、袁潭、孟导、曾渊子、林镗（以上并编管）；甘承立（配隶）。

循州：苏辙、吕大防（未到贬所）、朱勔、邓友龙、吴潜、贾似道（未到贬所）（以上并安置）；陈次升、虞防、孙用诚、韩紃、张常先、王会、俞大忠（以上并编管）；王长民、桑景询（羁管）；陈瑶（配隶）。

潮州：陈尧佐、危稹（以上并左降）；梁成大、李心传（以上并居住）；莫俦、王仲嶷、王以宁、赵鼎、林行可、吴潜、邱成满、陆秀夫（以上并安置）；郝赍、崔昌符、范焘、王文献、傅自得、陈垓、李珏（以上并编管）。

连州：姚铉（左降）；张浚（居住）；吴安诗、钟传、张庄、郑望之、胡思、周望、郭僎（以上并安置）；张适、夏守恩、吉师雄、宋昭、林杞、贾敦诗、王处仁、薛仲邕、刘伯英、

惠州孤山东坡居士像

胡玉（以上并编管）；孙咸（配隶）。

梅州：秦九韶（左降）；刘安世、徐秉哲、宋晛、郭倪、雷云（以上并安置）；蔡佃、王之奇、范洵、李端卿、王庭（以上并编管）。

南雄州：吴玕（居住）；耿南仲、赵子崧、符行中、李爽、邓友龙、郑挺、袁玠（以上并安置）；邵成章、叶湍、李师中、吴元美、陈珠、曾造、杜霆（以上并编管）；黄愿（羁管）；黄大本、李孝谨（以上并配隶）。

英州（英德府）：唐介、李仲昌、马怀德、苏轼（以上并左降）；任守忠、家愿、李璆、贾翌（以上并监当官）；刘安世、孔平仲、童贯、蔡懋、周懿文、范致虚、黄潜善、王元、郑大年、邢倞、洪皓、龚茂良、皇甫斌（以上并安置）；韩纲、郑侠、李祉、陈述、汪若海、赵彦民、王声、冯宜民、何兑、林东、刘汜（以上并编管）；傅雱（羁管）；曾易占（配衙前编管）；亢瑛（配隶）。

贺州：种谔、王厚、曾布（以上并左降）；范祖禹、李鄴、颜博文、左言（以上并安置）；王怀普、石普、张仲宣、蓝珪、韩琎、贾和仲、杜源（以上并编管）。

封州：闾邱升、郑刚中、吕愿中、王大节（以上并安置）；张思钧、李福、余爽、李愚、曾孝序、孟昌龄、周勣（以上并编管）。

新州：王德谦（居住）；蔡确、刘挚、王资深、王尰、郭天信、王宇、李彝、胡寅、曹泳、王泽、丁大全（以上并安置）；王履、李景直、王鲔、李处廉、胡铨、张松、汤邦彦、李奭、余思忠（以上并编管）；邹浩（羁管）；程序、康与之、蒋尧辅（以上并配隶）。

康州（德庆府）：潘璘、张维、钱盛、贾子展（以上并编管）

南恩州：王及之（安置）；陈慥、马谂、王洧、张松（以上并编管）。

惠州：徐秉哲（居住）；苏轼、唐庚、李棁、李回、莫俦、傅选、朱质（以上并安置）；洪湛、潘滋、何邦直、范焘、陈鹏飞、安诚、刘纮、曹沩（以上并编管）；刘相如（以上并羁管）；吕熙、李允升（以上并配隶）。

化州：吴保金、梁焘、范祖禹（以上并安置）；龚夬、吕应问、邵大受、沈长卿、莫汲（以上并编管）；颜巽、徐如海、缪万年（以上并配隶）。

高州：林一飞（监当官）；刘安世、王时雍（以上并安置）；卞有、裴廪、王远、王肇、徐樗（以上并编管）；王化基（配隶）。

雷州：寇准、丁谓、孙济、章惇（以上并左降）；刘文质、苏辙、秦观、张士良、蔡攸、张卿材、陈自强（以上并安置）；陈晟、王循训、王浤、陆升之、郑炜、康与之、曾渊子、（以上并编管）；范柔中、刘相如（以上并羁管）；计用章、刘涣、柳臣举（以上并配隶）。

可以看出，宋代广东各州基本上都有被贬流人，粤北的连州、韶州、南雄州和英州，粤东的潮州、惠州、循州和梅州，粤西的新州、雷州、高州和化州人数尤其多。南恩、新、循、梅、高、雷、化等州是当时政府所规定的远恶州。[1]英州虽然没有在远恶州之列，却有“人间生地狱”[2]之称，所以也有很多获罪官员被责该地。刘挚卒后，其家属徙英州，凡三年，死于瘴者十人。[3]

从宋代广东流人被流放的方式类型来看，有左降为知州通判者，有责为监当官者，有居住者，有安置者，有编管者，有羁管者，有配牢城者。而以上所考察的主要是针对“犯官”的，针对普通百姓，还有充杂役或为军士者。知州、通判和监当官都是实际差遣，视事主政，掌握并履行权力。

相对而言，“居住”是宋代惩罚犯官的最轻手段，仍然享有优厚的俸禄，他们在谪居地无人监管，无呈身制的约束，享有很大的人身自由。宋人称：“被责者凡云送甚州居住，则轻于安置也。”[4]安置者一般不除名，多授散官，因此宋人言：“散官则安置，追降官分司则居住，祖宗制也。”[5]安置人无须“呈身”，有较大的人身自由，但是也需“所在州常切检察，无令出城及致走失，仍每季具姓名申尚书省”。[6]

另外，由于安置人多被赋以不厘务散官，所以尚有一定的俸给，其经济条件要好一些。编管、羁管相对就要严厉得多，责令编管、羁管人在隶地一般要住在当地官府的厢房内，也可租赁房屋居住，但有厢军监视。

宋代法律规定，“诸责降安置及编配羁管人所在州常切检察，无令出城及致走失，仍每季具姓名申尚书省”，[7]而有些情节严重者则要求“常切拘管讥察，不得令出城及宾客书问往来，仍月具存在申尚书省”。[8]编管、羁管人必须定期向所在地方长

① （宋）谢深甫：《庆元条法事类》卷七五《刑狱门·编配流役》，《续修四库全书》第861册，上海古籍出版社2002年版。

② （元）脱脱：《宋史》卷二〇〇《刑法二》，中华书局1977年版，第4995页。

③ （元）脱脱：《宋史》卷三四〇《刘挚传》，中华书局1977年版，第10858页。

④ （宋）赵升：《朝野类要》卷五《降免·居住》，景印文渊阁《四库全书》本。

⑤ （元）脱脱：《宋史》卷四〇九《高斯得传》，中华书局 1977 年版，第 12327 页。

⑥ （宋）谢深甫：《庆元条法事类》卷七五《刑狱门·编配流役》，《续修四库全书》第861册，上海古籍出版社2002年版。

⑦ （宋）谢深甫：《庆元条法事类》卷七五《刑狱门·编配流役》，《续修四库全书》第861册，上海古籍出版社2002年版。

⑧ （宋）李心传：《建炎以来系年要录》卷一七九，绍兴二十八年三月甲寅，上海古籍出版社1992年影印。

官报到，称之为“呈身”。北宋时，“编管人每旬赴长吏厅呈身”[①]。南宋时，法律规定，“诸编管羁管人月赴长吏厅呈验，元系品官，若妇人元有官品封邑者，所居厢止具见管状申”[②]。而配牢城者已是被拘押的罪犯，基本上丧失了人身自由。

① （宋）李焘：《续资治通鉴长编》卷五〇七，元符二年三月乙丑，中华书局2004年版，第12086页。

② （宋）谢深甫：《庆元条法事类》卷七五《刑狱门·编配流役》，续修四库全书第861册，上海古籍出版社2002年版。

贰

岭南万户皆春色

岭南负山滨海，地气卑湿，酒为不可缺少之物。因此，宋朝顺应民之便利，在广东弛酒禁，对酒的销售也不实行专卖。许多谪宦在岭南，为了御瘴，抑或为了纾解谪居中的忧虑，往往亲自酿酒，苏轼亦乐在其中。苏轼在惠州至少酿造过三种酒：万家春、桂酒和真一酒。绍圣元年（1094年）十月十三日，苏轼与程乡县令侯晋叔、归善县簿谭汲游大云寺，野饮松下的，便是苏轼自酿的万家春。而桂酒，尤为苏轼钟爱，“酿成，不减王晋卿家碧香”，“玉色香味超然，非人间物也”。苏轼认为，得到酿造桂酒之法，亦谪居一喜事。

北宋，有大量的士大夫被贬岭南；南渡之后，“时中原士大夫避乱者，多在岭南”。[①]入粤流人在广东的存在，对广东的社会发展产生了深远的影响。

在宋代，流人往往被剥夺了理政和言事的权利，责令居住和安置者虽然还带着闲散官职，但是也只是靠此领取微薄俸禄，并不视事。不过，有些入粤流人深受儒家“民本”思想的影响，个人品行高洁，即使有罪在身，远窜南荒，仍然关心民瘼，积极向广东地方官员出谋献策，尽力而为，发挥余热。如宋代著名数学家秦九韶，字道古，秦凤间人。因为追随吴潜，宋理宗景定元年（1260年），贾似道当国，吴潜被谪，秦九韶亦流梅州，“在梅，治政不辍，竟殂于梅”。[②]

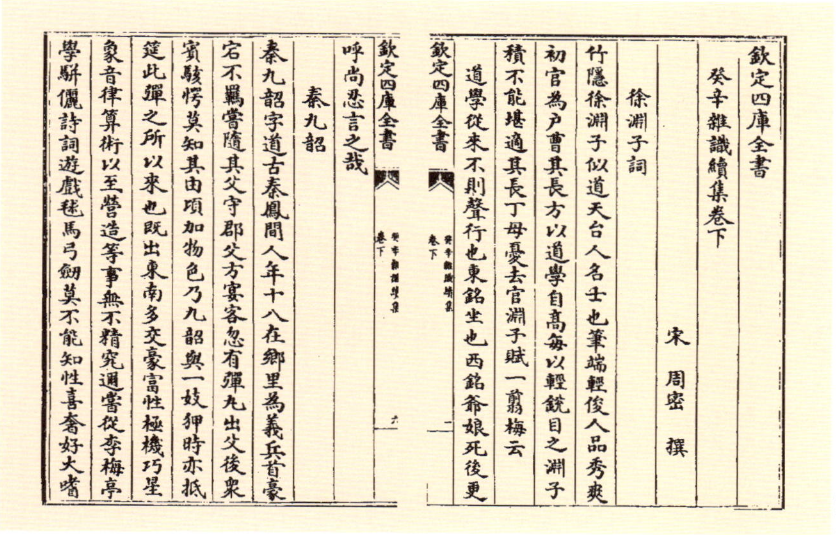
欽定四庫全書
癸辛雜識續集卷下
宋 周密 撰
徐淵子詞
竹隱徐淵子似道天台人名士也筆端輕俊人品秀爽
初官為户曹其長方以道學自高每以輕銳目之淵子
積不能堪適其長丁母憂去官淵子賦一翦梅云
欽定四庫全書
道學從來不則聲行也東銘坐也西銘爺娘死後更
欽定四庫全書
呼尚恐言之哉
秦九韶
秦九韶字道古秦鳳間人年十八在鄉里為義兵首豪
宕不羈嘗隨其父守郡父方宴客忽有彈丸出父後衆
賓駭愕莫知其由頃加物色乃九韶與一妓狎時亦抵
筵此彈之所以來也既出東南多交豪富性極機巧星
象音律算術以至營造等事無不精究遍嘗從李梅亭
學駢儷詩詞遊戲毬馬弓劒莫不能知性喜奢好大嗜

《癸辛杂识》书影

① （宋）李心传：《建炎以来系年要录》卷六三，绍兴三年三月癸未，上海古籍出版社1992年影印。

② （宋）周密：《癸辛杂识》续集下《秦九韶》，中华书局1988年版，第170—171页。

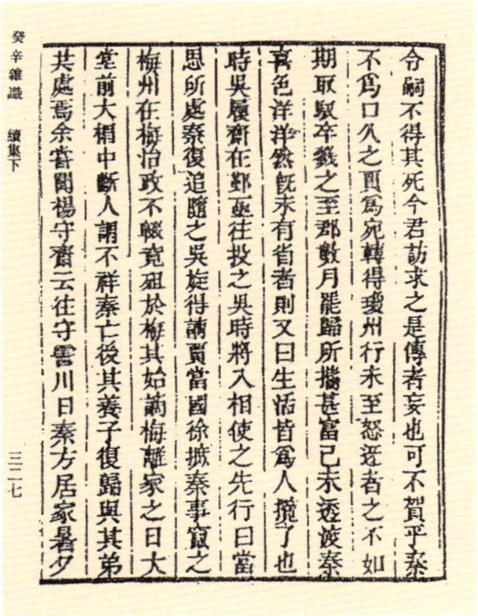
令嗣不得其死今君訪求之是傳者妄也可不賀乎秦
不爲口久之貢爲宛轉得夔州行未至怒逐者之不如
期取驟卒戮之至郡數月罷歸所攜甚富已未逐渡秦
喜色洋洋然既未有省者則又曰生活皆爲人攪了也
時吳履齋在鄞亟往投之吳時將入相使之先行曰當
思所處秦復追隨之吳旋得請貢當國徐撤秦事竄之
梅州在梅治政不輟竟殂於梅其始竄梅離家之日大
堂前大棡中斷人謂不祥秦亡後其養子復歸與其弟
共處焉余嘗聞楊守齋云往守霅川日秦方居家暑夕

癸辛雜識　續集下　三二七

宋代入粤流人虽然人身自由受到一定的限制，但是人的思想却是无法限制的。不少入粤流人称得上是文化的高峰，他们通过自己的一言一行、言传身教，把中原先进的文化传播给当地的士人，乃至普通的百姓人家。而广东当地士人、平民面对这些集官员与学术于一身的复合型人才，由平生的感慕，转而为十分的亲近，并遣送自己的子弟前往求学。

入粤流人的存在，极大地推动了岭南文化的发展。郑侠于宋神宗熙宁七年（1074年）徙英州，“既至，得僧屋将压者居之。英人无贫富贵贱，皆加敬，争遣子弟从学，为筑室以迁”。[①]

还有一些入粤流人虽无明文记载其教授过广东士子，但他们具备较高的文化素养，在与当地人的交往中，本身就是一个文化输出的过程。双方交往的遗物、逸事、文字等，都对当地的文化氛围、文化追求产生巨大而深远的影响，“千里秀民，已习韩昌黎之教；累朝故老，能言陈文惠之贤”。[②]

正如著名宋史学家陈乐素先生所说：“他们（流人）在岭南的活动，他们的立身行事，影响了当时的人，特别是在文化方面影响后人大”。[③]

正是有了入粤流人持续不断的努力，提高了当地人民的文化素质，而这又反过来慢慢改变了宋代广东官员得过且过的风气，从而为广东地区带来了安居乐业和生产进步。

1．农业。儒家传统观念重视农业，宋代入粤的流人以自身的实际行动参与当地的农业生产；再者，许多官员被贬谪前，多有出任地方官的经历，深知农业为财赋之本。所以即使遭贬谪流放，他们中的许多人仍然积极地为当地的农业发展出谋划策。宋

① （元）脱脱：《宋史》卷三二一《郑侠传》，中华书局1977年版，第10437页。
② （宋）王象之：《舆地纪胜》卷一〇〇《潮州·四六》，中华书局1992年影印。
③ 陈乐素：《求是集（二）》，广东人民出版社1984年版，第259页。

封开出土宋代稻谷

仁宗时，陈尧佐坐言事忤旨，贬为潮州通判，假守惠州，“教民种麦，是岁大获，于是惠民种麦者众矣”。[①]因为一个贬官，在惠州，麦子这种农作物得以推广。

大文豪苏轼对广东怀着深厚的感情，他刚到惠州贬所时，就赋诗道：“髣髴曾游岂梦中，欣然鸡犬识新丰。吏民惊怪坐何事，父老相携迎此翁。苏武岂知还漠北，管宁自欲老辽东。岭南万户皆春色，会有幽人客寓公。”[②]半年后，他在给友人陈慥的书信中也谈到其处境：“到惠将半年，风土食物不恶，吏民相待甚厚。”[③]基于这种感情，他非常关注广东的农业生产，在惠州还亲自耕种，“借王参军地种菜，不及半亩，而吾与过子终年饱饫”。[④]

苏轼在惠州时，建议博罗县令林抃在香积寺下设置一个水碓。碓是一种舂谷的设备，掘地安放石臼，上架木杠，杠端装杵或缚石，用人力或水力牵动木杠，使杵起落，脱去谷粒的皮，或者把米舂成粉。

苏轼为广东农业生产作出的最大贡献，莫过于把秧马介绍到惠州和循州。苏轼在其《秧马歌》及序中详细记载了秧马的形制及其便利之处：

① （宋）郑侠：《西塘先生文集》卷三《惠州太守陈文惠公祠堂记》，线装书局2004年版，《宋集珍本丛刊》第24册。

② （清）王文诰辑注，孔凡礼点校：《苏轼诗集》卷三八《十月二日初到惠州》，中华书局1982年版，第2071页。

③ （清）王文诰辑注，孔凡礼点校：《苏轼文集》卷五三《与陈季常之十六》，中华书局1986年版，第1570页。

④ （清）王文诰辑注，孔凡礼点校：《苏轼诗集》卷四〇《撷菜并引》，中华书局1982年版，第2202页。

《苏轼文集》书影

《苏轼诗集》书影

过庐陵，见宣德郎致仕曾君安止出所作《禾谱》，文既温雅，事亦详实。惜其有所缺，不谱农器也。予昔游武昌，见农夫皆骑秧马，以榆枣为腹欲其滑，以楸桐为背欲其轻，腹如小舟，昂其首尾，背如覆瓦，以便两髀，雀跃于泥中，系束藁其首以缚秧，日行千畦，较之伛偻而作者，劳佚相绝矣。《史记》：禹乘四载，泥行乘橇。解者曰：橇形如箕，擿行泥上。岂秧马之类乎？作《秧马歌》一首，附于《禾谱》之末云：

春云蒙蒙雨凄凄，春秧欲老翠剡齐。嗟我妇子行水泥，朝分一垄暮千畦。腰如箜篌首啄鸡，筋烦骨殆声酸嘶。我有桐马手自提，头尻轩昂腹胁低。背如覆瓦去角圭，以我两足为四蹄。耸踊滑汰如凫鹥，纤纤束藁亦可赍。何用繁缨与月题，揭从畦东走畦西。山城欲闭闻鼓鼙，忽作的卢跃檀溪。归来挂壁从高栖，了无刍秣饥不啼。少壮骑汝逮老黧，何曾蹶轶防颠隮。[①]

苏轼到了惠州后，把秧马式传授给博罗县令林抃，“林君甚喜，躬率田者制作阅式”。“惠州民皆已施用，甚便之。”[②]苏轼还和林抃反复探讨如何进一步改良秧马，“加减秧马，曲尽其用，非拊字究心，何以得此”。林抃代表惠州百姓对苏轼表示感谢，苏轼自谦道：“秧马聊助美政万一耳，何足云乎？”[③]后来苏轼又把秧马式传授给龙川县令翟东玉，[④]秧马这种便利的农业生产工具进一步传播到了循州。苏轼之后，秧马就在岭南得到了广泛的使用。宋徽宗大观四年（1110年），唐庚贬谪惠州，至罗

① （清）王文诰辑注，孔凡礼点校：《苏轼诗集》卷三八《秧马歌并引》，中华书局1982年版，第2051—2052页。

② （清）王文诰辑注，孔凡礼点校：《苏轼文集》卷六八《题秧马歌后》，中华书局1986年版，第2152页。

③ （清）王文诰辑注，孔凡礼点校：《苏轼文集》卷五五《与林天和之十六、十七》，中华书局1986年版，第1633—1634页。

④ （清）王文诰辑注，孔凡礼点校：《苏轼文集》卷六八《题秧马歌后之三》，中华书局1986年版，第2152页。

浮，始识秧马，作诗云："拟向明时受一廛，着鞭常恐老农先。行藏已问吾家举，从此驰君四十年。"①

岭南由于五岭的阻隔，在历史上曾经长期落后于中原和江南。但是，由于当地盛产奇珍异产，百姓又面海而居。因此，与北方不同的是，岭南比较重视商业贸易。"四方之民，皆以勤苦，而得衣食，所得毫末，其苦无量。独此南越，岭海之民，贸迁重宝，坐获富乐。"②而另外一面则是，岭南百姓不重视农业，导致荒田很多，粮食不足。许多被贬的士大夫都为此忧心忡忡，一再地劝农耕织。

郑刚中贬谪封州时，曾经和封州地方官一起劝课农桑，"今朝故为劝农出，未与诸君泛酒池。"并作劝农诗五首，其中《田父》诗云："老人听读劝农章，扶杖兴言意味长。但愿门前少呼唤，自然工力到耕桑。"③胡寅在新州贬所，也陪同郡守到田

农具

① （宋）唐庚：《眉山唐先生文集》卷二《到罗浮始识秧马》，四部丛刊三编本。

② （清）王文诰辑注，孔凡礼点校：《苏轼文集》卷一二《广州东莞县资福禅寺罗汉阁记》，中华书局1986年版，第397页。

③ （宋）郑刚中：《北山集》卷一九《傅推官劝农七绝句拟和其五》，景印文渊阁《四库全书》本。

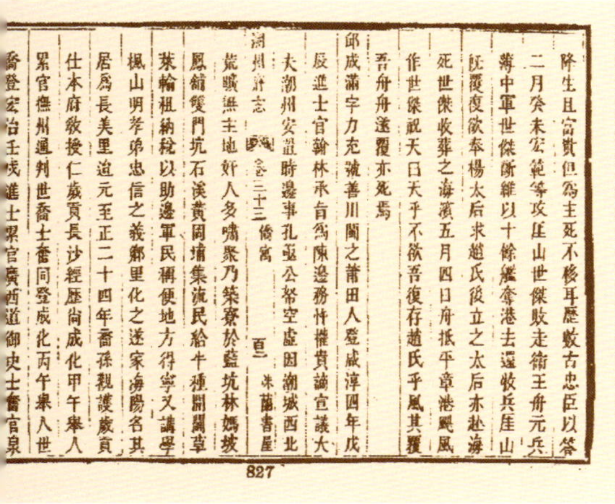
降生且富貴但爲主死不移耳歷數古忠臣以答
二月癸未宏範等攻厓山世傑敗走衛王舟元兵
薄中軍世傑斷維以十餘艦奪港去還收兵厓山
旣覆復欲奉楊太后求趙氏後立之太后亦赴海
死世傑收葬之海濱五月四日舟抵平章港颶風
作世傑祝天曰天乎不欲吾復存趙氏乎風其覆
吾舟舟遂覆亦死焉
邱成滿字力充號善川閩之莆田人登咸淳四年戊
辰進士官翰林承旨爲陳邊務忤權貴謫宣議大
夫潮州安置時邊事孔亟公帑空虛因潮城西北
潮州府志　卷三十三　僑寓　百三　珠蘭書屋
荒曠無主地奸人多嘯聚乃築寮於藍坑林媽坡
鳳舖雙門坑石溪黃岡埔集流民給牛種開闢草
萊輸租納稅以助邊軍民稱便地方得寧又講學
楓山明孝弟忠信之義鄉里化之遂家海陽名其
居爲長美里迨元至正二十四年裔孫親護歲貢
仕本府教授仁歲貢長沙經歷尚成化甲午舉人
累官撫州通判世裔士奮同登成化丙午舉人世
裔登宏治壬戌進士累官廣西道御史士奮官泉
827

《乾隆潮州府志》书影

间去劝农，他说：“仁政惟敦本，躬行岂好夸。舞停衫扬雪，盘藉绮如霞。童马争骑竹，村厖息吠花。向来观馌地，和气满家家。”“邦本古攸重，民天辞匪夸。讵能皆辟谷，漫道独餐霞。一笑为良茧，力耕无卖花。信知豳七月，于耜起周家。”[①]

除了建议之外，还有一些流人则是利用自己的经济实力资助流放地百姓开垦荒田。如邱成满，字力充，号善川，闽之莆田人。宋度宗咸淳四年（1268年）戊辰进士，官翰林承旨。为陈边务，忤权贵，谪宣议大夫，潮州安置。时边事孔亟，公帑空虚。因潮城西北荒旷无主地，奸人多啸聚，乃筑寮于蓝坑林妈坡凤铺双门坑石溪黄冈铺，集流民给牛种开辟草莱，输租纳税以助边，军民称便，地方得宁。[②]邱成满一举四得，既开发了荒地，发展了农业生产；生产得到发展，则可输租纳税，充实府库；他又用以工代赈之法，救济了流民；流民既散，寇盗声势则得以削弱，而府库充实，则军费不愁，用以助边，寇盗彻底消弭。

贬官具有很高的社会威望，虽遭贬谪，当地官吏和百姓仍然非常敬重他们，他们也汲汲于劝课农桑，既向当地传播了儒家文化观念，同时也推动了广东的农业建设。

2. **手工业**。端砚名传天下，但是宋时岭南笔墨匮乏，许多谪宦到了岭南之后，利用当地的材料制造笔墨，既为岭南的制笔业和制墨业作出了贡献，也推动了岭南文化的发展。封州俗以鸡毛作笔，以竹作杆，所以笔非常难得。后郑刚中贬谪封州，以羊毛易鸡，以松梢当竹，笔颇劲利，郑氏作四绝句记之：

① （宋）胡寅著，容肇祖点校：《斐然集》卷五《和郡将劝农》，《再美劝农》，中华书局1983年版，第122、123页。

② （清）周硕勋纂修：《乾隆潮州府志》卷三三《侨寓·邱成满传》，《中国地方志集成·广东府县志辑》第24册，上海书店出版社2003年影印。

小镂松梢作管城，肉枯鳞瘦不妨轻。
快随醉客翩翩处，尚带山头风雨声。
老根先入远烟胶，更取纤枝束细毫。
再作一家香气聚，幽人研弄亦风骚。
何用生花曾入梦，岂须大笔要如椽。
自应优冠湘东品，斑竹容渠作比肩。
不因蒙制巧相规，柯叶风霜未改移。
今抱寸心何所用，助君多写岁寒诗。①

惠州花式凉帽

苏轼在惠州，曾经为朝云制作过一种凉帽，“制用竹织，其式为圆箬中开一空，以容顶髻，周围缀以绸帛，或以五纱罗布分五幅摺而下垂，既可周遮头面，长夏操作可以迎风障日，名为凉帽，又曰苏公笠，眉山遗制也。”直到民国时期，当地的妇女仍然如法炮制，“客族妇女，晴夏皆戴凉帽。”据民国《潮州志》记载：“东坡谪惠州，携朝云随侍，暇辄令其艺圃莳花，故制此笠，惠州、嘉应妇女群相效之，今大埔、丰顺妇女行之如旧。”②

① （宋）郑刚中：《北山集》卷一九《无兔而用鸡毛，无直干而用粗竹，坐是二者，故封川难得笔；近有工以羊毛易鸡，以松梢当竹，笔既劲利，而管尤可喜。为赋四绝句》，景印文渊阁《四库全书》本。

② 饶宗颐纂修：《民国潮州志》之《丛谈志·物部·苏公笠》，《中国地方志集成·广东府县志辑》第25册，上海书店出版社2003年影印本。

岭南负山滨海，地气卑湿，酒为不可缺少之物。因此，宋朝顺应民之便利，在广东弛酒禁，对酒的销售也不实行专卖。许多谪宦在岭南，为了御瘴，抑或为了抒解谪居中的忧虑，往往亲自酿酒，苏轼亦乐在其中。他曾经说过："今岭南法不禁酒，予既得自酿，月用米一斛，得酒六斗。"[①]

据统计，苏轼在惠州，至少酿造过三种酒：万家春、桂酒和真一酒。绍圣元年（1094年）十月十三日，苏轼与程乡县令侯晋叔、归善县簿谭汲游大云寺，野饮松下的，便是苏轼自酿的万家春。[②]而桂酒，尤为苏轼钟爱，"酿成，不减王晋卿家碧香"，"玉色香味超然，非人间物也"，所以苏轼认为，得到酿造桂酒之法，亦谪居一喜事也。[③]所谓真一酒，就是"米、麦、水三一而已"，苏轼有诗记之：

拨雪披云得乳泓，蜜蜂又欲醉先生。
稻垂麦仰阴阳足，器洁泉新表里清。
晓日着颜红有晕，春风入髓散无声。
人间真一东坡老，与作青州从事名。[④]

刘挚贬谪新州，亲自酿造天苏酒，并作诗咏道：

粤岭酒万户，酤者无刑章。以兹于酿事，家家致其祥。
羁人亦随喜，聊自慰空觞。颇收诸家法，曹高及张王。
不复使邻舍，更笑瓮下狂。软熟秋穤洁，芬烈吴秫香。
坰头沸珠蚁，罨面澄玉浆。人情喜自誉，谓可官法当。

① （清）王文诰辑注，孔凡礼点校：《苏轼文集》卷六六《书东皋子传后》，中华书局1986年版，第2049页。

② （宋）苏轼著，薛瑞生笺注：《东坡词编年笺注》卷三《浣溪沙序》，三秦出版社1998年版，第636页。

③ （清）王文诰辑注，孔凡礼点校：《苏轼文集》卷五三《与钱济明之五》，中华书局1986年版，第1551页。

④ （清）王文诰辑注，孔凡礼点校：《苏轼诗集》卷三九《真一酒》，中华书局1982年版，第2124页。

方时见初菊，熠爚浮冷黄。颓然此中趣，不觉乡路长。

格高气淳圣，何至肠腐伤。区区美芹意，欲以酌后皇。

余醺到郡郭，恨无嘉宾将。增酿更加数，从今百忧忘。[①]

此酒广采曹、高、张、王各家酿酒之法，珠蚁玉浆，格高气淳，饮之无伤脏腑，百忧皆忘。

宋徽宗大观中（1107—1110年），唐庚在惠州贬所，亦曾作酒两种，其和者名养生主，其稍劲者名齐物论，后禁主字，遂去其一。有诗云："满引一杯《齐物论》，白衣苍狗任浮云。"[②]其实，上述各位谪宦在岭南所酿造的酒，在今天仍是颇具文化效应的品牌，如果深入挖掘内涵，必定可以大放异彩。但至今仍是无人问津，令人深以为憾。

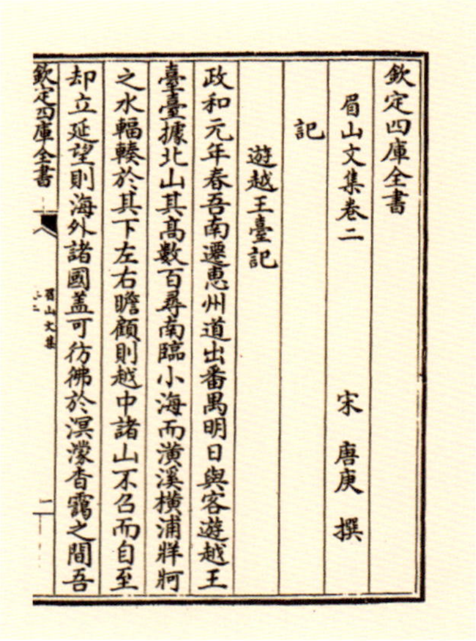

欽定四庫全書

眉山文集卷二　　宋　唐庚　撰

記

遊越王臺記

政和元年春吾南遷惠州道出番禺明日與客遊越王臺臺據北山其高數百尋南臨小海而潢溪橫浦牂牁之水輻輳於其下左右瞻顧則越中諸山不名而自至却立延望則海外諸國蓋可彷彿於溟濛杳靄之間吾

欽定四庫全書　眉山文集　二

《眉山唐先生文集》书影

惠州东新桥

① （宋）刘挚撰，裴汝诚、陈晓平点校：《忠肃集》卷一五《天苏酒成次韵》，中华书局2002年版，第337页。

② （宋）唐庚：《眉山唐先生文集》卷二《泸人何邦直者为安溪把截，有功不赏，反得罪。来惠州，贫甚。吾呼与饮，为作此诗》，四部丛刊三编本。

惠州东新桥

3. **交通。**今天，“要想富，先修路”，已经成为各级官员和百姓所熟知的道理。在宋代，一些入粤贬官为推动广东经济的发展，也首先致力于当地的交通建设。

苏轼在惠州时，曾为当地桥梁建设做出了很大的努力。惠州之东江溪合流处昔有桥，多废坏，以小舟渡。苏轼采纳罗浮道士邓守安的建议倡议作浮桥，并向广南东路提刑程正辅推荐该人，“本州申漕司，乞支阜民监买粪土钱，若蒙支与，则邓道士者可以力募，缘成之矣。告与一言，某不当僭管。但目见冬有覆溺之忧，太守见祷，故不忍默也。但邓道士肯管，其工必坚久矣。”①

该桥以四十舟为二十舫，铁销石矴，随水涨落。榜曰东新桥。另外惠州西丰湖上旧有长桥，屡作屡坏。栖禅院僧希固筑进两岸为飞阁九间，尽用石盐木，坚若铁石，榜曰“西新桥”。筑二桥时，苏轼曾助以犀带，而苏辙亦以史夫人顷入内所赐金钱数千为助，故苏轼有“叹我捐腰犀”及“探囊赖故侯，宝钱出金

① （清）王文诰辑注，孔凡礼点校：《苏轼文集》卷五四《与程正辅之二十七》，中华书局1986年版，第1599页。

惠州西新桥（一）

闺”之句。[①]修桥的工程从宋哲宗绍圣二年（1095年）开始，皆以绍圣三年（1096年）六月毕工，苏轼自始至终非常关注工程的进度。一次，数木匠请假暂归，多日不至，苏轼给林抃写信，请他下令将这些木匠送回。[②]

苏轼非常担心修桥过程中出现中饱私囊现象，最终搞出一个“豆腐渣工程”。他对程正辅说：“吏暗而孱，胥狡而横，若上司应副，破许多钱，必四六分入公私下头，做成一坐河楼桥也。”告诫正辅务必“选一健干吏来权签判，专了此事”。[③]桥成，苏轼作诗记之。[④]

二桥修成，大大地改善了惠州的交通状况，有利于促进惠州商业贸易的繁荣和经济的发展，为惠州百姓提供了极大方便。所以父老乡亲喜笑颜开，云集攀跻，食箪浆壶，聚饮不散。苏轼在

① （清）王文诰辑注，孔凡礼点校：《苏轼诗集》卷四〇《两桥诗并引》，中华书局1982年版，第2200—2201页。

② （清）王文诰辑注，孔凡礼点校：《苏轼文集》卷五五《与林天和长官之十八》，中华书局1986年版，第1634页。

③ （清）王文诰辑注，孔凡礼点校：《苏轼文集》卷五五《与程正辅之三十七》，中华书局1986年版，第1604页。

④ （清）王文诰辑注，孔凡礼点校：《苏轼诗集》卷四〇《两桥诗并引》，中华书局1982年版，第2199—2201页。

惠州日，还曾出皇上所赐金钱，于丰湖之左岸筑苏公堤。[①]

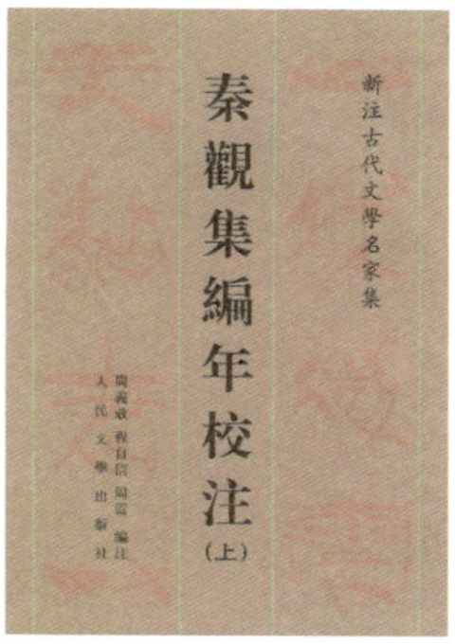

《秦观集编年校注》书影

4. 移风易俗。广东负山面海，自成一独立的地理单元，自秦汉以来，保留下来了大量土风民俗。其陋者，如重斗轻生，尚鬼信巫，历来受到中原士大夫的诟病。

朱彧曾言：“岭外风俗，多服毒药断肠草以死诬人，多死于所诬之门。常怪其愚如此。《南州异物志》曰：‘广州俚贼，若邻里负其债久不还者，子弟取野葛一钱、钩吻数寸许，到债家门，食而死，诬债家杀之。债家惧，以物辞谢，多数十倍。死家乃收尸而去，不以为恨。’”[②]

由于巫术盛行，时人有病，少去问医，医药卫生状况非常落后。秦观在雷州曾作诗再现了当时的情况：

骆越风俗殊，有疾皆勿药。束带趋祀房，瞽史巫纷若。
弦歌荐茧栗，奴主洽觞酌。呻吟殊未央，更把鸡骨灼。[③]

惠州西新桥（二）

唐宋时期的广东，又是瘴病多发地带。贬谪岭南的士大夫在自己御瘴的同时，把中原的医药也带到了广东。

苏轼初到惠州时，耗费不少资财，为当地人做了一系列好事，其中一项就是给惠州百姓施舍药物。[④]他认为，“广州商旅所聚，疾疫之作，客先僵仆，因薰染居者”，当时王古为广州知州兼广南东路经略安抚使。于是苏轼向王古建议在广州建立一所病院。惠州有一位医生，名叫林忠彦，医术精湛，又工小儿、产科，一郡赖之，他想得到博士助教的名目，但是惠州无阙，苏轼曾经向王古推荐此人，希望经略司能够为林忠彦补阙。后该人得

① （宋）祝穆撰，祝洙增订，施和金点校：《方舆胜览》卷三六《惠州·古迹》，中华书局2003年版，第656页。

② （宋）李昉等：《太平御览》卷九九〇《药部七·冶葛》引，中华书局1985年影印本。

③ （宋）秦观著，周义敢等编注：《秦观集编年校注》卷一四《雷阳书事之一》，人民文学出版社2001年版，第322页。

④ （清）王文诰辑注，孔凡礼点校：《苏轼文集》卷六一《与南华辩老书之十二》，中华书局1986年版，第1875页。

《忠肃集》书影

以补授。[①]刘挚安置新州，有朋友从北方寄来药和医书，希望他能自重，刘挚感念之际，曾多次赋诗表示感谢。[②]

郑刚中贬谪封州时，随行僮三人，瘴杀其二，余一人汪举虽脱命鬼手，然毒沴不去，气血枯凋。后辗转从一道士处得白朱砂一粒，方才活转过来。郑刚中专门记载下了此方，认为这无异于“天以活人之功”。[③]

郑刚中自贬谪以来，北方好友“怜予病者，既分以药，必授以方。所以体朝廷好生之德，保全瘴疠之身，仁亦至矣。近取所得方，集而编之，是皆用而有信，非所谓未达不敢尝者也，因号之曰《达尝编》。”[④]该编皆是郑刚中亲自尝试之后非常管用的药方，把它们结集，传播开来，对于改变广东病不求医的陋俗和落后的卫生状况都有好处。

对改变岭南病不求医状况，促进岭南医药卫生发展作出最大贡献的宋代谪宦，莫过于李璆。

① （清）王文诰辑注，孔凡礼点校：《苏轼文集》卷五六《与王敏仲之九、十二》，中华书局1986年版，第1692、1694页。
② （宋）刘挚撰，裴汝诚、陈晓平点校：《忠肃集》卷一五《行药》、《酬寄》，中华书局2002年版，第339、352—353页。
③ （宋）郑刚中：《北山集》卷二五《记白朱砂》，景印文渊阁《四库全书》本。
④ （宋）郑刚中：《北山集》卷二五《达尝编序》，景印文渊阁《四库全书》本。

李璆，字西美，汴人，登政和进士第。宋徽宗宣和三年（1121年），廷议将取燕，璆闻之，曰："百辟卿士，一倡共和，国家安危，其几在是。"上疏切谏，大略谓："太祖以圣武得天下，将士皆百战之余，以是而取燕云，宜易为力。然赵普辈无敢赞其决者，盖识天下大势，且重民命故也。今承太平之业，父老幸不识兵，虽不得燕云地，何阙于汉。"责监英州清溪镇。明年，赦还为郎。[1]英州在宋代有"人间生地狱"之恶名，[2]李璆在英州待了一年，对岭南的气候条件和各种瘴病有着非常深刻的认识。

岭南炎方土薄，故阳燠之气常泄；濒海地卑，故阴湿之气常盛。此寒热之病所由作也。病者多上热下寒，既觉胸中虚烦郁闷，便自以为有热。而医又多用麻黄、金沸草散、青龙汤等药发表。得病之因，正以阳气不固，每寒热发，则身必大汗。又复投以发表药，则旋踵受毙。甚者又以胸中痞闷，因转下痢。病人下体既冷，得转痢药，十无一生。是瘴疠未必遽能害人，皆医杀之也。

绍兴年间，李璆寓居梧州，

见北客与土人感瘴不幸者不可胜数。余询其所服药，率用麻黄、柴胡、鳖甲及白虎汤等药。其年，余染瘴病特甚。继而，全家卧病，悉用温中固下、升降阴阳正气药，及灸中脘、气海、三里。治十愈十，不损一人。余二仆皆病，胸中痞闷烦燥，一

① （元）脱脱：《宋史》卷三七七《李璆传》，中华书局1977年版，第11654页。
② （元）脱脱：《宋史》卷二〇〇《刑法二》，中华书局1977年版，第4995页。

则昏不知人，一则云愿得凉药，清利膈脘。余辨其病，皆上热下寒。皆以生姜、附子作汤，令温冷服之。即日皆醒，自言胸膈清凉，得凉药而然，不知实附子也。翌旦，各又以丹砂一粒，令空腹服之，遂能食粥。然后用正气平胃等类药，自尔，遂得平愈。既亲获效后，于知识者间，用生姜附子汤疗十余人，皆安，更无一失。又病人烦燥，但问其能饮水否。若反畏冷，皆上有虚热，非真热也，皆宜服生姜附子汤。沈存中良方治瘴，七枣汤用乌头七移七泡者，治法正与此同。一服而愈，间有脉实非上热下寒，面色目睛赤黄，即方可随证治之，不可用附子汤。余在苍梧时，十百人中，惟一郑防御病寒热，身体无汗，脉雄数而浮，宜柴胡汤，遂如证服小柴胡汤而愈。非其证不可遽服，余方尚多，莫良于此，惟达者酌用焉。[1]

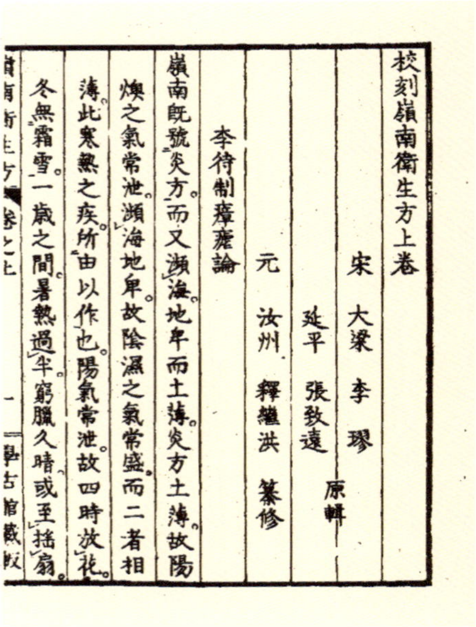
校刻嶺南衛生方上卷

宋 大梁 李璆

延平 張致遠 原輯

元 汝州 釋繼洪 纂修

李待制瘴瘧論

嶺南既號炎方，而又瀕海，地卑而土薄。炎方土薄，故陽燠之氣常泄；瀕海地卑，故陰濕之氣常盛。而二者相薄，此寒熱之疾所由以作也。陽氣常泄，故四時放花，冬無霜雪，一歲之間，暑熱過半，窮臘久晴，或至搖扇。

嶺南衛生方 卷之上 一 學古館藏版

《岭南卫生方》之“李待制瘴疟论”

李璆后来专门撰写《瘴论》，或名《瘴疟论》，或名《岭南卫生歌》，详细探讨了瘴病的发病原因、前人治病之误以及自己治瘴的药方及其原理。元朝释继洪著《岭南卫生方》时，保留了李璆的治瘴思想，直到今天，仍然是中医学的重要著作。

此外，宋代广东还有许多陋俗，如杀牲祭鬼，受到许多流人的批评。秦观的诗文中就有这方面的反映：

一笛一腰鼓，鸣声甚悲凉。借问此何为，居人朝送殇。
出郭披莽苍，磨刀向猪羊。何须作佳事，鬼去百无殃。
海康腊己酉，不论冬孟仲。杀牛挝祭鼓，城郭为沸动。[2]

① （宋）李璆：《李待制瘴疟论》，载（元）释继洪辑：《岭南卫生方》，中州古籍出版社1983年版，第1页；（清）汪森：《粤西文载》卷五七亦载，景印文渊阁《四库全书》本。

② （宋）秦观著，周义敢等编注：《秦观集编年校注》卷一四《雷阳书事之二》、《海康书事之六》，人民文学出版社2001年版，第323页、第318页。

虽然许多贬官被剥夺了理政言事的权力，但他们仍然在力所能及的情况下，为广东经济发展作出自己的贡献。而对于流放地来说，他们留下了“名”，给当地人留下了一座丰碑，一个可以师范、可以效法的榜样。诚所谓：

名贤所至，山川生色，瞻丰采者，如快睹景星凤凰，虽世远年湮，犹将侈为胜事焉。潮处岭外蛮烟瘴雨之区，自古以为罪臣投荒之地。气运日昌，化草昧而开文物，海滨邹鲁，锦绣江山，骎骎乎与上国争瑰丽。由是伟人君子，无不来游来歌，以扩其胸中幽奇旷朗、郁积雄浩之气，而寓公轮棹踵相接矣。其以谴谪至者若常衮、李德裕、赵鼎等十数公，既以废置诸贤附于名宦之后，居官无惭于君国，虽窜谪犹升迁也。……乾坤正气，蔚为正人，在一乡一国，则为乡国之光；足迹遍天下，天下人皆欲私而有之。读是编者，流芳百世之心勃然兴矣。[①]

南华寺灵照塔

① （清）蓝鼎元：《鹿洲初集》卷六《流寓小序》，景印文渊阁《四库全书》本。

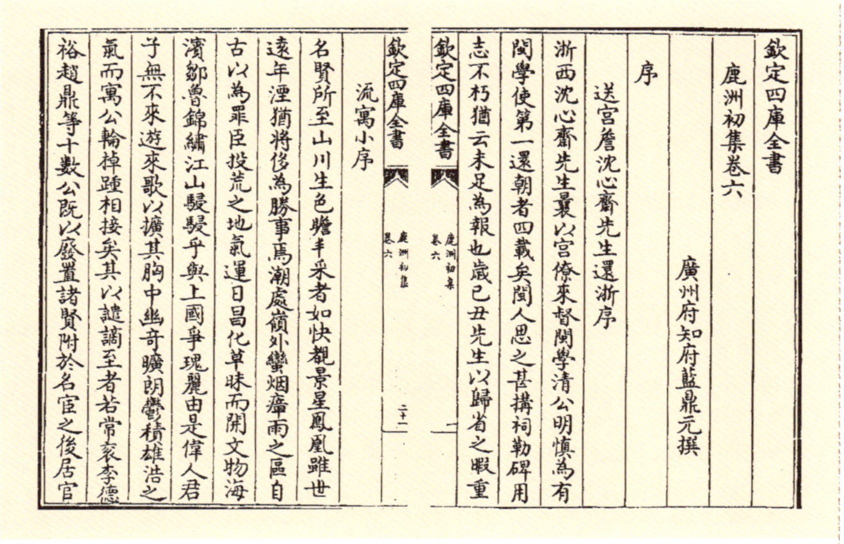
欽定四庫全書
鹿洲初集卷六
廣州府知府藍鼎元撰
序
送宫詹沈心齋先生還浙序
浙西沈心齋先生曩以宫僚來督閩學清公明慎為有
閩學使第一還朝者四載矣閩人思之甚搆祠勒碑用
志不朽猶云未足為報也歲己丑先生以歸省之暇重
欽定四庫全書 鹿洲初集 卷六 二十一
流寓小序
名賢所至山川生色贍丰采者如快覩景星鳳凰雖世
遠年湮猶將侈為勝事焉潮處嶺外蠻烟瘴雨之區自
古以為罪臣投荒之地氣運日昌化草昧而開文物海
濱鄒魯錦繡江山駸駸乎與上國爭瑰麗由是偉人君
子無不來遊來歌以擴其胸中幽奇曠朗鬱積雄浩之
氣而寓公輪棹踵相接矣其以譴謫至者若常袞李德
裕趙鼎等十數公既以廢置諸賢附於名宦之後居官

《鹿洲初集》书影

南华寺山门

5. **旅游**。俗话说："雁过留声，人过留名。"宋代入粤贬官，在广东留下了大量足迹，一觞一咏，一序一记，山水洞天为之生辉，亭台楼宇为之增色，后人亦感慕其流风余韵，瞻仰不断。现举其要者，以见其概。

韶州南华寺，为岭外禅林之冠。苏轼南迁惠州和从廉州北返都曾经过韶州，并盘桓数日。去时，有诗咏南华寺道：

南华寺五香亭

云何见祖师，要识本来面。亭亭塔中人，问我何所见。
可怜明上座，万法了一电。饮水既自知，指月无复眩。
我本修行人，三世积精炼。中间一念失，受此百年谴。
抠衣礼真相，感动泪雨霰。借师锡端泉，洗我绮语砚。[①]

① （清）王文诰辑注，孔凡礼点校：《苏轼诗集》卷三八《南华寺》，中华书局1982年版，第2061页。

李纲

归时，苏轼曾应南华寺住持明公之请，作《南华长老题名记》云：

“南华自六祖大鉴示灭，其传法得眼者散而之四方，故南华为律寺。至吾宋天禧三年（1019年），始有诏以智度禅师普遂住持，至今明公，盖十一世矣。明公告东坡居士曰：‘宰官行世间法，沙门行出世间法。世间即出世间，等无有二。今宰官传授，皆有题名壁记，而沙门独无有。矧吾道场，实补佛祖处，其可不严其传。子为我记之。’”①

李纲也曾作诗记之：

久矣曹溪法雨流，只传一滴满中州。
南来不见祖师面，长与祖师同此游。②

循州苏陈堂，在白云桥西。苏黄门辙、陈谏议次升谪居此邦时所居也。宋孝宗隆兴元年（1163年），循守彭亿更名曰苏陈，像二公而祠之，后废。宋宁宗嘉泰癸亥（三年，1203年），州守赵善譿改建于县东五里，曰二贤祠。有宋代王迈为之记。③

南雄州北大庾岭，为自江西入岭南最为重要的一途。宋代许多谪宦在赴岭南贬所以及北返的途中，都曾经过大庾岭，并赋诗记之。苏轼南迁，有《过大庾岭》诗：

① （清）王文诰辑注，孔凡礼点校：《苏轼文集》卷一二《南华长老题名记》，中华书局1986年版，第394页。

② （宋）李纲著，王瑞明点校：《李纲全集》卷二六《遵海归五绝·南华寺》，岳麓书社2004年版，第348页。

③ （宋）王象之：《舆地纪胜》卷九一《循州·古迹》，中华书局1992年版；（明）黄佐修：《（嘉靖）广东通志》卷19《古迹·惠州府》，广东地方史志办公室1997年誊印，亦载。四库馆臣从《永乐大典》中辑出的《臞轩集》不载此记。

一念失垢污，身心洞清净。浩然天地间，惟我独也正。
今日岭上行，身世永相忘。仙人拊我顶，结发授长生。[①]

北返时，又至大庾岭，作《赠岭上老人》诗云：

鹤骨霜髯心已灰，青松合抱手亲栽。
问翁大庾岭头住，曾见南迁几个回？[②]

现存英德的刘仲堪《南山十咏并序》对宋时当地的风物作了生动描述：

真阳郡山水，于五岭为胜概。郡斋而南山几千步，于一郡复秀绝。秀绝之中，鸣弦峰称最。观其盘青削壁，排虚而立，下压巨江，上摩层霄，周视峥嵘，森如守卫。世传大禹南狩，抚琴于兹，因而名焉。故好事者于其南建亭，曰薰风亭。亭之下则有涵晖谷、凌烟峰，并载图牒。近岁又迁立先师之朝居于其址，像殿斋庐之外，复立二亭、一阁、一堂、一院，以为学者讲习宴息之所。其爽垲幽致，则控带□壑，韬映云霞，纵妙极毫素，未能图写其仿佛；矧芜词蔓语，一联一咏，而欲模状哉！”

作者游赏之余，不免长叹心声：郡事简单，得与僚友游赏其下，既而叹曰：

① （清）王文诰辑注，孔凡礼点校：《苏轼诗集》卷三八《过大庾岭》，中华书局1982年版，第2057页。

② （清）王文诰辑注，孔凡礼点校：《苏轼诗集》卷四五《赠岭上老人》，中华书局1982年版，第2424页。

物之奋奇蓄异，虽在朝市，不遇知音者，则必与夫碌碌同弃，况其遐远乎！暇日因用古体赋成十章，刻之石壁，庶以泄兹山之久愤，且使而今而后观而味之者，识桑林之音耳。[1]

新州澹庵，在岳祠东。绍兴中，胡铨谪官新州，寓居于此。淳熙中，州守王揆即其旧址立祠，又作亭，名曰仰忠，在州南百步。辟池引泉，穷冬不竭。宋末，遗址犹存，后为民居。[2]

惠州罗浮山，在博罗西北三十里。苏轼有诗曰：

人间有此白玉京，罗浮见日鸡一鸣。
南楼未必齐日观，郁仪自欲朝朱明。
东坡之师抱朴老，真契久已交前生。
玉堂金马久流落，寸田尺宅今归耕。
道华亦尝啖一枣，契虚正欲仇三彭。
铁桥石柱连空横，杖藜欲趁飞猱轻。
云溪夜逢瘖虎伏，斗坛昼出铜龙狞。
小儿少年有奇志，中宵起坐存黄庭。
近者戏作凌云赋，笔势髣髴离骚经。
负书从我盍归去，群仙正草新宫铭。
汝应奴隶蔡少霞，我亦季孟山玄卿。
还须略报老同叔，赢粮万里寻初平。[3]

① 谭棣华等编：《广东碑刻集》，广东高等教育出版社2001年版，第119—120页。刘仲堪在真宗大中祥符二年（1009年）以著作郎知英州，事见（明）黄佐修：《嘉靖广东通志》卷二〇五，广东地方史志办公室1997年誊印。（宋）王禹偁：《王黄州小畜集》卷四《赠刘仲堪》，《宋集珍本丛刊》第1册，线装书局2004年版，其诗曰：杨墨恣荒榛，挥手欲芟薙。携文访谪居，趣向非权势。

② （宋）王象之：《舆地纪胜》卷九七《新州·景物》，中华书局1992年影印；参见（明）黄佐修：《嘉靖广东通志》卷一九《古迹·肇庆府》，广东地方史志办公室1997年誊印。及（清）郝玉麟等监修，鲁曾煜等编纂：《（雍正）广东通志》卷五三《古迹志·新兴县》，景印文渊阁《四库全书》本。

③ （宋）苏轼：《苏轼诗集》卷三八《游罗浮山一首示儿子过》，中华书局1982年版，第2068—2070页。

李纲从海南还，游罗浮山，并记之云：

“武阳李某归自海上，舣舟泊头镇，游罗浮山，憩宝积延祥寺，饮卓锡泉，见五色雀，暮抵冲虚观，月下望麻姑峰，秉烛观稚川祠堂丹灶，有老道士尝识东坡，呼与语久之，乘月而归。”[①]

惠州西湖，原名丰湖，在郡城西。广袤十里，因苏轼之故，亦名西湖。为广东之胜。杨万里游丰湖而缅怀苏轼道：

三处西湖一色秋，钱塘颍水更罗浮。
东坡原是西湖长，不到罗浮便得休。[②]

潮州韩文公庙，苏轼为作庙碑。[③]雷州西湖，旧名罗湖，在城西半里，为雷州名胜，雷州的许多谪宦遗迹都与西湖有关。湖畔有苏公楼，为纪念苏轼、苏辙而建。[④]

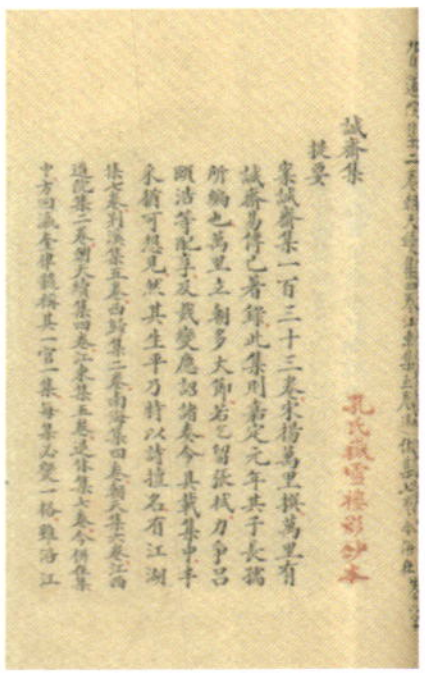

《诚斋集》书影

① （宋）李纲著，王瑞明点校：《李纲全集》卷一三三《游罗浮山行记》，岳麓书社2004年版，第1282页。

② （宋）杨万里：《诚斋集》卷一八《惠州丰湖亦名西湖》，《宋集珍本丛刊》第54册，线装书局2004版。

③ （宋）祝穆撰，祝洙增订，施和金点校：《方舆胜览》卷三六《潮州》，中华书局2003年版，第646页。

④ （清）雷学海修，陈昌齐纂：《（嘉庆）雷州府志》卷二《地里志·山川》、卷一九《古迹志·苏公楼》，《中国地方志集成·广东府县志辑》第43册，上海书店出版社2003年影印本。

惠州罗浮山

惠州西湖泗州塔

雷州十贤祠，在西湖傍，宋咸淳间建，以祀寇准、苏轼、苏辙、秦观、李纲、王岩叟、任伯雨、李光、赵鼎、胡铨。文天祥有记。雷州天宁万寿禅寺，在府城西关外，唐大历五年（770年）建，旧名报恩寺。苏轼渡琼寓此，题“万山第一”四大字于门。李纲、赵鼎、胡铨南谪时，皆尝寓于此。宋末，毁于兵。元住持僧石心重建。明洪武十五年（1382年），重修。明末，圮。清朝顺治十五年（1658年），知府陆彪改建，寻坏。康熙十年（1671年），知府吴盛藻重修。[①]

以上这些与贬官流人有关的遗迹，有的已经湮没，有的则携带着巨大的文化能量一直保持到了今天。正如吴溢球女士所指出的那样：“谪宦的个人际遇固然令人扼腕，但对于岭南文化而言，这一出出历史悲剧给岭南带来一次次走出蒙昧的机会，谪宦

① （清）郝玉麟等监修，鲁曾煜等编纂：《（雍正）广东通志》卷五四《寺观志·雷州府》，景印文渊阁《四库全书》本。

雷州宋园及寇公祠

们的炼狱之行带来了岭南文化的新气象，他们身后，留下了一串串迄今成为‘旅游热线’的足迹，留下了一篇篇描绘宣扬岭南风光风情的文章诗篇，留下了南北文化的交融和互补，也留下了正直、刚烈之风影响着岭南民风。”[①]

宋代入粤流人给我们留下了大量历史遗迹，也是一大笔财富。而我们今天积极挖掘利用文化历史资源，做到创造性转化、创新性发展，正是建设文化强省的题中应有之义。

诚如费衮所言：“凡此等事，多涉官政，亦易指以为恩怨。而坡奋然行之不疑，其勇于为义如此。谪居尚尔，则立朝之际，其可以死生祸福动之哉！”[②]而后人也对他们的业绩深深缅怀，苏轼在惠州居三年，惠州人发出“吾州以东坡重，文物不下他州”[③]的宣言，人人皆欲以东坡为师。

明人边贡作诗道：

① 吴溢球：《岭南旅游史研究若干问题初探》，暨南大学中国文化史籍研究所编：《历史文献与传统文化》第5集，广东人民出版社1996年版，第278页。

② （宋）费衮：《梁溪漫志》卷四《东坡谪居中勇于为义》，宋代笔记小说第18册，河北教育出版社1995年版。

③ （宋）祝穆撰，祝洙增订，施和金点校：《方舆胜览》卷三六《惠州·风俗》，中华书局2003年版，第652页。

万里惠州去，旅情应独伤。

暮云牛岭暗，秋草雁池荒。

古迹怀苏老，清吟和李纲。

遥怜蛮聚落，从此识甘棠。[①]

此言充分肯定了以苏轼、李纲等为代表的流人对惠州、对广东百姓和一方水土的贡献。

十贤祠

① （明）边贡：《华泉集》卷三《芮令尹之兴宁》，景印文渊阁《四库全书》本。

第九章

政策嬗变

朔风惊瘴海，雾雨破南荒。

巨舶通蕃国，孤云远帝乡。

——（宋）张俞《广州》

两宋时期广东经济社会的发展，是一个动态的演变过程，中央政府对广东的政策同样非一成不变，而是随着广东经济社会发展状况以及中央政府的战略规划而呈现出一定的连续性和阶段性。

总体而言，北宋政府对广东多采取“减免政策”和“倚重方针”。因广州与政治中心相去辽远，人心叛服尚在未知之数，因此必须重视予民休息。这种“仁政”客观上有利于广东地区经济的恢复和发展。另外，广州作为全国的海外贸易中心，对中央财政贡献巨大，广东由是多获倚重。所谓“成也萧何，败也萧何”。广东外贸在宋廷的支持下繁荣，也在宋廷的冷遇和官员的腐败下衰落。宋室南渡以后，全国的政治、经济、文化中心移到临安一带，本在宋哲宗时已经开始分散的海外贸易港口业务，也慢慢转向东南各港，尤其是泉州港。

壹

总体政策演变

靖康之变后，宋室南渡，广东从流放地一跃成为避乱所，移民纷至沓来，人口激增。当时，广东基本没有遭受战祸，农业和手工业生产没有受到影响，海外贸易仍然保持强劲发展势头，财政充裕。南宋初年，高宗在金兵的追袭下，泛舟海上，广南东路转运使赵亿募集海舶百余，先诸路至。这都是因为有广东雄厚外贸实力的支撑。到南宋中期，至有“二广为天子南库”的说法。

纵观两宋三百二十年，广东经济发展可分为四个阶段，现分述如下：

第一阶段，自宋太祖开宝四年（971年）平南汉始，历太祖、太宗，至真宗朝，约自公元971年至997年，共计27年。这个阶段，中央致力于消除南汉弊政的影响，以恢复广东经济；同时，在广州设立市舶司，发展海外贸易。

五代十国时期，刘氏南汉政权统治着两广地区。南汉末代君主刘𬬮委政宦官与后宫，统治非常残暴，“作烧煮剥剔、刀山剑树之刑，或令罪人斗虎抵象，又赋敛烦重，人不聊生……所居宫殿栋宇，皆以珠及玳瑁饰之，淫侈无度。”[①]宋灭南汉，即开始对南汉的暴政进行纠正，选任官吏，与民休息，着力恢复发展生产。宋太祖开宝四年（971年）诏：

广南道诸州，久隔风化，重罹弊政。既苦无名之诛敛，欲令比户以流离。言念凋残，良深愍恻。方苏远俗，宜示明恩。应伪政日烦苛率配，并诸司官务纳课、影占人户，并与除放。及先殴率统军百姓，并放归农。其逃亡人户，委长吏招谕，各令复业，仍倍与安抚。[②]

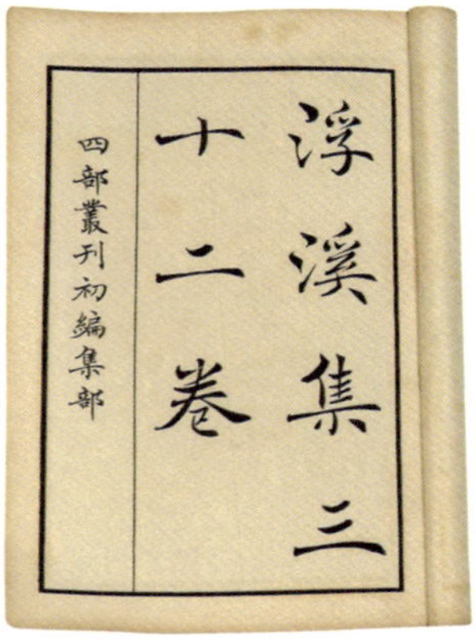

《浮溪集》书影

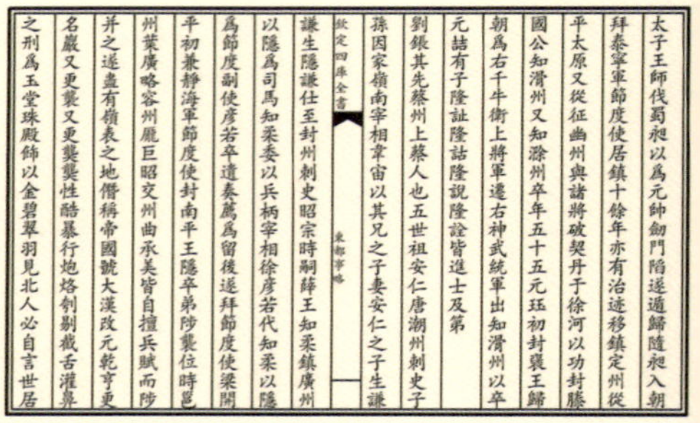

太子王師伐蜀昶以爲元帥劒門陷遂遁歸隨昶入朝
拜泰寧軍節度使居鎮十餘年亦有治迹移鎮定州從
平太原又從征幽州與諸將破契丹于徐河以功封滕
國公知滑州又知滁州卒年五十五元珏初封襄王歸
朝爲右千牛衛上將軍遷右神武統軍出知滑州以卒
元喆有子隆誈隆詁隆說隆詮皆進士及第
劉鋹其先蔡州上蔡人也五世祖安仁唐潮州刺史子
孫因家嶺南宰相韋宙以其兄之子妻安仁之子生謙
欽定四庫全書　東都事略
謙生隱謙仕至封州刺史昭宗時嗣薛王知柔鎮廣州
以隱爲司馬知柔委以兵柄宰相徐彥若代知柔以隱
爲節度副使彥若卒遺奏薦爲留後遂拜節度使梁開
平初兼靜海軍節度使封南平王隱卒弟陟襲位時邕
州葉廣略容州龐巨昭交州曲承美皆自擅兵賦而陟
并之遂盡有嶺表之地僭稱帝國號大漢改元乾亨更
名巖又更龔又更龑性酷暴行炮烙刳剔截舌灌鼻
之刑爲玉堂珠殿飾以金碧翠羽見北人必自言世居

《东都事略》书影

① （宋）王稱：《东都事略》卷二三《刘𬬮传》，台北文海出版社1967年版。

② 《宋大诏令集》卷一八五《罢广南伪政日烦苛率配诏》，中华书局1962年版，第675页。

南汉国二号宫殿遗址展示区

这个诏令对于广东百姓来说，无异于是一个“福音书”——蠲除苛捐杂税，释放影占人户，令南汉士兵归农，召还逃亡百姓。这些措施有利于广东经济的恢复。刘鋹在海门镇募兵能采珠者二千人，号“媚川都”。凡采珠，必以石縋索系于足而没，深或至五百尺，溺死者甚众。宋太祖开宝五年（972年），诏废岭南道媚川都，选其少壮者为静江军，老弱者听自便，仍禁民不得以采珠为业。[①]

南汉刘氏政权千方百计加大对百姓的剥削程度，赋税沉重。“刘鋹私制大量，重敛于民，凡输一石，乃为一石八斗”，宋太祖开宝四年（971年）七月，诏：“广南诸州受民租皆用省斗，每一石外，别输二升为鼠雀耗。”[②]另外，南汉原每石税粮加征钱一百六十文，开宝六年（973年）七月诏：“但取其十”。[③]仅此两项，就减轻剥削大半。

帝　系　表

①烈宗刘隐（905～911）
②高祖刘岩（911～942）
③殇帝刘玢（942～943）
④中宗刘晟（943～958）
⑤后主刘鋹（958～971）

南汉世系图

① （宋）李焘：《续资治通鉴长编》卷一三，开宝五年五月丙寅，中华书局2004年版，第283页。
② （宋）李焘：《续资治通鉴长编》卷一二，开宝四年七月丙申，中华书局2004年版，第268页。
③ （宋）李焘：《续资治通鉴长编》卷一四，开宝六年七月丙辰，中华书局2004年版，第305页。

广南本来土旷人稀，而南汉为了夸大国势和加强统治，广设州县，增设官吏，增加了人民负担。北宋初年，南汉既平，宋政府采取了一系列措施来减免广南百姓的负担。

开宝四年十一月，“罢岭南诸州司仓、司户参军、县丞、捕贼等官”。[①]翌年，着手调整行政区划：“上按岭南图籍州县多而户口少，命知广州潘美及转运使王明度其地里并省以便民。”[②]仅仅一个月，省并广南州十三个，县三十九个。[③]

宋太宗和宋真宗两朝，又相继减轻了广东地区自南汉以来的丁口之赋。太宗雍熙元年（984年），令江浙、荆湖、广南民输丁钱，以二十成丁，六十入老，并身有疾废者免之。真宗大中祥符四年（1011年），诏除两浙、福建、荆南、广南旧输身丁钱，凡四十五万四百贯。初湖、广、闽、浙因伪国旧制，岁敛丁身钱、米，所谓丁口之赋。大中祥符间，诏除丁钱，而米输如故。[④]

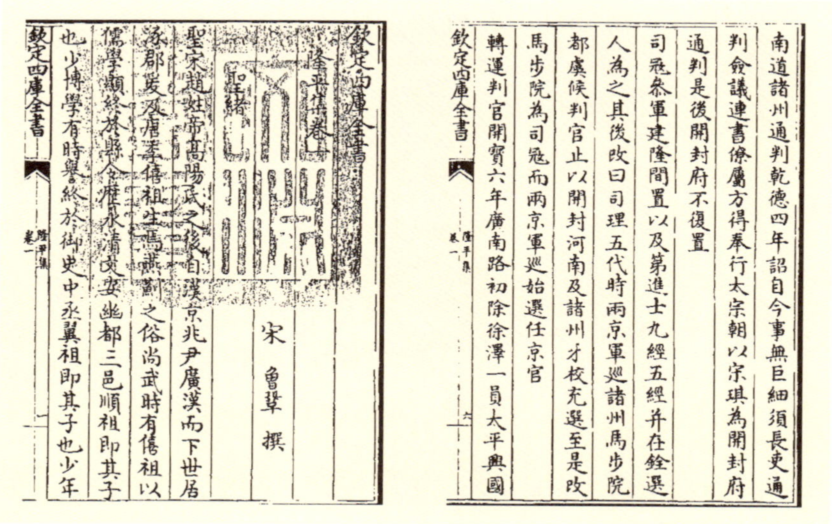
欽定四庫全書
隆平集卷一
聖緒
宋 曾鞏 撰
聖宋趙姓帝高陽氏之後自漢京兆尹廣漢而下世居
涿郡爰及唐季傳祖生焉燕薊之俗尚武時有傳祖以
儒學顯終於縣令歷永清文安幽都三邑順祖即其子
也少博學有時譽終於御史中丞翼祖即其子也少年
欽定四庫全書
隆平集 卷一

南道諸州通判乾德四年詔自今事無巨細須長吏通
判僉議連書條屬方得奉行太宗朝以宗琪為開封府
通判是後開封府不復置
司寇參軍建隆間置以及第進士九經五經并在銓選
人為之其後改曰司理五代時兩京軍巡諸州馬步院
都虞候判官止以開封河南及諸州才校充選至是改
馬步院為司寇而兩京軍巡始選任京官
轉運判官開寶六年廣南路初除徐澤一員太平興國
欽定四庫全書
隆平集 卷一 六

《隆平集》书影

① （宋）李焘：《续资治通鉴长编》卷一二，开宝四年十一月戊戌，中华书局2004年版，第273页。

② （宋）李焘：《续资治通鉴长编》卷一三，开宝五年四月庚寅朔，中华书局2004年版，第282页。

③ （元）脱脱：《宋史》卷三《太祖纪三》，中华书局1977年版，第38页。

④ （元）马端临：《文献通考》卷一一《户口考二・历代户口丁中赋役》，浙江古籍出版社2000年影印。

北宋政府于开宝四年（971年）二月消灭南汉政权，六月即在广州设置了宋代第一个市舶司，负责管理对外贸易。另外，宋代的转运判官也以广南设置最早。史载：

开宝五年八月丙申，命同知广州潘美、尹崇珂并兼岭南转运使，其原转运使王明为副使，太子中允许九言为判官。转运判官自九言始也。[①]

让元勋宿将总一路财赋，同时兼市舶使，让广州通判谢处玭兼市舶判官，足见中央政府对广东外贸的重视程度。

第二阶段，大致为真、仁、英三朝（约自公元998年至1067年），约计70年。广东经济平稳发展。这个时期，各个割据政权已经逐一平定，两广形势更趋稳定。而辽、西夏以咄咄逼人的军事压力让北宋政府为之焦头烂额，已经无暇南顾，甚至在导致整个岭南地区动荡的侬智高叛乱平定之后，宋政府也没有采取特别措施来加强对广东的控制。这个时期，广东经济平稳发展，韶州铜矿兴起，广东的采矿业和铸钱业在全国处于举足轻重的地位。除此之外，中央没有采取其他特别的措施和政策倾斜。

第三阶段，从北宋神宗朝，一直到南宋中期（约自公元1068年至1224年），约157年。广东经济达到宋代之鼎盛时期。这个时期，由于经济、政治、文化重心的逐步南移，广东“化外”的概念逐渐消除。

宋神宗时，在矿冶业推行“二八抽分法”，商业上放宽铜禁，宋代海外贸易业务一度只在广州抽解，这些措施都大大地促

① （宋）李焘：《续资治通鉴长编》卷一三，开宝五年八月丙申，中华书局2004年版，第288页，其后还记有“《隆平集》言开宝六年，初除徐泽为广南运判（见《隆平集》卷一《官名》），恐误。”不过（宋）章如愚：《群书考索》后集卷一三《官制门·监司类》，其记载和《隆平集》相近，言：“开宝六年，广南平，除徐泽为判官。盖转运判官始此。”

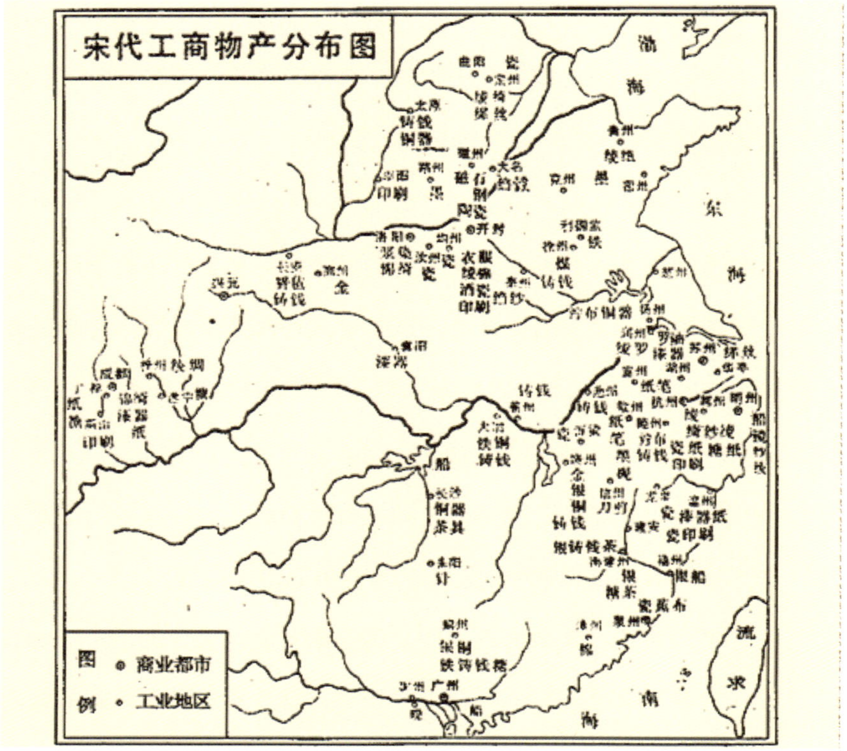

宋代工商物产分布图

进了广东经济的发展。靖康之变后，宋室南渡，广东从流放地一跃成为避乱所，移民纷至沓来，人口激增。当时，广东基本上没有遭受战祸，农业和手工业生产没有受到影响，海外贸易仍然保持强劲发展势头，财政充裕。南宋初年，高宗在金兵的追袭下，泛舟海上，广南东路转运使赵亿募集海舶百余，先诸路至。①这都是因为有广东雄厚外贸实力的支撑。到南宋中期，至有“二广为天子南库”②的说法。市舶司“三方惟广最盛”。③

第四阶段，南宋后期（约1225年至1279年），约55年。广东外贸衰落。南宋时期，泉州港崛起，出现了泉州港与广州港并驾齐驱的局面，当时并称“泉广”。泉州与临安海道相连，地理上较广州更为便利，因此受到朝廷格外的重视，中外客商纷至沓

① （宋）汪藻：《浮溪集》卷二七《右中大夫右文殿修撰致仕赵公墓志铭》，四部丛刊初编本。

② （宋）王象之：《舆地纪胜》卷一〇三《广南西路·风俗形胜》引范成大《盐法奏》，中华书局1992年版。

③ （宋）朱彧撰，李伟国校点：《萍洲可谈》卷二《广泉明杭州皆设市舶司》，上海古籍出版社1989年版，第25页。

来，促进了泉州港的迅速发展。

宋建炎二年（1128年）至绍兴四年（1134年）的七年间，泉州港的市舶收入总额为98万贯，而到了绍兴末年，泉州一年的市舶收入即达100万贯，而广州此时的一年收入也是100万贯左右。[①]

到南宋后期，广州逐渐丧失了对外贸易的优势地位。宋元交替之际，陈宜中、张世杰、陆秀夫等人相继拥立端宗和帝昺在沿海地区坚持抗元。广东成为抗元的最后一个战场和堡垒。元军和宋军在广东对峙了两年半（1276—1278年），对广东社会经济的破坏是毋庸置疑的。

此后，泉州超越广州成了全国最大的外贸中心。

以上是宋代中央政策和广东经济发展互动关系的大致脉络。

① 参见沈光耀：《中国古代对外贸易史》，广东人民出版社1985年版，第160页。

广州南沙港集装箱码头

贰

官吏选任政策

自秦汉以来，王朝统治中心多在中原，历代政府在选任官吏时多以内地为重，以边远为轻。宋朝政府也一贯“重西北而轻东南”，官西北者特举，官东南者累资；敛于南则莫知其竭，输于北则唯恐不支。恶劣的自然环境，导致宋初还出现过“遥授”这种特殊的任命，即授其官，而该官员却不必到任。当时，不少有识之士希望宋廷选派优秀官员施展作为，以安南疆、兴岭南。宋朝政府也给了在广东为官者一定的优待，在进士解额上对广东也有些照顾。

选官任吏是国家管理最重要的政治措施，也是考察中央政府对地方重视与否的一个重要方面。自秦汉以来，王朝统治中心多在中原，历代政府在选任官吏时多以内地为重，以边远为轻。

“广南之地，去京华为尤远。瘴疠蛊毒，种种秽恶，内地之人，南辕越岭，不啻斥逐，必罪戾孱庸，不得已然后膺其选，既百舍登途，往返重费，不过厚取于民耳。”[①]

到了宋代，这种情况并没有好转。苏洵曾诘之：

“至于广南、川峡，则例以为远官。审官差除，取具临时；窜谪量移，往往而至。凡朝廷稍所优异者，不复官之广南、川峡，而其人亦以广南、川峡之官为失职，庸人无所归，故常聚于此。”[②]

李觏也看到了宋朝政府一贯“重西北而轻东南”，官西北者特举，官东南者累资；敛于南则莫知其竭，输于北则唯恐不支。[③]

在各路转运使的行政级别上，“转运使有路分轻重、远近之差：河北、陕西、河东三路为重路；……成都路次三路；……京东、西，淮南又其次；江南东、西，荆湖南、北，两浙路又次

① （宋）章如愚：《群书考索》续集卷五一《舆地门·两广》，书目文献出版社1992年版。

② （宋）苏洵著，邱少华点校：《苏洵集》卷四《重远》，中国书店2000年版，第30页。

③ （宋）李觏：《李觏集》卷一《长江赋》，中华书局1981年版，第2页。

之；二广、福建、梓、利、夔为远小。”①

宋仁宗时，遣使天下诸路安抚，究民利害，察吏善恶，独广南东、西、福建不与数中，恤近而遗远，蔡襄为此上表乞遣使广南、福建，“使吏民畏戴，知天仁涵覆不以远近为厚薄”。②宁宗嘉定十一年（1218），“臣僚复上言：‘庆历间，张方平尝以为朝廷每备西北，孰不知猺蛮冲突岭外，南邻交阯，势需经营。”③可见，不少有识之士是希望宋廷选派优秀官员施展作为，以安南疆、兴岭南的。

宋代的广东，许多地方还是瘴乡，南恩、新、循、梅、高、雷、化等州是当时政府所规定的远恶州。④人言：“春、循、梅、新，与死为邻；高、窦、雷、化，说着也怕。”⑤英州虽然没有在远恶州之列，但是有“人间生地狱”⑥之称，士大夫视为畏途。在许多中原士大夫的笔下，岭南是这样的一番景象：

“其地荒杂，恶草毒蛇，海祲山雾，郁蒸蓄积，中人为病，或以为死，不得尽其天年。”⑦

① （宋）文彦博：《文潞公文集》卷二九《奏除改旧制》，《宋集珍本丛刊》第5册，线装书局2004年版。

② （宋）蔡襄：《莆阳居士蔡公文集》卷一七《乞遣使广南福建状》，《北京图书馆古籍珍本丛刊》第86册，书目文献出版社1998年版。

③ （元）脱脱：《宋史》卷四九五《蛮夷三》，中华书局1977年版，第14214页。

④ （宋）谢深甫：《庆元条法事类》卷七五《刑狱门·编配流役》，续修四库全书861册，上海古籍出版社2002年版。

⑤ （宋）马永卿：《元城语录解·行录附》，景印文渊阁《四库全书》本。

⑥ （元）脱脱：《宋史》卷二〇〇《刑法志二》，中华书局1977年版，第4995页。

⑦ （宋）刘攽：《彭城集》卷三七《右侍禁江君墓志铭》，景印文渊阁《四库全书》本。

北宋嘉祐三年（1058年）各路进士解额和及第表

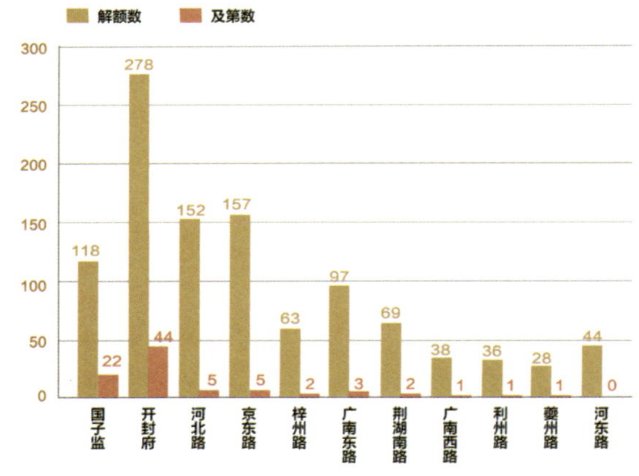

北宋嘉祐七年（1062年）各路进士解额和及第表

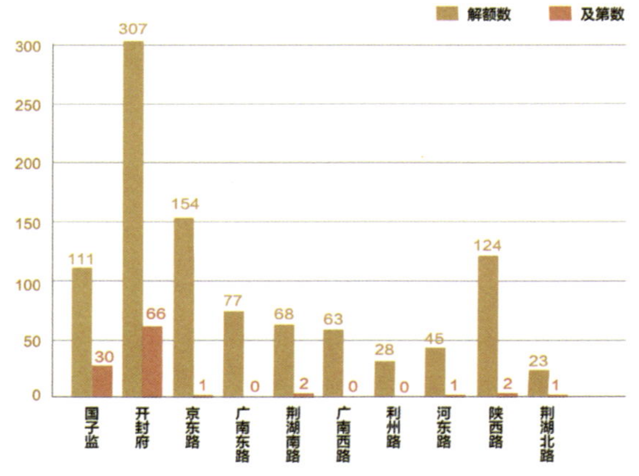

北宋嘉祐年间各路进士解额和及第表

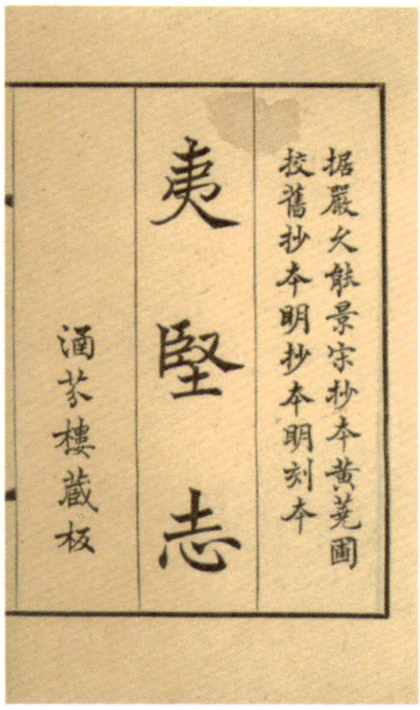

《夷坚志》书影

杨万里曾言：

“官吏之行者，若江淮之间，道里之远，饥寒之恤，犹忍言也。至于二广，则风土之恶，瘴疠之祸，不忍言也。父母妻子哭其去，又哭其皈。去则人也，其哭犹忍闻也；皈则丧也，其哭不忍闻也。大抵去而人者十焉，皈而鬼者七八焉，而人者二三焉。二三人者虽不死而死矣，何也？病也。病而全者又十而一二焉。外路之官吏何辜，而使之至于此也。”[①]

恶劣的自然环境，导致宋初还出现过“遥授”这种特殊的任命。即授其官，而该官员却不必到任。“阳江昔为南恩州，宋初命官恶其瘴疠，鲜能至任，谓之遥授。”[②]宋神宗熙宁二年（1069年），曾有“内殿崇班郑从易母、兄俱亡于岭外，岁余方知”之类的事情发生，更增加了五岭以外士人的恐惧感。[③]洪迈在《夷坚志》记载：

“岭南大抵皆瘴毒，而春州最甚。自唐以来，北客谪徙者罕得生还。本朝废为阳春县，以隶南恩州。盖既为一邑，则士大夫窜逐、罪囚黥配，皆获免至彼，亦建议者持心近厚云。凡调注县令，如满三年，许不用举主由选阶改京秩，去者莫得归，然贪嗜荣进，率冒昧以往。惟淳熙中莆田叶元卞独终任，与妻室无恙，而家人子尽死。”[④]

① （宋）杨万里：《诚斋集》卷八九《刑法上》，《宋集珍本丛刊》第55册，线装书局2004年版。

② 余丕承修，桂坫纂：《（民国）恩平县志》卷二五《拾遗》，《中国地方志集成·广东府县志辑》第35册，上海书店2003年影印本。

③ （元）脱脱：《宋史》卷二〇〇《刑法志二》，中华书局1977年版，第4989页。

④ （宋）洪迈：《夷坚志》支景卷八《阳春县》，中华书局1981年版，第942页。

也就是说，在所有来春州任官的人中，只有叶元下与妻室“独终”“无恙”，但是其家人还是免不了“尽死”，这是多么令人胆寒之事！

在这样的情况下，中州人士多害怕到广东做官，以致各州的令佐、监押“并用广南人充”[①]。北宋大政治家王安石指出：“南方荒远之州，吏多惮往。”[②]曾巩也提到：“谈者谓南越偏且远，其风气与中州异。故官者皆不欲久居，往往车船未行，辄以屈指计归日。又咸小其官，以为不足事。”

曾巩进一步分析道，岭南之所以现在还如此落后，就是轻视远官的政策以及在岭南为官者无心理政所致。

“其逆自为虑如此，故其至皆倾摇解弛，无忧且勤之心。其习俗从古而尔，不然，何自越与中国通已千余年，而名能抚循其民者，不过数人邪？故越与闽、蜀始俱为夷，闽、蜀皆已变，而越独尚陋，岂其俗不可更与？盖吏者莫致其治教之意也。”[③]

进而谈到岭南交通便利、物产丰富、风俗淳朴，希望在此做官者能够有“久居之心”。

在广东官吏严重缺员的情况下，朝廷只好对广南的官吏采取优容政策，“广南东路、西路转运使、副、提点刑狱到任，许奏补子孙，或期亲一名。盖以其远入烟瘴之地，人或惮行，故以此劝之。”[④]但即便如此，愿意到广东任官的人仍然很少，偶尔愿去者，多是为了广东奇珍异产。

宋宁宗嘉定五年（1212年）二月十九日，臣僚言：

① （宋）李焘：《续资治通鉴长编》卷九五，天禧四年六月甲申，中华书局2004年版，第2195页。

② （宋）王安石：《临川先生文集》卷五二《王孝叔充春州军事推官、通判春州、兼知本州岛制》，四部丛刊初编本。

③ （宋）曾巩撰，陈杏珍、晁继周点校：《曾巩集》卷一四《送李材叔知柳州序》，中华书局1984年版，第222—223页。

④ （宋）楼钥：《攻媿集》卷二〇《论二广赏典》，四部丛刊初编本。

历史小知识

荫补

又称任子、世赏。宋承旧制，中高级文武官员按品阶高低，其子孙、本宗及异姓亲属、门客等皆可补官，是科举之外一条重要的入仕途径。宋代恩荫名目繁多，有圣节荫补、大礼荫补，即逢皇帝诞辰和郊祀时许官员奏补；有致仕荫补、遗表荫补，即官员告老退休和去世前上奏遗表荫补子孙或亲属。宋代恩荫泛滥，成为冗官的重要根源。

"今之任于广者，凡有出产皆贱价收之，而归舟满载。南方地广民稀，民无盖藏，所藉土产以为卒岁之备。今为官吏强买，商旅为之惮行。"①

在官吏严重缺员的情况下，宋政府只得在广南采取摄官的措施。

"初，祖宗朝以广南地远，例入不足以资正官，故使举人两与荐送者，试刑法于漕司，以其合格者摄。两路正摄凡五十人，月俸人十千，米二斛，满二年则锡以真命。后又增五十人，号曰'待次'。崇（宁）、（大）观后又增五十人，号曰'额外'。其注拟皆自漕司。"②

权摄制度给予漕司很大权力，容易滋生作弊侥幸行为，因而招致了广泛的批评。绍兴（1131—1162年）中，黄公度判肇庆府。及还，询以岭外弊事。黄公度曰："广东小郡，有十年不除守臣者，权官苟且，郡政废弛，民受其弊。"高宗曰："若拨归吏部，当无此弊。"③但是把注拟铨试之权拨归吏部后，又无人就试，只得又归漕司。

权摄官制度弊端很大，许多摄官由于俸禄微薄，贪污受贿的事情经常发生。孝宗年间，范成大奏："深广州郡，多以进士摄官权录参司理者。摄官月俸微，既无以养廉，悉以贿成。乞下二广转运司，除依法不许权摄外，不得徇私逐急，以进士摄官兼权

① （清）徐松辑：《宋会要辑稿·刑法》二之一三六，中华书局1957年影印。

② （宋）李心传撰，徐规点校：《建炎以来朝野杂记》甲集卷一二《广南摄官》，中华书局2000年版，第247页。

③ （明）李贤、万安等纂修：《大明一统志》卷八一《名宦·黄公度》，明天顺五年（1461年）刻本。

狱官，或遇阙员，只以本州县见任官兼摄。”[①]

于是，很多有识之士一再地建议要严格对权摄官的考核程序。淳熙年间，广东提举韩璧言：

“二广两荐之士，许试摄官，谓之试额。二年再试，谓之待次。累至三试，谓之正额。然后就禄，或任盐税，或受簿尉，至有阙官甚处，虽待次亦得以滥授。其试摄之程度，大略如铨试之五场，自非杂犯，虽文辞鄙俚，亦在所录。侥幸太甚，乞自今一如铨试法。”

宋孝宗淳熙十二年（1185年）七月壬寅，吏部建言：“二广考试补摄官人，乞依本部铨试出官指挥，将考校到合格人，以十分为率，取五分。”大臣连续建议，终于促进了对权摄官考核程序的严格把关，宋孝宗“从之”。[②]

宋朝政府不仅给广东为官者一定的优待，在给予解额上也对广东有些照顾。笔者根据司马光《传家集》卷三十二《贡院乞逐路取人状》[③]，把嘉祐年间各路进士解额和及第的情况列表于下：

北宋嘉祐年间各路进士解额和及第表

	嘉祐三年	嘉祐五年	嘉祐七年
国子监	118	108	111
	22	28	30
开封府	278	266	307
	44	69	66
河北路	152		154
	5		1

历史小知识

解额

指分配给各地解试合格解送礼部参加省试的举人数额。宋代科举的常科考试分解试、省试、殿试三级。解试又称“发解试”，有诸路发解试与国子监发解试，各有解额。诸路解试在所属州府举行，国子监解试，由监察御史监试。宋初，解试无定额。真宗大中祥符二年（1009年）起，始有固定解额。治平三年（1067年）之后，每三年一开科场，其解额约为五、六千人。因各地解额不一，存在地区不平衡问题，故有“冒籍”现象。

① （宋）范成大著，孔凡礼辑：《范成大佚著辑存》之《论两广进士摄官之弊疏》，中华书局1983年版，第80页。

② （元）佚名撰，李之亮点校：《宋史全文》卷二七下，孝宗淳熙十二年七月壬寅，黑龙江人民出版社2004年版，第1907页。

③ （宋）司马光：《传家集》卷三二《贡院乞逐路取人状》，景印文渊阁《四库全书》本。在线装书局2004年影印《增广司马温公全集》卷八三《贡院乞逐路取人状》中稍有出入：嘉祐三年开封府及第45人；嘉祐五年国子监进士解额266人，及第69人，而非开封府；嘉祐七年开封府及第60人，河东路进士解额154人。

	嘉祐三年	嘉祐五年	嘉祐七年
京西路			
京东路	157	150	
	5	5	
梓州路	63		
	2		
广南东路	97	84	77
	3	2	0
荆湖南路	69	69	68
	2	2	2
广南西路	38	63	63
	1	0	0
利州路	36		28
	1		0
夔州路	28	32	
	1	0	
河东路	44	41	45
	0	1	1
陕西路		123	124
		1	2
荆湖北路		24	23
		0	1

据上表，可以看出，广南东路在嘉祐三年（1058年）、五年（1060年）和七年（1062年）的进士及第人数分别为三人、二人和零，但是进士解额却相对较高，分别为九十七人、八十四人和七十七人，高于广南西路，也高于岭北的荆湖南路和荆湖北路，也高于开发较早、富庶的川蜀四路，甚至远远高过河东路。宋政府之所以在进士解额上给广东优惠，其目的就是为了解决广南东路人才不足的问题。

总之，宋政府对于广东的官员选任采取了一些积极措施来填补缺额，但是至于如何防止广东官吏舞弊以及敦促他们发展地方经济，则没有特别方法。广东远在边陲，难以构成心腹之患，所以宋朝廷还是继续采取重视内地、轻视边远的策略来选官任吏。

不少官员对在广南东路为官心有顾忌，宋仁宗嘉祐三年（1058年），崔颐在《新州郡守题名记》中写道："地僻境隘，民薄产而多贫，朝廷遣守与之共理，或骄其僻而不举职，或轻其隘而不为力。"

当然，还是有些官员确实为地方发展出了力的，"其能以治行自任而卒享显贵者，时亦多焉。"[①]如宋真宗时陈亚知南恩州，"地多烟瘴，瑶僚杂处，亚务行宽政，深得民心。"[②]向敏中为广南东路转运使时，颇有政声：

寄任诚优，风宜且异。力耕火种，田农之利益微；草伏木栖，物怪之名斯众。跋履山川之巇道，推行米盐之细务，辨官属之能否，齐市价之贪廉，远民悉安，列国胥化。[③]

嘉祐六年（1061年），宋仁宗遣使人分行天下，以宽民力。其中黄照使广南，受命，明日即行。奏蠲伪刘以来丁米，民始不以多男为患，父子始不以避重就轻相去；广州增外城，人惊不宁。黄照疏曰："无故起大役，非所以绥边，且城议有三臣，请诘之。其欲依海者，海旁之地，不能尺则及泉矣；欲撤室庐者，城本以保众而顾可先毁其居；欲即于城东刘氏故城者，其地荒陋，多瘴气，岂便民之意，皆非是。"后朝廷采纳了他的建

① 参见（清）史树骏修，区简臣纂：《（康熙）肇庆府志》卷二六《艺文志二·碑记·新州郡守题名记》，稀见中国地方志汇刊第47册，中国书店1992年影印本。

② 张以诚修，梁观喜纂：《（民国）阳江县志》卷二五《职官志五·陈亚》，《中国地方志集成·广东府县志辑》第40册，上海书店出版社2003年影印本。

③ （宋）祖无择：《龙学文集》卷一五《大宋故推忠协谋守正佐理功臣，开府仪同三司行，尚书左仆射兼门下侍郎，同中书门下平章事，充玉清昭应宫使，昭文馆大学士，监修国史上柱国河内郡开国公，食邑一万二千七百户，食实封五千一百户，赠太师，谥曰文简向公神道碑铭》，景印文渊阁《四库全书》本。

议，罢其役。朝廷第使者之状，黄照为诸路最。[①]宋徽宗崇宁年间（1102—1106年），王涣之知广州，兼广南东路经略安抚。“广为岭南都会，番夷杂处，吏事繁猥。公（王涣之）政理详明，恬若无事。有番豪杀其奴，舶司援旧例，送番长杖笞。公不可，送有司，论如法。自是诸番知畏。戢海舶以祖宗旧数为之制，给官印以验实，乃得行。棹楫不应法，皆没入分配巡捕官，奸盗无所容。在政三年，一路之广，周环万里，岁丰人和，盗贼衰息。”[②]

一代清官包拯知端州时，十分重视基层吏治。宋初太祖鉴于唐代藩镇割据之弊，而分命朝臣出守列郡，三年一替，“号权知军州事，军谓兵，州谓民政焉。”[③]但这种朝廷任命的朝官，轮换之频繁却非常令人担忧。这在端州表现相当明显。包拯在《请选广南知州疏》中说道：

臣窃见广南知州例差奏荫京朝官，初任知县及一考者，世禄之胄鲜敦义教，童孺之岁便忝仕籍，未尝学政即使司民。甫越期年又移典郡，一邑之事尚未练悉，六条之重安可责成。

他认为对边远之地的管理与开发，国家更应该派遣有才能的官员上任，“地虽远郡不可轻授，方国家多务，调率旁午，远民困重，尤在得人。”他特别以自己在端州的所见所闻，谴责无良官员串通一气互相作弊给地方百姓带来的危害。

① （宋）刘挚撰，裴汝诚、陈晓平点校：《忠肃集》卷一三《侍御史黄君墓志铭》，中华书局2002年版，第269—270页。

② （宋）郑刚中：《北山集》卷三〇《王涣之墓志铭》，景印文渊阁《四库全书》本。

③ （元）脱脱：《宋史》卷一六七《职官七》，中华书局1977年版，第3972页。

臣前在端州具知其事，或无职官处，只知州独员管勾。其猥冗恣横之辈，惟务诛求，庸懦蒙昧者，又全不晓事，民罹其害，无所诉告。提刑、转运使惮其远恶，不能巡历按劾，但上下相蒙耳。”

包拯

包拯要求中央选派一些有实际工作经验的官员到肇庆工作，“乞今后奏荫京朝官该广南知州者，于次任知县内选有治绩及举主者，方得差移。[①]包拯对广南等地官员队伍的建设问题，并不是一纸空文就了事。他时时督促有关部门执行。他后来两次上疏，要求朝廷重视：

臣先曾上言广南东西两路诸州，原无职官处，各置一员，关掌郡事。寻蒙降下铨司，至今未闻有人注拟。虽该赦恩放选，又例注家便及次远，以岭外遐僻，惮其地远……窃见顷年以来，广南阙官，于江浙移两任四考以上簿尉充彼处县令，自后因循不行。欲乞特降指挥，令铨司检详旧例，于江浙荆湖等处近便路分诸州簿尉中，选无罪犯，两任五考以上就除权职官，四考以上就除县令，便令赴任。如此则远官无由侥免，异俗得以辑宁。[②]

宋代官员机构臃肿，办事效率低下。所以才有包拯建议“至今未行”之说，但他要求朝廷关注端州官员队伍建设的决心却未动摇。

他在《请广南添差职官》第二章中对选派官员仍坚持初衷：

① （宋）包拯著，杨国宜校注：《包拯集校注》卷三《请选广南知州》，黄山书社1999年版，第227页；（明）黄淮、杨士奇编：《历代名臣奏议》卷一三三《拯请选广南知州疏》同，上海古籍出版社1989年影印本。

② （宋）包拯著，杨国宜校注：《包拯集校注》卷一《请广南添差职官》一、二，黄山书社1999年版，第84—86页。

（郡县）长吏之任，尤在得人，童孺之年，未尝学政，不当轻受。近地牧守尚有通判职官，更相裨赞。而岭外远郡，乃令此辈独员管勾，民罹其害，无所控告，甚非朝廷求治之意也。[①]

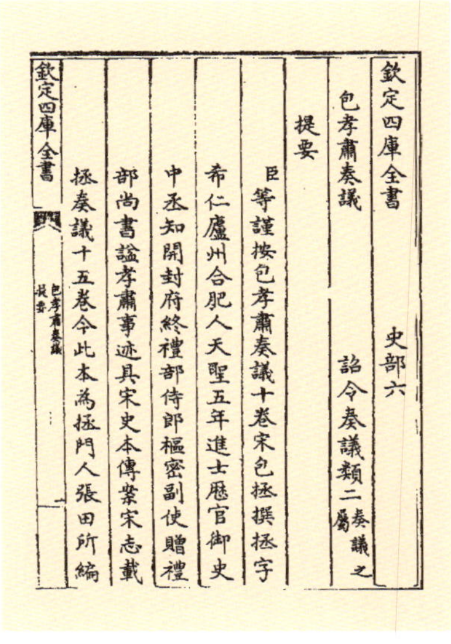

欽定四庫全書　史部六

包孝肅奏議　詔令奏議類二奏議之屬

提要

臣等謹按包孝肅奏議十卷宋包拯撰拯字
希仁廬州合肥人天聖五年進士歷官御史
中丞知開封府終禮部侍郎樞密副使贈禮
部尚書謚孝肅事迹具宋史本傳案宋志載
拯奏議十五卷今此本為拯門人張田所編

欽定四庫全書　包孝肅奏議　提要

《包孝肃奏议集》书影

① （宋）包拯著，杨国宜校注：《包拯集校注》卷一《请广南添差职官》一、二，黄山书社1999年版，第84—86页。

叁

经济管理政策

宋朝在全国大部分地区对酒的生产和销售都实行禁榷制度，违反酒禁受到的处罚相当严厉。如宋太祖建隆二年（961年）四月诏规定，“私造曲十五斤者死，酝酒入城市者三斗死，不足者等第罪之。买者减卖人罪之半。”而中央政府对广东酒实行宽松政策，极为特殊而灵活。南宋理学大家真德秀，曾讲到广南和福建不行禁榷法的原因：“盖瘴乡灾峤，疾疠易乘，非酒不可以御岚雾。”《宋会要辑稿》中提到：“广南等处，以烟瘴之地，许民间自造成服药酒，以御烟瘴，谓之万户酒。”

历史小知识

身丁钱

即丁口钱，类似汉代的算赋。始于五代时各割据政权，入宋规定，凡二十至六十岁的男子为成丁，除四川地区以外，南方各路，不论主户、客户，每岁皆按身丁征收钱米。身丁钱征课的内容，不同地方及不同时期各不相同，两淮和两浙课钱及绢绵，两广和福建则主要课米。真宗大中祥符四年（1011年）曾下诏蠲除两浙、福建、荆湖、广南六路身丁钱，但丁米与丁盐钱仍继续保留或变相保留。直至南宋，各地征收身丁钱米仍极为普遍。终宋，广南诸州身丁钱米不见蠲除记载。

1. **身丁钱米。**身丁钱米，两浙、福建、荆南、广南各路均有之，五代十国时期，各个割据政权，如盘踞浙江的钱氏吴越政权、盘踞福建的王氏闽政权、盘踞湖南的马氏楚政权和盘踞岭南的刘氏南汉政权，为了在割据纷争中让自己的实力更强一些，都加重了对辖境内百姓的剥削。其中一项，就是在两税之外，又向百姓征收丁口之赋。南宋史学家李心传曾经批评道：

唐之庸钱，杨炎已均入二税，而后世差役复不免焉，是力役之征已取其二也。本朝王安石令民输钱以免役，而绍兴以后，所谓耆户长、保正雇钱复不给焉，是取其三也。合丁钱而论之，力役之征盖取其四焉。设有一边事，则免夫之令又不得免焉，是取其五也。[①]

从中国赋役制度的沿革来看，自唐杨炎“两税法”，中经宋代的变革和明代张居正的“一条鞭法”，到清雍正时期的“地丁银合一”，其发展的趋势和最终指归是“摊丁入亩”。五代十国时期许多割据政权重新征收丁口之赋，可谓逆历史潮流而动。宋

① （宋）李心传撰，徐规点校：《建炎以来朝野杂记》甲集卷一五《身丁钱》，中华书局2000年版，第328页。

承五季乱世，不得不化花大力气来消除这些弊政，而其中广东的身丁钱米的蠲除就经过了长期的反复。

宋太祖开宝四年（971年）平定广南后，仍保留了南汉的丁口之赋。当时这项赋税的征收额是“二广则户计一丁，出钱数百，输米一石”[①]。宋太宗继位后，起初也没有对此进行改革。随着南方诸割据政权基本平定，太宗就开始着手对这项不合理的收费进行整顿。雍熙元年（984年），赦书云：“江南、两浙、荆湖、岭南人户有丁钱，今后以二十成丁，六十入老，其未成丁、已入老者，并身有疾废者，免之。”[②]太宗时的整顿，只是针对某一部分人，蠲除了未成丁、老人和残疾人的丁钱，至于成丁则仍然征收。宋真宗大中祥符四年（1011年）秋七月壬申朔，诏除两浙、福建、荆南、广南旧输身丁钱，凡岁免缗钱四十五万四百六贯，而米输如故。[③]宋真宗免除广东的身丁钱，则每户每年就减去了数百钱的负担，有利于当地百姓积累资金，组织再生产。

宋代交子

①（宋）李焘：《续资治通鉴长编》卷三二四，元丰五年三月乙酉，中华书局2004年版，第7796页。

②（元）马端临：《文献通考》卷一一《户口考二》，浙江古籍出版社2000年影印；而（宋）章如愚：《群书考索》后集卷五六《财赋门·役类》，书目文献出版社1992年版，言为“太宗太平兴国九年（983年）”，姑列于此，以俟后考。

③（元）马端临：《文献通考》卷一一《户口考二·历代丁口中赋役》，浙江古籍出版社2000年影印；（宋）陈傅良：《止斋先生文集》卷二六《乞放身丁钱札子》引《真宗实录》，四部丛刊初编本。

虽然宋真宗大中祥符年间已经明文规定免除了广东的丁钱征收，但是这条诏令并没有很好地得到贯彻执行。宋仁宗嘉祐四年（1059年）十月癸酉，“诏广东、西路自祥符中降御札免身丁钱，至今尚有送纳未了处，亦仰转运司具未放因依以闻”。[1]继续征收广南丁钱，以至于惊动了仁宗皇帝，专门下诏书，要求查明原因。但是最后的结果也是不了了之。宋神宗元丰二年（1079年）七月，提举广西常平刘谊言：

广西一路户口二十万，而民出役钱至十九万缗，先用税钱敷出；税数不足，又敷之田米；田米不足，复算于身丁。夫广西之民，身之有丁也，既税以钱，又算以米，是一身而输二税。殆前世弊法。今既未能蠲除，而又益以役钱，甚可悯也。至于广东西监司、提举司吏一月之给，上同令录，下倍摄官，乞裁损其数，则两路身丁田米，亦可少宽。[2]

元初史学家马端临对此评价道：

广南丁钱，史所载大中祥符间尽蠲之，独丁米未除。今观谊之言，则尚有丁钱也。作法于贪，难革而易复，可畏哉！[3]

广东的身丁钱米在南宋时还继续征收，其流弊很大。因为民户害怕成丁过多，家庭负担过重，往往生子不举，严重影响了广东在籍人口的增长。

宋高宗绍兴六年（1136年）八月戊戌，枢密院检详诸房文

① （宋）李焘：《续资治通鉴长编》卷一九〇，嘉祐四年十月癸酉，中华书局2004年版，第4595页。

② （元）脱脱：《宋史》卷一七七《食货上五》，中华书局1977年版，第4309页。

③ （元）马端临：《文献通考》卷一一《户口考二·历代丁口中赋役》，浙江古籍出版社2000年影印。

字王迪言：“臣闻闽、广之间，往往有不举子之风，以成丁之后还为家害，故法虽设而莫能禁。愿诏有司讲求诸路丁钱、丁米之数，随田税带纳，非小补也。”[①]

刘克庄也说：“（二广）丁钱始于五季，每丁十文，既而加倍至十倍、百倍，米亦如之。远民以有身为患，有子为累，窜为蛮徭，逸为盗贼，实官吏驱之。”[②]广东丁钱征收还有扩大化的趋势。据《宋会要辑稿》记载：“二广人户输纳丁钱，才年十二三便函行科纳，谓之挂丁钱，多致逃亡。”[③]直接向未成丁人征收丁钱，这就不仅违反了大中祥符令，而且违反了雍熙令。

南宋学者罗大经曾对广南西路的丁钱有过生动的记载：

> 广右深僻之郡，有所谓丁钱，盖计丁输钱于官，往往数岁之儿即有之，有至死而不与除豁者，甚为民病。故南人之谣曰：“三岁孩儿便识丁，更从阴府役幽魂。”读之可为流涕。范石堂为广西宪，尝力请于朝，乞罢去，虽获从请，然诸郡多借此为岁计，往往名除而实未除也。大概近来州郡赋税失陷，用度月增，其无名之征，未必皆官吏欲以自肥，往往多为补苴支撑之计。朝廷若欲除无名之征以宽民，须是究是一郡盈虚，有以补助之，使岁计不乏，然后实惠乃可及民。不然，亦徒为空言而已。[④]

虽然说的是广西，其实广东的情况也与此大致相同。当时，“奈何并海诸郡以身丁钱为巧取之资，有收附而无销。落输纳之际，邀求亡艺，钱则倍收剩利，米则多量加耗，一户计丁若干，每丁必使之析为一钞，一钞之内有钞纸、钱息、本钱、縻费公库

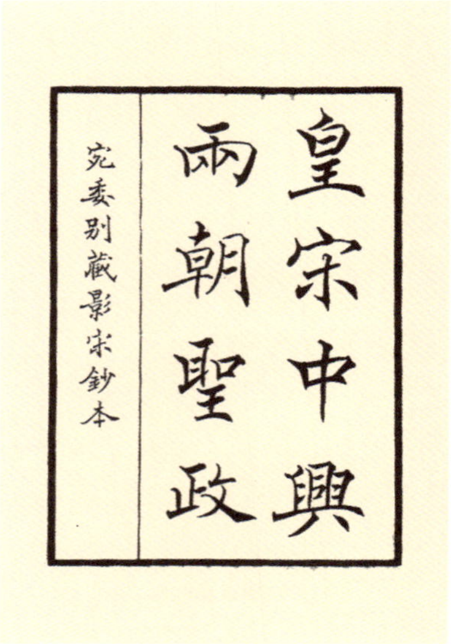

《皇宋中兴两朝圣政》书影

① （宋）李心传：《建炎以来系年要录》卷一〇四，绍兴六年八月戊戌，上海古籍出版社1992年影印本；（宋）佚名：《皇宋中兴两朝圣政》卷六二，孝宗淳熙十二年七月壬寅同，台北文海出版社1967年影印本。

② （宋）刘克庄：《后村先生大全集》卷一四三《宝学颜尚书神道碑》，四部丛刊初编本。

③ （清）徐松辑：《宋会要辑稿·食货》六六之二〇，中华书局1957年影印本。

④ （宋）罗大经：《鹤林玉露》丙编卷五《广右丁钱》，中华书局1983年版，第326页。

钱，是以其民苦之，百计避免。或改作女户，或徙居异乡，或舍农而为工匠，或泛海而逐商贩，曾不得安其业。”①

南宋理宗时，吴泳为广东运使，在奏议中坦承广东仍然在征收丁钱，“民户丁钱，诸路并已蠲免，独本路尚尔拘催。”而且他也深知丁钱给广东百姓带来的祸害，“今广东民贫，丰年尚有不足，何况年来积歉，鹑衣鹄形，救死不赡，官司又从而拘其身丁，真可怜也。又兼死亡、逃移，户口日耗，县胥作弊，或当销而不销，或当纳而不纳。词讼日多，户长代输，破家荡产。”但是他又指出广东必须征收这笔赋税的原因，“然本路所以断不可以蠲免者，缘本司只借此以植立，若免丁钱则司存可废，纲解可罢也。”“本司虽明知其为民害，奈何无财计，舍此无以自立纲解，军食舍此则无所从出。每思所以变通之，而不得其说。且如梅州一郡，客丁租例纳米，本州岛军粮全仰此米，欲罢免梅州之丁，则本州岛无米可纳，无以给军食。梅州之不可无米，亦犹本司之不可无丁钱也。”②

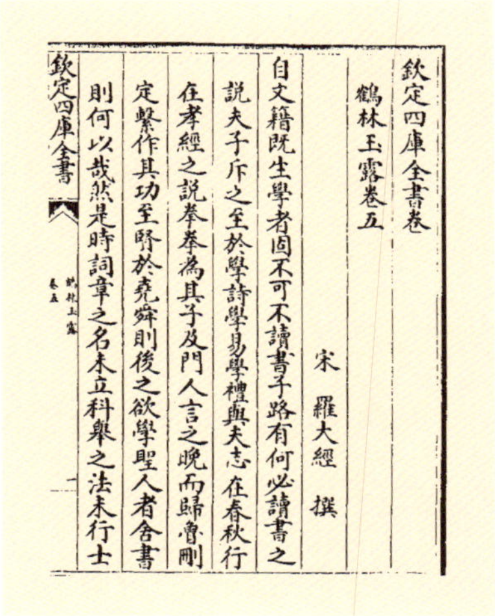
欽定四庫全書卷
鶴林玉露卷五
宋　羅大經　撰
自文籍既生學者固不可不讀書子路有何必讀書之
說夫子斥之至於學詩學易學禮與夫志在春秋行
在孝經之說拳拳為其子及門人言之晚而歸魯刪
定繫作其功至賢於堯舜則後之欲學聖人者舍書
則何以哉然是時詞章之名未立科舉之法未行士
欽定四庫全書
鶴林玉露　卷五

《鹤林玉露》书影

① （元）佚名撰，李之亮点校：《宋史全文》卷二七下，孝宗淳熙十二年四月丙辰，黑龙江人民出版社2004年版，第1904页。

② （宋）吴泳：《鹤林集》卷二二《奏宽民五事状》，景印文渊阁《四库全书》本。

宋代广南东路的丁赋是比较沉重的。据前引刘克庄的说法，二广丁钱在五代时每丁十文，后增至十倍、百倍，则每丁已至一贯。南宋孝宗淳祐时，广东每年“诸郡丁钱二十七万五千七百余贯”。[①]据方大琮记载，南宋时潮州丁钱每丁为千文以上，郑良臣为潮州守，蠲减过半，一丁纳五百文，百姓弹冠相庆，“莫不以得慈父母相贺”。[②]由此可见丁钱负担的严重程度。

丁钱经明文废止，尚且有如此大的反复。至于丁米的征收，由于有宋真宗大中祥符令的保障，则更是与两宋相始终。宋神宗元丰五年（1082年），提举江南西路常平等事刘谊言：“宋有天下，承平百年，二广之丁米不除。”[③]宋高宗绍兴十九年（1149年）六月，赵善瑛知封州代还，谈到广东的丁米，他说：

> 广东诸州田税不足岁用，自祖宗以来，不问有无田产，常计丁岁纳身米以补常赋。每有收免丁者，于见纳米人均增均减，其法甚备。今来州县奉行不虔，隐落白丁，不可胜计，使见纳丁米之人无从均减。望令专一置籍，记其丁口，每岁稽考，庶几课役均一。[④]

赵善瑛所奏，希望严格户籍登记和考核制度，消除民户隐瞒丁口的现象，最终达到均平赋役的目的。显然，这只能是一种理想。

从宋代广东大部分地区丁钱名除而实未除，丁米则一直征收可以看出，宋朝政府对广东百姓除了征收二税之外，还有丁赋。这是套在广东民户身上的沉重经济枷锁，大大地增加了他们的经

刘克庄

① （宋）吴泳：《鹤林集》卷二二《奏宽民五事状》，景印文渊阁《四库全书》本。

② （宋）方大琮：《宋宝章阁直学士忠惠铁庵方公文集》卷二一《与郑潮守书》，《北京图书馆古籍珍本丛刊》第89册，书目文献出版社1998年版。

③ （宋）李焘：《续资治通鉴长编》卷三二四，元丰五年三月乙酉，中华书局2004年版，第7796页。

④ （宋）李心传：《建炎以来系年要录》卷一五九，绍兴十九年六月癸亥，上海古籍出版社1992年影印本。广东身丁钱米分三等，数各不同，详可参见《永乐大典》卷一一九〇七《广·广州府三·田赋·连州》引《湟川志》，中华书局1986年影印。

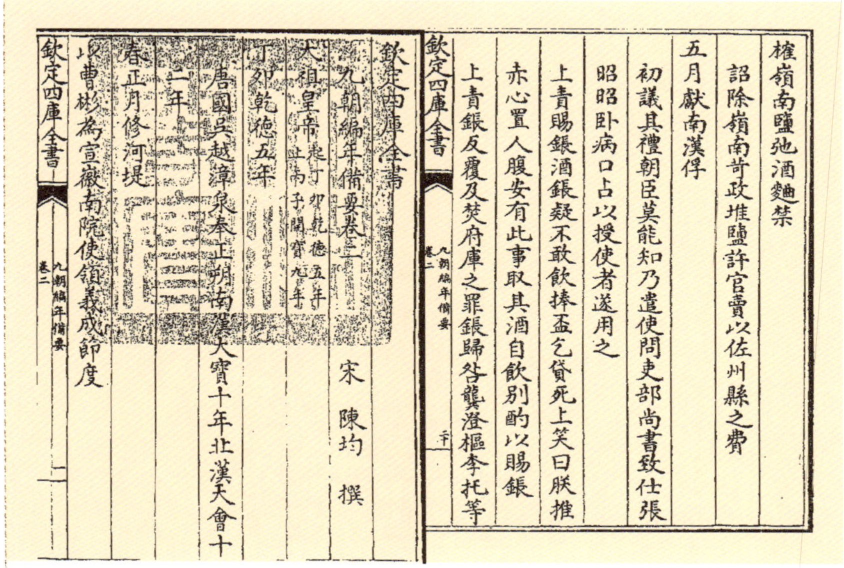
榷嶺南鹽弛酒麴禁
詔除嶺南苛政堆鹽許官賣以佐州縣之費
五月獻南漢俘
初議具禮朝臣莫能知乃遣使問吏部尚書致仕張
昭昭臥病口占以授使者遂用之
上青賜鋹酒鋹疑不敢飲捧盃乞貸死上笑曰朕推
赤心置人腹安有此事取其酒自飲別酌以賜鋹
上責鋹反覆及焚府庫之罪鋹歸咎龔澄樞李托等
欽定四庫全書　九朝編年備要　卷二　千

欽定四庫全書
九朝編年備要卷二　宋　陳均　撰
太祖皇帝 起丁卯乾德五年止丙子開寶九年
丁卯乾德五年
唐國主越漳泉奉上朔南漢大寶十年北漢天會十
二年
春正月修河堤
以曹彬為宣徽南院使領義成節度
欽定四庫全書　九朝編年備要　卷二

《九朝编年备要》书影

济负担，严重影响了广东人口的增殖和经济的发展。

2. 弛酒禁茶榷。宋朝在全国大部分地区对酒的生产和销售都实行禁榷制度。南宋理学大家真德秀，曾讲到广南和福建不行禁榷法的原因，谓：

> 窃惟酒之有榷，本朝家所籍以佐经费，其来尚矣。然后行于江浙诸路，而不可行于广南、福建者，盖瘴乡灾峤，疾疠易乘，非酒不可以御岚雾，而民贫俗犷，其势不能使之必沽于官，故特弛其禁，以从民俗之所便。[①]

因此，宋朝政府顺应民之便利，在广东弛酒禁，对酒的销售不实行专卖。“诏岭南商税及盐法并依荆湖例，酒曲仍勿禁。”[②]“榷岭南盐，弛酒曲禁。”[③]《宋会要辑稿》也有相关的记载：“（宋太祖，建隆）四年（963年）四月，广南转运史

① （宋）真德秀：《西山先生真文忠公文集》卷九《潭州奏复税酒状》，四部丛刊初编本。

② （宋）李焘：《续资治通鉴长编》卷一二，开宝四年四月己巳，中华书局2004年版，第263页。

③ （宋）陈均：《九朝编年备要》卷二，开宝四年夏四月，景印文渊阁《四库全书》本。

宋代茶宴图

王明言：广州酒曲元无禁法，军民取便酝卖。诏依旧不禁。”同年十月，“知邕州范旻言：本州元无曲法，诏如广州例。”[1]宋史学者李华瑞先生在其专著《宋代酒的生产和征榷》中指出，宋代酒课自仁宗朝始至南宋，年收入常保持在1200万贯以上，净收入600万贯以上，为宋代财政收入中的大宗项目，在专卖收益中仅次于盐息而高于茶利。酒课作为宋朝专制主义统治的重要经济支柱至为明显。[2]正如南宋功利派大学者陈亮所言：“今郡县之利之殆尽，能者无所用其力，惟酒为可措手，而一县之计实在

① （清）徐松辑：《宋会要辑稿·食货》二〇之三，中华书局1957年影印。

② 李华瑞：《宋代酒的生产和征榷》前言，河北大学出版社2001年版，第2页。

焉。”[①]对广东弛酒禁，可谓封建统治政权为数不多的“以民为本”的举措之一。

对广东不行酒榷，文献多有记载。《宋会要辑稿》中提到：“广南等处，以烟瘴之地，许民间自造成服药酒，以御烟瘴，谓之万户酒。”[②]元《大德南海志》云：“酒以成礼，三代以前有之矣。《周官》虽有三酒五齐之文，而不与九赋九贡之数。榷酤始于汉，而酒税遂行。至宋变为官酿，惟岭南以烟瘴不禁，谓之‘万户酒’。”[③]《广东新语》则云：“盖宋时酒皆官酿，惟岭南以烟瘴不禁，谓之万户酒。……梅尧臣云：越林多蔽天，黄甘杂丹橘。万室通酿酤，地远无禁律。粤地故多灵泉甘液，终年花果鲜美芬芳，而当时人民饶裕，户户为酒，争以奇异相高。故名贤迁谪至此，多好嗜之。”[④]

① （宋）陈亮：《陈亮集》（增订本）卷二五《义乌县减酒额记》，中华书局1987年版，第277页。

② （清）徐松辑：《宋会要辑稿·食货》二一之七，中华书局1957年影印。

③ （元）陈大震等纂修：《元大德南海志残本》卷六《酒课》，广东人民出版社1991年版，第22页。

④ （清）屈大均：《广东新语》卷一四《食语·酒》，中华书局1985年版，第386—387页。

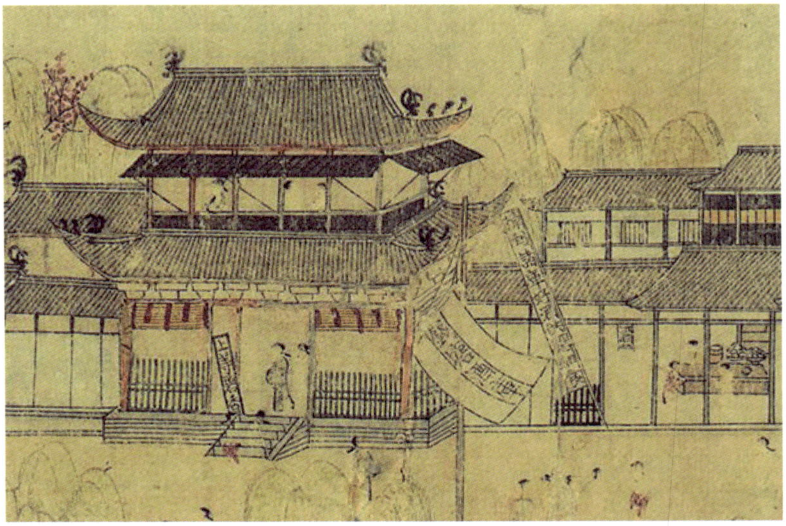

《西湖清趣图》上的南宋临安酒库与酒楼

《文献通考》卷十七记载了宋神宗熙宁十年（1077年）以前天下诸州酒课岁额，而广东的酒由于没有采取禁榷制，所以没有课额数字。要知道，作为中央财政支柱之一的酒榷，在宋代占有极为重要的地位。而宋廷对违反酒禁的处罚是相当严厉的。如宋太祖建隆二年（961年）四月诏规定，“私造曲十五斤者死，酤酒入城市者三斗死，不足者等第罪之。买者减卖人罪之半。”[①]此后又多次颁令加强酒禁。北宋大臣王安石曾言：“今榷盐酒皆用重刑，以禁民买紬绢，或强支配以盐，奸雄不以此为说动百姓。”[②]可以想见，中央政府对广东酒的宽松政策是极为特殊的，其必然导致广东酿酒业的兴盛和繁荣。

这里顺便提一下的是，宋廷应对“瘴”患，除了准许广南民众酿“万户酒”、免酒榷外，还专门拨款制药应对。宋真宗景德三年（1006年）秋壬子，“赐广南《圣惠方》，岁给钱五千，市药疗病者。”[③]宋仁宗景祐三年（1036年），“以广南兵民苦瘴疠，为置医药”。[④]从这个角度看，宋朝中央政府不仅不征广东酒榷，也给这里的民众“送药”。

另外，宋代广东的“弛酒禁”，是否会助长当地人的游惰之风，则有待更加深入的研究了。

虽然“茶场年额课利一百二十万贯”，[⑤]但另从下面两则史料看，宋代广东亦不征茶榷。宋真宗“天禧末，增四十五万余贯。天下茶皆禁，唯川峡、广南听民自买卖，禁其出境。”[⑥]宋仁宗天圣时，“国朝惟川峡、广南茶听民自买卖，禁其出境，余悉榷，犯者有刑。”[⑦]但其间也不排除有过茶榷。据《九朝编年备要》记载：“（哲宗元符三年）五月，罢榷广西茶”。[⑧]所记

① （清）徐松辑：《宋会要辑稿·食货》二〇之一，中华书局1957年影印。

② （清）黄以周辑注，顾吉辰点校：《续资治通鉴长编拾补》卷七，神宗熙宁三年，中华书局2004年版，第305页。

③ （元）脱脱：《宋史》卷七《真宗二》，中华书局1977年版，第131页。

④ （元）脱脱：《宋史》卷一〇《仁宗二》，中华书局1977年版，第201页。

⑤ （清）黄以周辑注，顾吉辰点校：《续资治通鉴长编拾补》卷二六，徽宗崇宁五年正月，中华书局2004年版，第876页。

⑥ （元）脱脱：《宋史》卷八三《食货下五》，中华书局1977年版，第4478页。

⑦ （宋）李焘：《续资治通鉴长编》卷一〇〇，天圣元年春正月壬午，中华书局2004年版，第2312页。

⑧ （宋）陈均：《九朝编年备要》卷二五，宋哲宗元符三年五月，景印文渊阁《四库全书》本。

虽是广西，但广东的部分地区在宋代是属于广西的，而且两广政策多相近。

茶榷在四川、岭南时罢时兴。有论者认为，在东南榷茶引起阶级矛盾尖锐的情况下，在与茶商争利弄得无法可施、茶法屡改的情况下，在茶法榷禁、通商争论不止的情况下，宋廷是无力在四川榷茶的。[①]这个推论对宋代广东应该也是成立的。

3．**禁采名石。**肇庆砚石为制造端砚的材料。英德山石，名擅天下，乡评云：“峰峦耸秀，岩窦分明。无斧凿痕，有金玉声。”[②]因此当地百姓多采石为生。宋宁宗嘉泰四年（1204年）八月二十七日，臣僚言：

① 贾大泉：《宋代四川地区的茶业和茶政》，《历史研究》1980年第4期。

② （宋）祝穆撰，祝洙增订，施和金点校：《方舆胜览》卷三五《英德府·土产》，中华书局2003年版，第630页。

肇庆市紫云谷端砚坑遗址

英德府之山石，其南取掘已尽，其北隶浛光县，峭拔万仞，下临大江，近山之民，驱而取石，不问能否，沿崖攀木，缚阁栈于半空之间，穴山洗石，有性命之忧。肇庆府之砚石，岁凿不已，致江水渗入。今则候冬月，岩水稍浅，命农夫车水，砚匠伐石。……夫匠络绎山间，岁失生业，不能自存。……乞诏二广监司常切觉察……英德不得放取山石，肇庆不得取砚石。[①]

这种以民为本，并且注意可持续发展的思想，在当时乃至于今天，都是非常难能可贵的。

其实早在宋太宗时，就已下过免除端砚上贡的诏令："（淳化二年，991年）夏四月庚午，罢端州贡砚。"[②]一些清正廉洁的官员也较好地贯彻了这一政策。如包拯在宋仁宗时知端州三年，在完成贡品采量后，坚决制止多采、滥采端砚，"端土产砚，前守缘贡，率取数十倍以遗权贵。拯命制者才足贡数，岁满不持一砚归。"[③]可惜，这一政策未能很彻底地执行。"罢贡端砚，或者根本没有执行，或者只是在宋太宗朝很短的时间内执行过。"[④]

4．扶持海外贸易。考察宋代广州成为"天子南库"的成因，其中一个重要原因是"天子"对广州实行了特殊的政策。宋太祖开宝四年（971年），即已在此设市舶司，为宋朝最早设置的市舶机构。宋真宗乾兴初（1022年），宋政府曾指定大食国贡使和商人取海路由广州至京师。[⑤]

宋神宗熙宁九年（1076年），程师孟建议"罢杭州、明州市舶司，只就广州一处抽解"。宋神宗元丰三年（1080年），政府据此修订了"广州市舶条"，并下令"泉人贾海外者，往复必使

① （清）徐松辑：《宋会要辑稿·刑法》二之一三四，中华书局1957年影印。

② （元）脱脱：《宋史》卷五《太宗二》，中华书局1977年版，第87页。

③ （元）脱脱：《宋史》卷三一六《包拯传》，中华书局1977年版，第10315页。

④ 颜泽贤、黄世瑞：《岭南科学技术史》，广东人民出版社2002年版，第281—282页。

⑤ （宋）李焘：《续资治通鉴长编》卷一〇一，天圣元年十一月癸卯，中华书局2004年版，第2342页。

东诣广，否则没其货”。[①]广西、雷州、化州往琼州的船，也要到广州请引。[②]这种政策的实施，无疑使早已兴旺的广州港进出口业务，更是锦上添花了。直至宋哲宗元祐二年（1087年）在泉州设置市舶司以前，虽然“自泉之海外，率岁一径，复令诣广，必两驻冬，阅三年而后返。又道有礁石浅沙之险，费重利薄”，[③]但是宋政府严法规定，必须到广州抽解。故此，泉州等地到东南亚、南亚、北非等地的贸易进出口业务，就不得不暂移到广州一处了，广州港至此达到极盛。

为促进广州海外贸易的持续发展，宋廷还实施重典打击海盗和走私行为。宋真宗天禧三年（1019年）九月乙卯，供备库使侍其旭言：

> 广州多蕃汉大商，无城池郛郭，虽有海上巡检，又往复不常，或有剽劫，则乏御备，请徙广、恩州海上巡检一员，廨于广州市舶亭南，所冀便于防遏。从之。[④]

宋徽宗年间，又下诏，凡海舶欲至福建、两浙贩易者，广南舶司给防船兵仗，如诣诸国法。[⑤]正是宋朝中央政府对广州海外贸易的重视和大力扶持，宋代广州市舶司长久地保持着繁荣兴盛的局面，课入甚厚，也有力地支持了中央财政，对偏安一隅的南宋政权的意义尤其重大。

后来由于宋代海外贸易政策的再调整，广州港地位开始下降。宋哲宗元祐二年（1087年）十月六日，朝廷下令“泉州增置市舶司”[⑥]，这样广州在宋神宗年间独占海外贸易之利的地位

① 《永乐大典》卷三一四一《陈·陈俑》，中华书局1986年影印本；（元）马端临：《文献通考》卷六二《职官考一六·提举市舶》同，浙江古籍出版社2000年影印本。

② （清）徐松辑：《宋会要辑稿·职官》四四之七，中华书局1957年影印本。

③ 《永乐大典》卷三一四一《陈·陈俑》，中华书局1986年影印本。

④ （宋）李焘：《续资治通鉴长编》卷九四，天禧三年九月乙卯，中华书局2004年版，第2166页。

⑤ （元）脱脱：《宋史》卷一八六《食货下八》，中华书局 1977 年版，第 4561 页。

⑥ （清）徐松辑：《宋会要辑稿·职官》四四之八，中华书局1957年影印本；（宋）王应麟：《玉海》卷一八六《食货·理财·唐市舶使》，江苏古籍出版社1987年影印本；（宋）李焘：《续资治通鉴》卷四〇六，元祐二年十月甲辰，中华书局2004年版，第9889页，同。

泉州湾后渚港发掘的宋代古船

就开始受到冲击，东南瓷窑也纷纷就近从泉州、明州出口远销海外。

宋哲宗以后，政府对泉州越来越重视。宋徽宗政和五年（1115年）七月八日，“礼部奏福建提举市舶司状，昨自兴复市舶，已于泉州置来远驿”。[①]泉州至迟也在1115年设立专门接待外番的机构——“来远驿”。徽宗宣和七年（1125年），政府下发各市舶司用于博买舶货的资金，广州、泉州各10万缗（贯）。表明政府已将泉州与广州平等看待。到孝宗乾道三年（1167年），泉州市舶司增至25万贯。[②]资金增多的背景无疑是泉州外贸额的迅速增长。

从南宋政府博买外番货物的利益上看，从广州外运番货到临安，只能走海路，路途遥远且有倾船覆舟之险，更受季节风向的限制。政府要求有一既可达南海诸国，又能兼顾高丽等地，且靠近临安的港口，来担承海外贸易之重任。这样的条件泉州港是再

① （清）徐松辑：《宋会要辑稿·职官》四四之一〇，中华书局1957年影印本。
② （清）徐松辑：《宋会要辑稿·职官》四四之二九，中华书局1957年影印本。

宋代古船模型

合适不过的了。泉州舶纲运往临安只需三个月，广州为六个月。[①] 所以，南宋政府着意加强对泉州市舶的扶持，扩大其职权，规定福建沿海的商船，都须向泉州市舶司领取“官券”才能出海。

同时，由于宋南渡后在福州、泉州设立了两个正祠，使福建路成为仅次临安的香药消费市场，再加上南宋中后期广州吏治的败坏，与泉州吏治环境形成鲜明反差，促使寓居于广州的外商迁居泉州。泉州方面则起用阿拉伯人后裔蒲寿庚为提举市舶，利用蒲氏在海外的声望，以吸引外商前往泉州经商。到南宋末、元朝初，泉州已超越广州，成为当时第一大港。[②]

但是，无论广州还是泉州都不能摆脱自给自足的自然经济的影响和专制集权的高度钳制，发展到一定程度都难以突破，不能成为自由商业港。“实际上，泉州的优势也没能保持多久，泉州和广州皆受制于当时中国社会的总格局。”[③]

① 吴泰、陈高华：《宋元时期的海外贸易和泉州港的兴衰》，《海交史研究》1978年第1期。

② 参见叶少明：《宋代岭南地区的手工业》，华南师范大学1988年硕士论文，未刊稿。

③ 子月：《岭南经济史话》，广东人民出版社2000年版，第176页。

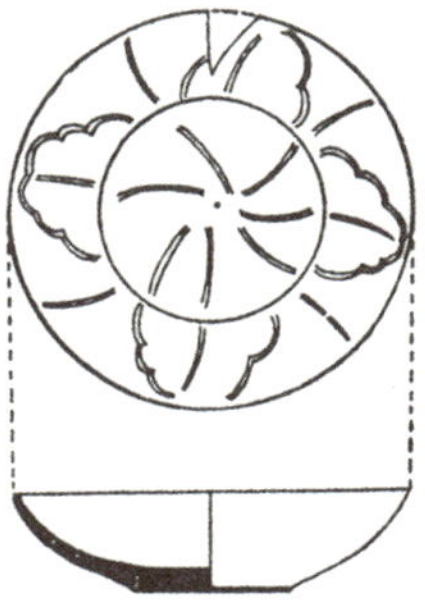

潮州

笔架山出土

宋代瓷器